Von den Besten profitieren

Von den Besten profitieren

**Erfolgswissen von
12 bekannten Managementtrainern**

5. Auflage

Die Deutsche Bibliothek - CIP-Einheitsaufnahme

Ein Titelsatz für diese Publikation ist bei der
Deutschen Bibliothek erhältlich.

Lektorat: Susanne von Ahn, Hasloh
Umschlaggestaltung: +Malsy Kommunikation und
Gestaltung, Bremen
Satz und Umbruch: Das Herstellungsbüro, Hamburg
Druck und Bindung: GGP Media, Pößneck

5. Auflage 2002
© 2001 GABAL Verlag GmbH, Offenbach
Alle Rechte vorbehalten. Vervielfältigung, auch
auszugsweise, nur mit schriftlicher Genehmigung
des Verlages.

Aktuelles und Nützliches für Beruf und Karriere finden Sie unter:
www.gabal-verlag.de - More success for you!

Inhalt

Vorwort
Warum ... von den Besten profitieren? **7**

Asgodom, Sabine
Selbst-PR. So fördern Sie Ihre Mitarbeiter – und damit Ihr Unternehmen **11**

Bornhäußer, Andreas
Präsentainment im Verkauf. Die Kunst der intensiven Präsenz **33**

Detroy, Erich-Norbert
Die erfolgreiche Preisverhandlung. So begegnen Sie Billigkonkurrenten **55**

Fink, Klaus J.
Erfolgreiche Telefonakquise. Tipps und Strategien **83**

Geffroy, Edgar K.
Erfolgsstrategie Mensch. Der Weg in die Human Economy **109**

Hübner, Sabine
Surpriservice. Der Kunde im Fokus **125**

Lermer, Stephan
Future-Skills. Kommunikationskompetenz, Win-win-Strategien & Co. **145**

Löhr, Jörg
    Raus aus der Komfortzone! Erfolg durch
    Veränderung **165**

Mühlisch, Sabine
    Die Geheimnisse der Körpersprache. Die Primär- und
    Seelensprache verstehen und nutzen **185**

Ruhleder, Rolf H.
    Rhetorik at its best. Die Geheimnisse der
    Redekunst **211**

Scherer, Hermann
    Die Sprache des Erfolgs. Sie bekommen nicht, was Sie
    verdienen, sondern das, was Sie verhandeln **233**

Seiwert, Lothar J.
    Life-Leadership®. Wenn du es eilig hast, gehe
    langsam **253**

Weitere Werke der Autoren 276

Stichwort- und Namensverzeichnis 280

Vorwort
Warum ... von den Besten profitieren?

Das Wissen unserer Welt explodiert. Experten gehen davon aus, dass das aktuelle Fachwissen in vielen Bereichen schon in drei Jahren völlig überholt sein wird. Wer erfolgreich sein will, muss sich also ständig weiterbilden. Muss neues Wissen, neue Fähigkeiten und Fertigkeiten erwerben.

Ganz wichtig dabei: Die regelmäßige Auffrischung reinen Fachwissens wird heute in aller Regel bereits vorausgesetzt. Spezialwissen ist die Basis. Doch gute und aktuelle Fachkenntnisse alleine reichen längst nicht mehr aus.

Fachwissen allein genügt nicht mehr

Immer wichtiger wird die Frage, ob sich jemand auch darum bemüht, seine so genannten »soft skills« zu verbessern – also Fähigkeiten wie Verhandlungsgeschick, rhetorische Überzeugungskraft, Motivationsgeschick, Präsentationsvermögen ... Grund: Diese »soft skills« sind heute schon, so die Einschätzung von Fachleuten, entscheidend für das berufliche Weiterkommen – und sie werden weiter an Bedeutung gewinnen. Ganz abgesehen davon, dass diese Fähigkeiten sich auch äußerst förderlich auf das Privatleben auswirken können.

Dass es notwendig ist, sich im Bereich dieser »soft skills« weiterzuentwickeln, liegt also auf der Hand.

Bleibt die Frage: Bei wem und wie lernen?

Orientierung an der Spitze

Die Antwort darauf ist ganz einfach: bei den Besten. Denn wer heute ganz nach vorne möchte, sollte sich nicht am Mittelmaß orientieren, sondern an der Spitze. An Managementtrainern, Beratern und Coaches, die zu den besten des deutschsprachigen Raums gehören. An Menschen wie Prof. Dr. Lothar J. Seiwert beispielsweise, »Deutschlands tonangebendem Zeitmanagement-Experten«, Jörg Löhr, dem »Motivationstrainer des Jahres 2000«, Rolf H. Ruhleder, »Deutschlands härtestem und teuerstem Rhetorik-Trainer«… Kurzum: an der Elite der deutschen Trainer und Berater.

Das Problem: Bisher war es kaum möglich, von mehreren dieser Fachkräfte gleichzeitig zu profitieren. Vor kurzem ist es nun gelungen, eine größere Gruppe deutscher Top-Trainer als Referenten für eine gemeinsame Seminarreihe zu gewinnen. Unter dem Titel »Von den Besten profitieren« gibt die Crème de la Crème der deutschen Trainerszene dabei ihr konzentriertes Wissen an Seminarteilnehmer weiter. Aber: Die Zahl der Teilnehmerplätze ist streng limitiert, zudem kann ein solches Seminar mit diesen Spitzenreferenten logischerweise nicht so günstig angeboten werden, wie sich das die Veranstalter wünschen würden. Die Konsequenz: Direkt und persönlich werden auch in Zukunft nur wenige in den Genuss dieser Top-Fachleute kommen. Was also tun?

Die Themen

Der GABAL-Verlag und der Veranstalter der Seminarreihe »Von den Besten profitieren«, Unternehmen Erfolg® – Scherer Consulting Group, haben einen Weg gefunden, wie noch mehr Interessierte von dem Wissen der deutschen Trainer-Elite profitieren können: Gemeinsam mit ausgewählten Referenten der Veranstaltung und einigen weiteren Experten wurden die Inhalte wichtiger deutscher Fort- und Weiterbildungsseminare in ein gemeinsames Buchprojekt eingebracht, das Ihnen jetzt vorliegt und das komprimierte Wissen von insgesamt zwölf deutschen Spitzentrainern und Managementexperten enthält.

Die thematische Bandbreite reicht von Präsentations- und Verhandlungstechniken über Selbst-PR, Kommunikationskompetenz und Rhetorik bis zu Körpersprache oder Zeitmanagement. Der Schwerpunkt liegt dabei auf den oben erwähnten »soft skills«.

Ein Buffet des Wissens

Sie haben jetzt die Möglichkeit, dieses Wissen für sich zu nutzen. Entweder, indem Sie das gesamte Buch von der ersten bis zur letzten Seite durchlesen. Oder aber, indem Sie sich einzelne Kapitel auswählen und durcharbeiten, die Ihnen für Ihre persönliche und/oder berufliche Situation ganz besondere Hilfestellungen geben können. Ganz bewusst wurde das Buch so konzipiert, dass Sie sich wie an einem »Buffet des Wissens« unkompliziert selbst bedienen können.

Da die Autoren alle über langjährige Erfahrung als Seminarleiter und Trainer verfügen, kommt Ihnen neben profundem Fachwissen auch deren didaktisches Know-how zugute. Ein lesefreundliches Layout mit Textelementen zur schnellen Orientierung soll Sie dabei unterstützen.

Ein Wort zur Auswahl

Zur Auswahl der Beiträge sei hier gesagt: Die in diesem Buch vertretenen Autorinnen und Autoren zählen zu den Besten ihres Fachgebietes im deutschsprachigen Raum. Trotzdem wollen wir ausdrücklich betonen, dass es auch noch andere Experten gibt, die Wissenswertes zu vermitteln haben. Nur: Alle Spezialisten in einem Buch zu vereinen – das ist uns schlichtweg nicht möglich. Deshalb mussten wir eine Auswahl treffen. Die von unterschiedlichen Kriterien beeinflusst wurde – beispielsweise von der thematischen Bandbreite und der Bereitschaft der Autoren, einen Beitrag zu diesem Sammelband zu leisten –, die aber keineswegs als Abwertung von nicht in diesem Buch vertretenen Managementexperten verstanden werden sollte.

Für die engagierte Mitarbeit möchten wir uns bei den Autorinnen und Autoren ganz herzlich bedanken.

Es erwarten Sie eine spannende Lektüre und wertvolle Impulse für die Bewältigung zukünftiger (nicht nur beruflicher!) Herausforderungen. Nutzen Sie diese Chance und setzen Sie die folgenden Hinweise und Strategien in Ihrem beruflichen und privaten Alltag um und ein. Sie werden sehen, wie wichtig (und richtig) es ist, »von den Besten zu profitieren«.

Die Herausgeber

Sabine Asgodom
ist Inhaberin von ASGODOM LIVE Training und Coaching in München. Die gelernte Journalistin (Cosmopolitan, Freundin, Eltern) berät Unternehmen, Selbstständige und Verbände u. a. im Bereich Presse- und Öffentlichkeitsarbeit, trainiert Manager/innen, Freiberufler/innen und Sekretärinnen vor allem zu den Themen Selbst-PR, Ausstrahlung, Reden und Auftritt. Sie moderiert Podiumsdiskussionen und Kongresse. Zu ihren Kunden zählen Bosch, DaimlerChrysler, GWI, Lufthansa, Europäische Akademie für Frauen, ZfU, Management Circle, Milupa, GESA, Managerinnen Kolleg Köln, Stadt und Landkreis Böblingen. Sabine Asgodom ist eine gefragte Vortragsrednerin sowie Gast zahlreicher Rundfunk- und Fernsehsendungen.

Sabine Asgodom
Selbst-PR

So fördern Sie Ihre Mitarbeiter – und damit Ihr Unternehmen

Erfolg kommt nicht von allein. Und er kommt nicht, wenn man als Führungskraft nur auf sich allein vertraut. Längst ist bekannt, dass nicht nur eine einzigartige Idee, Kapital, Marketing und Kundenorientierung zum Erfolg führen. Ein Faktor, der oft vernachlässigt wird, der aber für den Erfolg eines Unternehmens absolut unerlässlich ist, sind seine Mitarbeiter, die Human Resource.

Die Human Resource

Personalentwicklung ist aus diesem Grund nicht zufällig eine der Hauptaufgaben in innovativen Unternehmen. Denn frustrierte Erbsenzähler, zum Teil in der inneren Kündigung, können für die Zukunft eines Unternehmens in stürmischen Zeiten nichts tun. Der Anteil von Menschen in der inneren Kündigung liegt nach Umfragen bei über 60 Prozent. Eine Zahl, bei der es jeder Führungskraft kalt den Rücken hinunterlaufen müsste. Stellen Sie sich vor: Jeder Zweite Ihrer Angestellten geht morgens ins Büro und sagt sich: »Lieber Gott, lass es Abend werden.«

Führungsaufgabe Personalentwicklung

Haben Sie jemals ausgerechnet, wie viel Geld, Zeit, Kreativität, Innovation und damit Erfolg Ihrem Unternehmen verloren gehen, weil Mitarbeiter unmotiviert oder frustriert sind, weil sie vielleicht am falschen Platz sitzen und niemand ihre Fähigkeiten kennt und würdigt, geschweige denn fördert?

Von den Besten lernen

In einer Studie aus den USA haben die Forscher von Gallup im Auftrag von Spencer Stuart die Liste der 50 erfolgreichsten Amerikaner der vergangenen fünf Jahre aufgestellt. Neben langfristigem wirtschaftlichem Erfolg, unternehmerischer Phantasie und Pioniergeist, beispielhafter Kundenorientierung und vielem mehr kam es bei der Aufstellung auch auf die soziale Verantwortung und den Umgang mit Mitarbeitern an. Und wissen Sie, was dabei herauskam? Die erfolgreichsten Topmanager *»inspirieren ihre Mitarbeiter zur geistigen und menschlichen Größe und belohnen experimentelle Phantasie.« »Sie bauen ein exzellentes Führungsteam auf mit Leuten, die häufig besser sind als sie.«* Und sie »konstruieren eine flexible und anpassungsfähige Organisation und pflegen motivierende Karriere- und Entlohnungssysteme«. Ein weiterer Punkt: *»Sie beherrschen die Mittel der Kommunikation, ganz gleich, ob es sich bei ihren Partnern um Aktionäre, Kunden, Vorstandsmitglieder oder einfachere Angestellte handelt.«*

Beziehungsmanagement

Und damit sind wir bei einem Schlagwort, das auf keinem Kongress und keiner Tagung der letzten Zeit mehr fehlt: *Beziehungsmanagement.*

Ein starkes Team können Sie nur dann haben, wenn Sie Ihren Mitarbeitern vertrauen und sie schätzen.

Frauen scheinen hier mit ihrem Erfahrungshintergrund den Männern einiges voraus zu haben. *»Ich habe oft gesagt, dass meine beste Vorbereitung für die Position der Chefin meine Rolle als Mutter war. Bei Kindern wie bei Mitarbeitern geht es darum, ihre Talente zu fördern und das Beste für sie zu tun«,* so Martha Ingram, die nach dem Tode ihres Mannes 1995 die Führung von Ingram Industries übernahm.

Gute Beziehungen zu den Menschen, mit denen Sie in Ihrem Job zu tun haben, sind entscheidend für den Erfolg Ihres Unternehmens. Und dazu gehören alle Menschen: Vorgesetzte, Kolleginnen und Kollegen, Geschäftspartner genauso wie Lieferanten oder Käufer. Um deren Zufriedenheit sollten Sie sich kümmern.

Andere wertschätzen

Diese Weisheit ist so alt wie die Menschheit: Wenn mir jemand seine Wertschätzung entgegenbringt, bin auch ich bereit, ihn zu schätzen. Wenn ich mit meinen Mitarbeitern freundlich umgehe, werde ich von ihnen profitieren. Wenn Sie Mitarbeitern in erster Linie misstrauen oder sie als störend empfinden, haben Sie ein Problem. Wie wollen Sie andere Menschen begeistern, überzeugen und zu besten Leistungen motivieren, wenn Sie sie insgeheim verachten? Warum sollte dann irgendjemand mit Ihnen zusammenarbeiten wollen und sein Bestes geben?

Beziehungsmanagement ist keine Frage der Sympathie. Von einem Profi wird erwartet, dass er seine unterschiedlichen Sympathien für sich behält. Das können Sie trainieren. Stoppen Sie ab sofort die Angewohnheit, jeden Menschen zu taxieren und zu beurteilen.

Indem Sie aufhören, andere ständig abzuwerten, werden Sie mit allen Menschen besser auskommen. Menschenliebe kann man lernen. Das gilt auch für die Wertschätzung von Mitarbeitern.

»Lerne, deine Mitarbeiter zu lieben« heißt nicht umsonst eines der mutigsten neuen Bücher zum Thema Führung von Kathleen Sanford. Und vergessen Sie nicht: Bei all dem, was Sie auf Ihrem Weg zur Führungsposition geleistet haben: Sie wären nicht da, wo Sie heute sind, ohne die Schar von Mitarbeitern, die über Jahre all die Zuarbeiten geleistet und Ihre Anweisungen in die Tat umgesetzt haben.

Warren Bennis, Professor für Business an der University of Southern California, weiß, dass Angestellte heute *»von Führungskräften drei Grundqualitäten erwarten: Richtung, Vertrauen und Hoffnung«*. Das heißt nichts anderes, als dass Sie als Führungskraft eine enorme Vorbildfunktion für Ihre Mitarbeiter haben. Wenn Sie selbst Ihre Ziele nicht kennen, wie soll dann ein Mitarbeiter dies können? Wenn Sie selbst nicht mit Charisma und Ausstrahlung die Philosophie Ihrer Firma vertreten können, wie soll dann ein Mitarbeiter den Kunden gegenüber dazu in der Lage sein? *»Mit unsinnigen und veralteten bürokratischen Strukturen oder mit einem Führungsstil, der aus Befehlen und Kontrollieren besteht, werden Sie keine Top-Mitarbeiter anziehen oder halten können«*, so Warren Bennis. *»Das Beste können Sie aus den Leuten herausholen, indem Sie sie anfeuern, unterstützen und ihnen dann nicht weiter im Wege stehen.«* Das heißt nichts anderes, als dass wesentli-

Was Angestellte von Führungskräften erwarten

che Impulse von Ihnen kommen müssen, wenn Sie aus Ihren Mitarbeitern ein starkes Team machen wollen.

Ganz wichtig: Selbstwertgefühl

Doch wie kann man seine Mitarbeiter dabei unterstützen, überzeugend und charismatisch zu werden? Dazu müssen Sie sich zunächst bewusst machen, wie wichtig Selbstwertgefühl und Selbstbewusstsein sind.

Sicherlich sind Ihre Mitarbeiter nicht zu unfähig, um sich gut zu präsentieren – sonst hätten Sie sie ja wohl nicht engagiert. Aber oft hindern zahlreiche innere Barrieren Menschen daran, ihr Licht richtig leuchten zu lassen. Sie können Ihre Mitarbeiter dabei unterstützen, solche Barrieren zu überwinden und aus dem Weg zu räumen – durch ein Angebot von Seminaren, Workshops, Coaching und die entsprechende Firmenphilosophie.

6 Säulen zum Selbstwertgefühl

Fast all diese Barrieren haben mit fehlendem Selbstwertgefühl zu tun. Selbstwertgefühl wird von dem amerikanischen Psychologen Nathaniel Branden in seinem Buch »*Sechs Säulen zum Selbstwertgefühl*« so definiert: »*Erstens das Vertrauen auf unsere Fähigkeit zu denken, das Vertrauen auf unsere Fähigkeit, mit den grundlegenden Herausforderungen des Lebens fertig zu werden, und zweitens das Vertrauen auf unser Recht, erfolgreich und glücklich zu sein, das Vertrauen auf das Gefühl, es wert zu sein, es zu verdienen und einen Anspruch darauf zu haben, unsere Bedürfnisse und Wünsche geltend zu machen, unsere Wertvorstellungen zu verwirklichen und die Früchte unserer Bemühungen zu genießen.*« Eine wundervolle Definition, die, wie ich meine, für den Mitarbeiter im Kleinen genauso gilt wie für Sie als Führungskraft oder das Unternehmen im Ganzen.

Mangelnde Ich-Stärke

Mangelndes Selbstwertgefühl also kann schuld sein, wenn Mitarbeiter ihren Anteil am Erfolg nicht sehen können und ihre Leistung, ihre Karriere nur auf das »Glück« schieben. Es ist auch daran schuld, wenn Menschen das, was sie leisten, als »nichts Besonderes« herabwürdigen. Und es treibt Menschen in den Teufelskreis von mangelnder Ich-Stärke und Abhängigkeit von der Anerkennung durch andere. Mangelndes Selbstwertgefühl ist außerdem die Ursache, wenn Mitarbeiter sich selbst als »nicht so wichtig« bezeichnen oder ihnen die Phantasie für eine erfolgreiche Zukunft fehlt. Kurz gesagt:

Mangelndes Selbstwertgefühl ist das wahre, große Hindernis für ein starkes, überzeugendes Auftreten.

Wie verheerend sich dies letztlich – wenn Sie es mit der Zahl der Mitarbeiter multiplizieren – auf den Erfolg eines Unternehmens auswirken kann, brauche ich Ihnen sicher nicht zu erklären.

Der Grundstein für ein gutes oder für mangelndes Selbstwertgefühl wird in der Kindheit gelegt. Doch diese Botschaften aus der Kindheit sind kein unabänderliches Schicksal. Gute Selbst-PR-Seminare können helfen, die Horrorsprüche aus der Kindheit durch positive Botschaften zu ersetzen.

Negativ-Botschaften in der Kindheit

Wie wichtig eine Weiterbildung der Mitarbeiter in Selbst-PR-Seminaren sein kann, möchte ich anhand der Erfahrung aus meinen eigenen Kursen schildern. Selbst nach Dutzenden von Seminaren bekomme ich immer noch eine Gänsehaut, wenn ich Sprüche wie diese höre: »*Stell dich nicht immer so in den Mittelpunkt*«, »*Du bist nichts, du kannst nichts, du wirst nichts.*« Oder »*Widersprich nicht immer.*« Welche abgrundtiefe Verachtung für den Willen und die Eigenart eines jungen Menschen stecken in diesen Sprüchen, mit denen Generationen von Kindern aufgewachsen sind und leider immer noch aufwachsen.

Wundert sich da noch irgendjemand, wenn Menschen Probleme mit positiver Selbstdarstellung haben? Und wenn es ihnen schwer fällt, sich ihrer Leistungen bewusst und stolz auf sie zu sein? In meinen Seminaren wird es den Teilnehmern jedenfalls sehr schnell deutlich, was es heißt, diese Sprüche im Unterbewusstsein mit sich herumzuschleppen. Da wird einer promovierten Betriebswirtin plötzlich klar, warum sie seit Jahren ihren »Dr.« unterschlägt. Ihr erster Chef hatte sie einmal im Zorn gerügt: »Geben Sie bloß nicht so mit Ihrem Titel an!« Und jetzt, im Seminar, erinnert sie sich an ihren Vater, der ihr immer sagte: »Gib bloß nicht so an!« Sie hatte einfach Angst, mit ihrer Promotion als Aufschneiderin dazustehen. Nach meiner Erfahrung tragen Frauen wie Männer gleichermaßen an dieser negativen Mitgift aus der Kindheit. Die Sprüche, mit denen kleine Mädchen traktiert werden, sind allerdings auf den ersten Blick noch

Unterschiedliche »Mitgift« für Mädchen und Jungen

um einiges brutaler als die gegenüber kleinen Jungen. Männer berichten eher von vordergründig positiven Sprüchen, die sie aber trotzdem als Belastung empfinden: »Du bist besser als die anderen!«, »Du schaffst das schon!« oder »Du musst dich nur anstrengen!«. Auch diese Sprüche können eine schwere Hypothek sein, sie beinhalten den Zwang, ständig beweisen zu müssen, dass man die hohen Erwartungen auch erfüllen kann.

Das Wissen um diese Prägung allein reicht nicht. Doch zum Glück sind Ihre Mitarbeiter erwachsen und können Verantwortung für ihr Leben übernehmen. Sie können hemmenden Ballast über Bord werden und ein »Gegengift« gegen die zerstörerischen, hemmenden alten Sprüche entwickeln.

Hilfe durch Selbst-PR-Seminare

In meinen Seminaren erlebe ich immer wieder, mit welcher Inbrunst und späten Genugtuung Menschen das bewerkstelligen. Dann wird aus einem Spruch wie »Es wird gegessen, was auf den Tisch kommt« ein »Ich schlucke nur, was ich will«. Aus »Du machst das schon!« wird ein »Ich bemühe mich. Und ich darf um Hilfe bitten«. Ich kann förmlich die Befreiung im Seminarraum spüren, wenn plötzlich den einzelnen Teilnehmern klar wird, dass auch andere mit den gleichen Sprüchen niedergemacht wurden wie sie. Sie sind geradezu erschüttert, wenn sie merken, dass es nicht stimmt, was gnadenlose Erwachsene in sie als Kind an Selbstzweifeln und Minderwertigkeitsgefühlen hineingepflanzt haben. Und alle jubeln befreit, wenn dann die neuen Botschaften laut vorgetragen und die alten Zettel in tausend Schnipsel zerrissen oder dick durchgestrichen werden. Da werden in kürzester Zeit alte Rechnungen beglichen. Und ein frisches Selbstbewusstsein entspringt – mit Spaß an der eigenen Leistung, an der eigenen Entscheidung.

Lassen Sie Fehler zu!

Um so einen Prozess bei Mitarbeitern zu unterstützen, gehört es natürlich dazu, dass einerseits Fehler gemacht werden dürfen und andererseits Leistung gewürdigt wird. Auch hier können wir von den 50 Besten aus der eingangs erwähnten Studie lernen: *»Ich glaube ganz stark an die Fähigkeiten meiner Angestellten. Ich glaube daran, sie wissen zu lassen, dass es nicht das Ende der Welt bedeutet, wenn sie einen Fehler machen. Das Ende der Welt würde sein, einen Fehler zu machen und ihn zu vertuschen. Denn wenn die Leute nicht* bereit sind, Fehler zu machen, werden sie auch niemals richtige Entscheidungen treffen«, so Sandy Weill von Citigroup.

Lassen Sie Fehler zu, damit Ihre Mitarbeiter zu ihren Entscheidungen stehen können. Eine offene Entscheidungsfindung ist die Basis für Ihren Unternehmenserfolg.

Damit ein positives Selbstbild entstehen kann, ist es auch nötig, einen ungesunden Perfektionswahn abzubauen: Gerade Frauen neigen oft dazu, sich klein zu machen und ihre Fähigkeiten herunterzuspielen. Diese *»innere Kritikerin«*, wie Psychologen den Drang nennen, sich klein zu machen, hindert Menschen oft daran, wirkliches Selbstbewusstsein zu entwickeln. Da kann eine Mitarbeiterin fünf Fremdsprachen. »Meine Güte, das können andere auch«, setzt sie ihre einzigartigen Fähigkeiten herab. Ein anderer hat in kürzester Zeit aus dem Nichts eine Abteilung aufgebaut. »Na, sie könnte noch erfolgreicher sein und noch effizienter arbeiten«, meint er. Diesen inneren Kritiker kann man zur Räson rufen, wenn Stärken und Fähigkeiten von den jeweiligen Mitarbeitern einmal bewusst aufgelistet werden oder auch von Vorgesetzen gewürdigt werden. Für eine solche Anerkennung der Leistung und damit für die Stärkung des Selbstwertgefühls eines jeden Einzelnen plädiert Don Fischer von The Gap, wenn er sagt: *»Credit should go where it belongs.«*

Den »inneren Kritiker« besiegen

Eine ganz wichtige Frage ist also: Sind sich Ihre Mitarbeiter Ihrer eigenen Stärken bewusst? Wissen sie, was sie einzigartig macht? Was sie von anderen unterscheidet? Welche Qualifikation, welche Erfahrung, welche Charaktereigenschaften und welche geistigen und emotionalen Fähigkeiten zeichnen sie aus?

Wenn nicht, dann sollten sie so schnell wie möglich – eventuell mit Hilfe eines Coaches – ihre ganz persönlichen *USPs* (wörtlich: einzigartige Verkaufsargumente) auflisten. Dabei gilt die Devise: *»Think big.«* Der amerikanische Psychologe Nathaniel Branden sagt mit Recht: *»Das größte Verbrechen, das wir gegen uns selbst verüben, ist nicht, dass wir unsere Schwächen leugnen und ablehnen, sondern dass wir unsere Größe leugnen und ablehnen – weil sie uns erschreckt!«* Jeder, der solch ein Stärkenprofil niederschreibt, wird

Auf die Stärken setzen

dabei die Erfahrung machen, dass durch das Schreiben auch das Denken eine neue Struktur erhält: Die einzelnen Punkte lassen sich festhalten und ergänzen, sie bekommen sogar eine geradezu magische Wirkung. Ihre Mitarbeiter bekommen die Möglichkeit, sich mit dem Geschriebenen auseinander zu setzen: Bin das wirklich ich? Wer diesen Schritt getan hat und weiß, wo seine Stärken liegen, kann auch andere von seinen Fähigkeiten überzeugen.

Dieses Fokussieren auf die Stärken der Mitarbeiter ist auch ein wichtiger Aspekt der Firmenphilosophie. Bill Steere von Pfizer vertritt die These: »*Setzen Sie auf die Stärken der Leute ... Jeder hat Schwächen. Wenn Sie sich auf ihre Schwächen konzentrieren, werden Sie lediglich jeden unglücklich machen. Arbeiten Sie mit den Stärken der Mitarbeiter und umgehen Sie Schwächen, anstatt sie zu bestrafen.*«

Stolz zulassen Und schaffen Sie eine Atmosphäre in Ihrem Unternehmen, in die Mitarbeiter den Stolz auf gelungene Projekte und auf ihre Leistungen auch zeigen können. Viele Menschen zucken bei dem Begriff »Stolz« gleich zusammen. Denn sie verwechseln Stolz mit Arroganz, und niemand will natürlich arrogant sein. Doch Stolz ist genau das Gegenteil von Arroganz:

Stolz ist ein Zeichen von Stärke, Arroganz dagegen ist ein Zeichen von Schwäche.

Erfolge sind kein Zufall Ermutigen Sie Mitarbeiter deshalb, stolz auf die kleinen und großen Erfolge zu sein, auf das, was sie erreicht und durchgesetzt haben. Denn Stolz entsteht aus der Fähigkeit, den eigenen Anteil an Erfolgen zu erkennen. Menschen, die alles, was sie bisher in ihrem Leben erreicht haben, auf das »Glück« oder den »Zufall« schieben, werden deshalb niemals Stolz entwickeln können. »Zufall« ist immer noch die häufigste Begründung – vor allem bei Frauen –, wenn sie nach ihren Erfolgserlebnissen gefragt werden. Unterstützen Sie Ihre Mitarbeiter deshalb dabei, dieses Wort aus ihrem Wortschatz zu verbannen. Denn die Bescheidenheitsfalle ist tief und fatal. Sie ist ein klassisches Phänomen und mit verantwortlich dafür, dass Frauen in der Berufswelt noch nicht weiter sind. Denn eins ist klar: Sie werden instinktiv nur den Mitarbeiter oder die Mitarbeiterin mit dem wichtigen und interessanten Projekt betrauen, wenn diese Ihnen das Wissen um ihr Können und ihren Wert selbstbewusst vermitteln. Wenn sie Freude an ihrer Arbeit zeigen und Leidenschaft für ihren Beruf ausstrahlen.

Erst auf der Basis von Selbstwertgefühl können sich Charisma und Ausstrahlung entwickeln, mit denen Ihre Mitarbeiter Ihr Unternehmen mit ganz anderem Erfolg nach außen repräsentieren können.

Doch was macht Charisma und Ausstrahlung aus? Achim Hoffmann, Trainer für Rhetorik und Körpersprache, erklärt: »*Wir erleben derzeit den Wandel vom rhetorisch geschulten Menschen hin zum Menschen mit Überzeugung.*« Was hat das mit Selbst-PR zu tun? Sehr viel, wie ich meine. Mitarbeiter, die die Kunst der Selbst-PR beherrschen, können ihre Talente besser ausleben, ihre Fähigkeiten geschickter einsetzen, ihre Ideen konsequenter verwirklichen und haben mehr Spaß an der Arbeit. Kurz: Sie sind hoch motiviert und besitzen Überzeugungskraft.

Selbst-PR heißt, eigene Fähigkeiten geschickt einzusetzen

Charisma ist mehr, als sich geschickt zu bewegen, charmant zu lächeln und sonstige erfolgreiche Verhaltensweisen zu üben. Überzeugend werden Menschen erst, wenn sie ihre Aufgabe mit Herz und allen Sinnen erfüllen. Auch dies bestätigt Professor Bennis in seinem Buch »*On becoming a leader*«: »*Angestellte suchen heute in ihrer Arbeit einen tieferen Sinn.*«

Was Charisma ausmacht

Sie alle kennen Situationen, in denen Menschen ihrer inneren Stimme folgen und auch schwierige Aufgaben mit traumwandlerischer Sicherheit lösen. Jemand trifft eine Entscheidung, die niemand anders nachvollziehen kann. Erst später erweist sie sich als die einzig richtige. Da wechselt ein Fußballtrainer in einer bestimmten Minute einen bestimmten Mann ein. Und der schießt dann ein Tor, das das ganze Spiel herumreißt. Hinterher kann sich der Trainer nicht wirklich erklären, warum er gerade zu diesem Zeitpunkt diese Entscheidung getroffen hat.

Das Vertrauen in die Intuition, den Mut, auf die innere Stimme zu hören, haben Menschen nur, wenn sie an eine Vision glauben.

Die 5 »Ks« Und dies erreicht man über die fünf »Ks«: Körper, Konzentration, Kontakt, Konzept und Kongruenz. Ausstrahlung erlangt ein Mensch, wenn er sich in seinem Körper wohl fühlt. Wer Charisma im Beruf haben möchte, sollte daran denken, dass der Job nicht alles ist. Lebensfreude ist die Grundlage positiver Ausstrahlung. Doch die kann ich nicht entwickeln, wenn ich gar nicht lebe. Wenn ich aber meinen Körper fühle, dann hilft er mir auch, die Gefühle, die andere Menschen aussenden, zu verstehen. Diese Intelligenz meines Körpers hilft mir dazu, in allen Situationen präsent zu sein. Charisma bedeutet auch Konzentration, das heißt das, was ich tue, ganz zu tun. Nur wenn ich mich auf eine Arbeit ganz einlasse, kann ich dieses wunderbare Gefühl des völligen Abgehobenseins genießen. *»Flow-Erlebnis«* nennt man diese Bewusstseinsform. Andere Menschen fühlen, wenn jemand so präsent ist.

Die innere Linie kennen Um charismatisch zu sein, brauchen Menschen ein Konzept. Wir hören charismatischen Personen deshalb gerne zu, weil sie ein schlüssiges Lebenskonzept zu bieten haben. Dazu muss jeder Mitarbeiter sein Ziel und seine *»innere Linie«* kennen. Dazu gehören nicht nur die ganz konkreten Ziele in der Arbeit, sondern auch die Werte, die einem Menschen im Leben wichtig sind – Freude, Anerkennung, Spaß, Erfolg, Geld, Ruhm, Sicherheit, Gesundheit, Begeisterung, Fürsorglichkeit, Macht, Fröhlichkeit, Gerechtigkeit, Wahrhaftigkeit, Einfluss, Harmonie, Mut, Ordnung, Verantwortung, Schönheit oder Leistung – natürlich gibt es noch viele mehr.

Letztlich kann sich Charisma nur dann entwickeln, wenn es gelingt, Werte, Vision und Ziele mit der Realität in Einklang zu bringen. Charisma heißt aber auch: kleine Wunder zulassen. Dem Gefühl genauso viel Recht einräumen wie dem Geist. Charisma heißt, sich selbst zu vertrauen – aber auch anderen Menschen. Charisma heißt, Vertrauen in diese Welt zu setzen, bei allen Missständen und Widersprüchlichkeiten.

Wenn Ihre Mitarbeiter Charisma besitzen, haben sie auch Vertrauen in ihre eigenen Stärken und in ihren Erfolg, mit der Gewissheit, das Beste zu geben.

Dazu kommt natürlich das äußere Auftreten: Kleidung, Körpersprache, Stimme. Sie wissen alle, dass die ersten 30 Sekunden über den Erfolg oder Misserfolg entscheiden können. Und das gilt natürlich auch, wenn einer Ihrer Mitarbeiter gegenüber einem Kunden auftritt. In diesen Sekunden, so haben Untersuchungen gezeigt, entscheiden Menschen, ob sie den anderen mögen oder nicht. In dieser halben Minute zimmern sie das Bild des anderen in ihrem Kopf fest. Alle späteren Eindrücke – was der andere sagt, was er tut – werden dann durch diesen Filter gesehen. Das heißt für Ihre Mitarbeiter: Sie haben 30 Sekunden Zeit, um in einer Begegnung mit einem Kunden, einem Auftraggeber einen guten Eindruck zu hinterlassen. Das gilt für eine Präsentation vor einem Kunden genauso wie für den Vortrag vor Zuhörern.

Das richtige Auftreten

Bei dieser ersten Einschätzung orientieren wir uns sehr häufig an der Kleidung. Dunkelblaues Businesskostüm, brave Pumps, strenge Frisur: Das steht für die typische Karrierefrau. Blümchenbluse, langer Rock: die berühmte graue Maus. Boss-Anzug, Designeruhr und Budapester: Yuppie auf Erfolgstrip. Wir alle wissen, dass solche Vereinfachungen auf schrecklich banalen Klischees beruhen. Aber darauf läuft das Taxieren im Sekundentakt nun einmal hinaus. Machen Sie deshalb Ihren Mitarbeitern klar: Zwar können sie durch Leistung überzeugen und ihr Genie offenbaren. Aber wie schwer ist es, ein einmal entstandenes Klischee zu durchbrechen! Was für eine Anstrengung ist nötig, um das Bild im Kopf der anderen wieder geradezurücken! Die Münchner Imageberaterin Renate Weiss-Koch erklärt: *»Einer grauen Maus wird einfach weniger zugetraut als jemandem, der bereits nach Erfolg aussieht. Auch wenn wir das vielleicht unfair finden, ist es nicht klüger, dieses Wissen zu nutzen? Ist der erste Eindruck positiv, wird uns Wohlwollen, ein Bonus entgegengebracht. Die andere Person fühlt sich bei einer gleichgesinnten einfach entspannter, friedlicher. Warum also Energie verschwenden?«*

Wirkung auf den ersten Blick

Matthias Hartig, Professor für Kommunikationswissenschaften in Paderborn, geht sogar noch weiter: *»Nur wer es versteht, mit seiner Kleidung offensiv zu kommunizieren, hat künftig eine Chance, auf der Bühne des Lebens mitzuspielen.«* Eine Untersuchung des amerikanischen Professors Mehrabian ergab, dass wir über 90 Prozent

Zu 90 % entscheidet das Äußere

unserer Wirkung mit Stimme, Körpersprache und eben Aussehen erzielen. Warum also nicht klug vorgehen und den äußeren Eindruck so gestalten, dass Ihre Mitarbeiter und letztlich die Firma davon profitieren, anstatt ihre Wirkung zu schmälern? Nicht zuletzt drücken Ihre Mitarbeiter durch ihre Erscheinung auch ihre Wertschätzung und ihren Respekt dem Kunden oder Auftraggeber gegenüber aus. Wenn Ihre Mitarbeiter diese Zusammenhänge akzeptieren, können sie von vornherein aktiv an ihrem »*Image*« arbeiten und schlechte Auftritte vermeiden.

Dabei geht es ja nicht um einen strengen »*Dress-Code*«, sondern darum, dass sich Ihre Mitarbeiter ihrer Wirkung überhaupt bewusst sind. Eine solche Bestandsaufnahme – zum Beispiel in einem Seminar – ist zwar meistens etwas peinlich und es braucht Mut, sich selbstkritisch zu sehen. Aber nur so können Mitarbeiter den entscheidenden Anstoß für Veränderungen bekommen.

Das Geheimnis einer gelungenen Garderobe ist ebenso simpel wie schwierig: Denn sie sollte mit großer Sorgfalt ausgesucht werden – und dann sollte man am besten gleich vergessen, was man trägt.

Sich wohl fühlen

Denn erstens gilt: Wenn ich mich schlecht angezogen oder in meinen Klamotten unwohl fühle, bin ich nicht in mir. Mein Gefühl und meine Gedanken bleiben an Äußerlichkeiten hängen, ich kann meine Sache nicht überzeugend vortragen. Und zweitens: Wenn ich modisch einen Missgriff getan habe, laufe ich Gefahr, dass mein Publikum an Äußerlichkeiten hängen bleibt, statt zuzuhören.

Professionelle Typberatung

Doch nicht immer stimmen Selbstwahrnehmung und Fremdwahrnehmung überein: Was die einen vielleicht als edel und klassisch empfinden, wirkt auf andere langweilig und bieder. Was der eine als lässig empfindet, wirkt auf andere vielleicht nur nachlässig. Auch wenn die meisten Menschen ganz instinktiv wissen, was ihnen am besten steht, worin sie sich wirklich wohl fühlen, sind wir dennoch nicht vor Fehlgriffen gefeit. Eine gute Möglichkeit ist deshalb die Beratung durch einen Profi. Mit Hilfe einer professionellen Beratung können Ihre Mitarbeiter herausfinden, was mit dem neuen Anzug, dem neuen Kleid nicht »stimmt«, warum sie manche Sachen andauernd und andere nur mit Magengrimmen anziehen mögen. Die Gründe dafür können gute Fachleute benennen. Mit deren Unterstützung können Ihre Mitarbeiter herausfinden: Wie möchte ich wirken? Was hilft mir dabei? In welchen Sachen komme ich besonders gut an? Worin fühle ich mich am wohlsten?

Den Farbtyp erkennen

Grundlage aller Beratung ist meist die Erkenntnis über den Zusammenhang von Farbtyp und individueller Farbwahl, wie der Künstler und Kunsterzieher Johannes Itten bei seinen Studenten festgestellt hat. Danach hat jeder Mensch von Natur aus eine natürliche Farbgebung. Diese setzt sich aus Hautfarbe, Haarfarbe und Augenfarbe zusammen. Sie kann sehr intensiv, aber auch sehr sanft sein. Diese Gesamterscheinung wird entweder durch kalte oder warme Farben zur Geltung gebracht. Ebenso bedeutsam ist es zu wissen, welche Farben getragen werden können, ohne den eigenen Typ zu überstrahlen:

> **Strahlt das Outfit intensiver als die natürlichen Farben der Person, ist es fast unmöglich, Augenkontakt zu halten. Der Blick wird immer wieder von der zu intensiven Farbe angezogen.**

Zu viel »Verpackung« lenkt vom Inhalt ab

Dunklere, satte Farben dagegen signalisieren Autorität und Seriosität. Eine perfekte Frisur sorgt dafür, dass das Gesicht absolut im Vordergrund steht – und die Zuhörer an den Lippen des Redners oder der Rednerin hängen. Ein Übermaß an Schmuck oder grellbunten Mustern dagegen lenkt vom Redner ab. Und ganz selbstverständlich ist es wohl, dass qualitativ hochwertige Stoffe immer edler, also erfolgreicher und kompetenter aussehen als billige. Wer sein Äußeres richtig präsentiert, fühlt sich echt und authentisch. Automatisch wird auch das Auftreten sicherer, freier und ungezwungener sein. Und das wiederum ist die Grundlage für eine positive, unverkrampfte Körpersprache.

> **Das Faszinierende an Selbst-PR ist die Möglichkeit, aktiv zu gestalten, etwas bewusst zu verändern. Jeder entscheidet letztlich selbst, ob er als kleiner Angsthase oder als selbstbewusste Persönlichkeit auftritt. Seine Körpersprache verrät ihn.**

Beispiel
In einem Selbst-PR-Seminar hatte Julia W., 44 Jahre, ihr Business-Stärkenprofil erarbeitet – was zeichnete sie aus? Sie hatte lange gebraucht, um tatsächlich zehn Pluspunkte aufzuschreiben. Dann trug sie die Punkte ihrer Einzigartigkeit im Plenum vor: langjährige Berufserfahrung, Einfühlungsvermögen ... Etwas fiel mir jedoch auf: Bei jedem Punkt, den sie mit leiser Stimme vortrug, schüttelte sie den Kopf. Sie sagte: »Ich bin durchsetzungsfähig.« Und widerlegte diesen Satz gleichzeitig durch heftig verneinendes Kopfschütteln. Auch den anderen Seminarteilnehmern fiel diese Diskrepanz auf. Auf diesen Widerspruch hin angesprochen, war Julia W. völlig überrascht: Sie hatte es selbst überhaupt nicht gemerkt. Aber sie gestand, dass es ihr unendlich schwer fiel, »Werbung« für sich selbst zu machen. Und mehr als das: Wir fanden heraus, dass sie selbst nicht glaubte, was sie sagte. Sie glaubt nicht an ihre Einzigartigkeit, an ihre Fähigkeiten. Und das hatte ihr Körper uns deutlich gezeigt.

Jeder muss wissen, bevor er sich mit »äußerlichen« Korrekturen an seiner Ausstrahlung befasst:

Wenn das, was ich sage, nicht stimmt, wird mein Körper mich verraten!

Übereinstimmung von Außen und Innen

Wenn ich mich nicht wohl fühle, wenn ich Angst habe, wenn ich am liebsten weglaufen würde – meine Stimme, meine zitternden Hände senden dieses Signal. Deshalb ist das Wissen um die äußere Wirkung so wichtig. Es muss aber immer einhergehen mit der Entwicklung der Person selbst.

Gut reden ist mehr als Rhetorik

Wenn einer Ihrer Mitarbeiter, von dessen Fähigkeiten Sie überzeugt sind, immer wieder Schwierigkeiten hat, Ergebnisse gegenüber Auftraggebern oder innerhalb der Firma überzeugend zu präsentieren, ist vielleicht ein spezielles Rede-Training sinnvoll. Die wenigsten Menschen werden als perfekte Redner geboren. Schon die Römer wussten:

> *»Poeta nacitur, orator fit – der Dichter wird geboren,*
> *der Redner wird gemacht.«*

Und dazu genügt nicht nur ein simpler Rhetorik-Kurs. Die innere Einstellung ist mindestens genauso wichtig wie die äußere

Geschicklichkeit: Sich im Inneren selbst als guten Redner oder als gute Rednerin zu sehen; Ängste zu erkennen und zu überwinden; aus der Kindheit stammende Glaubenssätze (zum Beispiel: »Reden ist Silber, Schweigen ist Gold«) zu überprüfen und zu revidieren.

Menschen, die sich überwinden müssen, vor einem größeren Kreis von Menschen zu reden, denen das Auftreten vor Publikum schwer fällt oder die noch wenig Übung darin haben, vor einer Gruppe zu sprechen, haben oft unbewusst ausgeklügelte Sabotagemethoden entwickelt, die das Gesagte klammheimlich, aber wirkungsvoll zurücknehmen. Den meisten Menschen sind diese Sabotagesysteme, und seien sie noch so krass, selbst nicht bewusst. Erst wenn sie von anderen ein Feedback bekommen, fällt es ihnen auf.

Sabotagemethoden

Diese kleinen Vereitelungstricks beobachte ich in jedem Einzelcoaching, in jedem Beratungsgespräch, in jedem Seminar. Es sind ganz unterschiedliche Methoden, aber sie haben alle die gleiche Wirkung: Sie tragen dazu bei, dass der Inhalt des Vortrags, des Referats oder des Diskussionsbeitrags überschattet, abgeschwächt oder sogar in sein Gegenteil verkehrt wird. Viele Menschen wundern sich, dass ihr Redebeitrag nicht die gewünschte Wirkung erzielt. Er wird nicht beachtet oder wenn er kurz darauf von einem anderen wiederholt wird, dann als dessen geniale rettende Idee gefeiert. Sie können nicht nachvollziehen, warum ihre Forderungen oder Anregungen nicht aufgenommen oder erfüllt werden. Solche Misserfolge verstärken das Gefühl: »Es hat ja doch keinen Zweck.«

Es bedarf nur sechs Grundregeln, um auf einen Schlag die kleinen Saboteure zu stoppen und die Wirkung eines Auftritts um 50 Prozent zu verbessern:

6 Grundregeln gegen Selbstsabotage

1. Sagen, was man meint
Das ist selbstverständlich. Doch oft schleichen sich Ausdrücke und Wörter in die Rede ein, die den Inhalt schwächen oder zurücknehmen. Das sind vor allem Wörter wie: »vielleicht«, »eigentlich«, »ziemlich«, »ein bisschen«, »ganz«, »nur«, »auch«, »natürlich«, »ich glaube«, »ich denke«.

2. Langsam sprechen

Viele Menschen schaffen es, durch extremes Schnellsprechen vom Inhalt des Gesagten total abzulenken. Sie rattern ihre Sätze so schnell heraus, dass kein Zuhörer die Chance hat, überhaupt zu begreifen, was sie sagen. Und das ist unbewusst auch so gewollt. Der Beweggrund: Wenn die anderen mich nicht verstehen, dann können sie sich auch nicht ernsthaft mit dem Inhalt befassen. Und das wiederum bedeutet, sie können mir nicht widersprechen, mich nicht kritisieren (und manchmal auch: mich nicht einmal dafür loben). Deshalb: Wer will, dass das, was er sagt, auch gehört wird, muss langsam sprechen. Er muss zwischen den Sätzen kurze Pausen lassen, so dass die Zuhörer eine Chance haben, dem Gedankengang zu folgen.

3. Laut sprechen

Viele Menschen, besonders Frauen, haben die Angewohnheit, in wichtigen Situationen, zum Beispiel in Konferenzen oder bei Vorträgen, ihre Stimme auf »low« zu stellen. Nach dem Motto: Wenn mich keiner hört, dann kann mich auch keiner kritisieren. Sicher, der eine oder andere hat nun mal eine leisere Stimme. Doch jede/r kann sich bemühen, so klar und laut zu sprechen, wie es ihr oder ihm möglich ist, sich dabei aufzurichten und gut durchzuatmen – um wirklich gehört zu werden.

4. Keine Fragen stellen

Rhetorische Fragen sind zwar ein wunderbares Stilmittel, um die Aufmerksamkeit von Zuhörern zu steigern. Doch die Angewohnheit, jeden Vorschlag, jede Forderung in eine Frage zu kleiden, schwächt die Wirkung.

5. Auf die Körpersprache achten

Körpersprache Mehr als alle Worte kann der Körper den Redner sabotieren. Eine Übung des Körpersprachetrainers Achim Hofmann macht diese These deutlich: »Schauen Sie auf den Boden«, sagt er während eines Vortrags und weist dabei mit seiner rechten Hand und mit seinem Kopf zur Decke. Und die Zuhörer folgen mit ihrem Blick natürlich seinen Gesten, nicht den Worten. Genau das Gleiche geschieht, wenn der Körper etwas anderes ausdrückt als die Worte des Redners. Wenn er sich klein macht oder die Hände sich verkrampfen. Er kann Schwäche signalisieren, wo Worte Stärke zeigen wollen. Weitere Sabotagetricks: Die Finger spielen nervös mit Büroklammern, wir schütteln den Kopf, während wir ganz wichtige Sachen sagen. Und damit signalisiert der Körper: Nein, nein, das meint der Redner oder die Rednerin gar nicht. Amerikanische Psychologen haben herausgefunden, dass eine Person umso überzeugender, intelligenter und machtvoller wirkt, je weniger Bewegungen sie beim Sprechen macht.

> **Sparsame, ruhige und gezielte Handbewegungen können das, was der Redner sagen will, betonen. Eine tiefe Stimme und langsames Sprechen fesseln die Zuhörer mehr als atemloses Schnellsprechen, dem niemand folgen kann.**

6. Das Publikum nicht ignorieren

Ich glaube manchmal, dahinter steckt das alte Kinderspiel: Wenn ich dich nicht sehe, siehst du mich auch nicht. Also bloß niemanden anschauen, den Text schnell zu Ende bringen – und Tschüs. Wer stattdessen dem Zuhörer ins Gesicht schaut, schafft kleine Brücken. Wer das Echo seiner Worte in den Mienen der Zuhörer sucht, wird auch Gehör finden. Ich kenne einen wunderschönen Spruch dazu: »*Wer das Auge hat, hat auch das Ohr!*«

Und genauso, wie Redeangst Menschen hemmt, treibt Lampenfieber sie zu Höchstleistungen. Lampenfieber heißt, Angst vor Fremden zu haben, Angst davor, abgelehnt oder beurteilt zu werden, Angst, mit der Situation nicht fertig zu werden, Angst, sich zu blamieren. Lampenfieber ist eine zutiefst menschliche Reaktion, die man sich nicht einfach abgewöhnen kann. Es ist aber keine böswillige Laune der Natur, die Menschen den Auftritt vermasseln will. Im Gegenteil:

Redeangst versus Lampenfieber

> **Lampenfieber bewirkt, dass Menschen über sich hinauswachsen. Sie werden hellwach, alle Sinne sind geschärft.**

Dieser positive Effekt stellt sich aber nur ein, wenn man das Lampenfieber zulässt, anstatt verzweifelt dagegen anzukämpfen. Und es gibt erprobte Strategien, um mit dem Lampenfieber fertig zu werden. Dazu gehört, rechtzeitig mit der Vorbereitung für einen Termin oder einen Auftritt anzufangen. Dazu gehört, einen Vortrag mehrmals zu üben und sich von Freunden oder Kollegen ein Feedback geben zu lassen. Ein guter Trick ist, die ersten vier Minuten der Rede auswendig zu lernen. In dieser Zeit kann man ruhiger werden und die ersten aufregenden Momente überbrücken. Selbstverständlich sollte man ausgeschlafen sowie körperlich und geistig fit sein. Die Unterlagen sollten geordnet sein. Denn: Die äußere Ordnung entspricht der inneren Ordnung! Vor Beginn sollte man sich in einen ruhigen Raum zurückziehen und sich entspannen oder meditieren. Ein Trick: Wenn die Hände zittern, kann man sie wie eine indische Tempeltänzerin gegeneinander legen und fest drücken. So wird Spannung abgebaut. Und noch etwas: Man darf ruhig auch einmal zugeben, aufgeregt zu sein. Die meisten Zuhörer nehmen ein solches Statement überhaupt nicht übel. Im Gegenteil, es weckt Sympathie.

Sympathie ist ein weiterer wichtiger Punkt, wenn es darum geht, erfolgreich Kontakt herzustellen:

Bauen Sie Sympathiebrücken!

Sympathiebrücke Blickkontakt

Eine Sympathiebrücke ist der Blickkontakt. Er ist die tragfähigste Brücke zu anderen Menschen. Er transportiert die Botschaft, die Ausstrahlung und das Feedback. Egal, ob man frei spricht oder mit Stichwortzetteln arbeitet – man muss Augenkontakt mit seinem Gesprächspartner oder Publikum halten. Im Hinterkopf sollte man die Überzeugung haben: »Diese Personen sind für heute die wichtigsten Menschen auf der Welt für mich.« Vielleicht hilft auch dieser Tipp weiter: Ich versuche, vor jedem Auftritt einige Leute kennen zu lernen. Bei meinen eigenen Seminaren zum Beispiel bin ich eine halbe Stunde vor Beginn mit meinen Vorbereitungen fertig und habe Zeit, jede einzelne Teilnehmerin mit Handschlag zu begrüßen, sie anzulächeln und sie nach ihrem Namen zu fragen. Meistens haben wir schon vor Beginn des Seminars einmal miteinander gelacht.

Sympathiebrücke Mitdenken

Eine andere Sympathiebrücke ist das Mitdenken: Wer nicht nur gehört, sondern auch verstanden werden will, muss langsam sprechen. So haben nicht nur die Zuhörer die Chance, dem Redner zu folgen, sondern der Redner hat auch für sich selbst Denkpausen. Am Anfang war das Wort – bei einer guten Rede sollte aber am Anfang ein guter Gedanke stehen. Nur dann kann auch ein klarer Satz herauskommen. Ins Stottern geraten Menschen nämlich nur dann, wenn sie nicht genau wissen, was sie sagen wollen.

Eine weitere wichtige Sympathiebrücke sind Gefühle. Wir unterscheiden zwischen Berichtssprache – in der es um reine Sachlichkeit geht – und der Beziehungssprache, die Gefühle einschließt. Die besten Redner und Rednerinnen schaffen es, Berichtssprache und Beziehungssprache zu verbinden. Ich habe dafür den Begriff »*Überzeugungssprache*« erfunden. Was zeichnet diese Überzeugungssprache aus? Einmal eine gepflegte Umgangssprache. Man sagt einfach, was ist. Und zwar so, dass einen die Zuhörer auch sofort verstehen. Überzeugungssprache beinhaltet aber auch das Denken in Bildern. Das heißt, der Redner, die Rednerin schafft es, durch Sprache im Kopf der Zuhörer Bilder entstehen zu lassen. Diese Bilder rufen ein bestimmtes Gefühl hervor und wirken natürlich dadurch erheblich stärker als ein rein sachlicher Bericht. Der Rhetoriktrainer Harry Holzheu nennt dieses Vorgehen den »*emotionalen Kreis*«. Dieser emotionale Kreis wird geschlossen zwischen dem Redner mit seinen Gefühlen, seinen Erwartungen, seinen Erfahrungen und seiner Motivation sowie den Zuhörern mit ihren Gefühlen, ihren Erwartungen, ihren Erfahrungen und ihrer Motivation. Wird dieser Kreis geschlossen, dann nehmen die Zuhörer am Denkprozess des Redners, der Rednerin teil. Sie werden Teil eines dynamischen Prozesses. Und nur so kommt Kommunikation zustande.

Sympathiebrücke Gefühle

> **Wenn jemand nicht nur den Verstand seiner Zuhörer, sondern auch ihre Herzen erreichen will, sollte er bei seinem Vortrag immer die Auswirkungen auf die Menschen beschreiben.**

Das ist etwas, was Sie als Führungskraft genauso gut kennen. Wenn Sie auf einer Betriebsversammlung Umsatzsteigerungen verkünden, wird das Ihre Mitarbeiter erst begeistern, wenn die positiven Auswirkungen davon sichtbar werden, beispielsweise durch einen Satz wie »Dadurch ist es uns möglich, die seit langem mit dem Betriebsrat diskutieren Teilzeitmodelle einzuführen«.

An die Menschen denken

Charismatiker sprechen bildhaft

Und damit haben wir auch den Bogen zum Thema Charisma gespannt. Gerhard Eggetsberger, ein Wiener Wissenschaftler, hält bildhafte Sprache für die typische Eigenschaft von Charismatikern: »*Sie bringen ihren Inhalt – der muss nicht einmal gescheit sein – als Bild rüber.*« Und wer in Bildern denkt und redet, schafft es eben leichter, Visionen zu entwickeln und zu vermitteln.

Die Wirkung der Stimme

Zuletzt sollten wir aber auch die Stimme nicht vergessen. Unsere Stimme verrät, ob jemand es ehrlich meint, ob er glaubt, was er sagt. Eine Klein-Mädchen-Stimme deutet auf geringes Selbstwertgefühl hin. Eine angestrengte Stimme kann schnell aggressiv wirken. Sie verunsichert Zuhörer oder stößt sie sogar ab. Eine schwache, leblose Stimme signalisiert: Dem Redner ist das Thema ziemlich egal. Auch hier können professionelle Stimmtrainer helfen, so dass Ihre Mitarbeiter auch mit ihrer Stimme Sympathiebrücken schlagen können.

Und zu guter Letzt noch ein Rat: Wenn Ihre Mitarbeiter alle Möglichkeiten der Selbst-PR kennen gelernt haben und nutzen, sollten Sie auch Vertrauen in sie setzen. Das heißt, ihnen Selbstständigkeit und Verantwortung zugestehen.

Sie sollten delegieren und nicht weiter kontrollieren.

Gute Führungskräfte sind gute Gefolgsleute

Selbst wenn Ihre Mitarbeiter manche Dinge vielleicht anders machen, als Sie es sich vorstellen. Auch hier können wir wieder von den Top 50 aus den USA lernen: »*Die besten Führungskräfte müssen auch gute Gefolgsleute sein. Sie müssen bereit sein, die Ideen anderer zu akzeptieren, auch wenn sie im Widerspruch zu ihren eigenen stehen. Sie müssen ihr Ego den Anforderungen des Business unterordnen. Sie müssen selbstlos sein und für ihre Leute auch Risiken eingehen. Wenn sie nicht für ihre Leute kämpfen, können sie auch nicht darauf zählen, dass ihre Leute für sie kämpfen.*« So Herb Kelleher von Southwest Airlines.

Die Hauptaufgabe einer Führungskraft: Visionen entwickeln

Wenn Sie sich die grundlegenden Konzepte der 50 Besten zu Herzen nehmen, nämlich: kontinuierliche Kommunikation, achtsames Zuhören, das aufrichtige Tolerieren der Tatsache, dass Fehler zum Lernprozess gehören, darauf bauen, dass Mitarbeiter das Bedürfnis haben, sich positiv abzuheben, sich der Innovation,

Kreativität, Unterschiedlichkeit, der sozialen Verantwortung und der kontinuierlichen Entwicklung verpflichten – dann sind Sie auf dem besten Weg, sich ein starkes Team zu schaffen. Wenn Ihre Mitarbeiter die Selbst-PR beherrschen, können Sie sich eines Tages dann ganz dem widmen, was Bob Eaton von DaimlerChrysler als die wesentliche Aufgabe einer Führungskraft definiert hat: *»Eine Führungskraft konzentriert sich in erster Linie auf Visionen und Überzeugungen. Er oder sie inspiriert Mitarbeiter und beseitigt Hindernisse, so dass die Leute mehr erreichen können.«*

LITERATUR

Neff, Thomas / Citrin, James M.: *Lessons from the top.* New York 1999

Andreas Bornhäußer
Seit 1982 ist Andreas Bornhäußer im Bereich der Aus- und Weiterbildung tätig. Er ist Dozent an der Bayerischen Akademie der Werbung in München und bildet in seinem Institut, der Präsentainment Company, Menschen unterschiedlichster Profession und Vorbildung zu Trainerinnen und Trainern aus. Über 100 000 Menschen haben ihn bereits als Referenten auf Kongressen und Symposien sowie als Trainer in Seminaren erlebt. Der breiten Öffentlichkeit ist Andreas Bornhäußer auch durch mehrere Publikationen zu Verkaufs- und Motivationsthemen bekannt geworden. Zu seinen Kunden gehören unter anderem folgende Unternehmen: Skandia Lebensversicherungen, Deutsche Telekom, Deutsche Post, Deutscher Direktmarketing Verband, Schuhhaus Ludwig Görtz GmbH / Hamburg, OTTO Versand / Hamburg, Siemens AG / München, Gesamtverband Werbeagenturen (GWA), Frankfurt.

Andreas Bornhäußer
Präsentainment im Verkauf
Die Kunst der intensiven Präsenz

Präsentieren können muss heute jeder – ob er nun ein Produkt vertreibt, als Trainer Seminare veranstaltet, im Bewerbungsgespräch Erfolg haben will oder seine Ideen im Kollegenkreis vermittelt. Präsentieren bedeutet verkaufen, auch im übertragenen Sinne. Und: Verkaufen ist eine Fähigkeit, die sich lernen und trainieren lässt. Wie bei jedem Handwerk wird keiner durch Zufall zum Meister, sondern nur durch intensives Üben. Erfolg ist damit machbar und kein Geschenk des Himmels.

Präsentation heißt verkaufen

Präsentation und Verkauf, Unterhaltung und Information sind eng verschwisterte Themen. Ich spreche von »Präsentainment«. Damit meine ich die Verbindung von Präsentation und Entertainment. Wer das beherrscht, wird seinen Gesprächspartner fesseln können; ihn überzeugen und nicht überreden. Der andere wird »Ja« sagen zu seinen Produkten, Dienstleistungen oder Ideen – das Ziel jedes Verkäufers. Präsentainment ist somit die konsequente Umsetzung der Erkenntnis, dass die zwischenmenschliche Wechselwirkung über Akzeptanz und Erfolg entscheidet. Eine Methode, die eigene Wirkungsweise zu maximieren.

Unterhaltsam präsentieren

Gekonntes Präsentainment beinhaltet Dinge wie die richtige Dramaturgie, eine optimale Gesprächsführung, eine bildhafte Sprache oder das Ansprechen aller Sinne. Vor allem aber wird nur derjenige mit seiner Präsentation Erfolg haben, der selbst zu 100

Die richtige Einstellung

Prozent und mit ganzem Herzen hinter dem steht, was er verkaufen oder vermitteln möchte. Eine positive Einstellung, Wille und Motivation sind daher die Basis jeden Präsentainments. Anders ausgedrückt: Wer verkaufen will, muss in jedem Augenblick intensiv präsent sein und seine Zuhörer beziehungsweise Gesprächspartner präsent halten.

Auf den folgenden Seiten wird das Schlagwort Präsentainment mit konkreten Inhalten gefüllt. Es geht dabei um sofort im beruflichen und privaten Alltag umsetzbare Tipps, aber auch um grundsätzliche Überlegungen zu Kunst und Handwerk des Verkaufens und Präsentierens.

Präsentainment ist die Verbindung von Präsentation und Entertainment.

Ich will statt ich muss

Identifikation mit dem eigenen Tun

Viele Menschen begründen ihre innere Unzufriedenheit mit äußeren Umständen. Sie fühlen sich in der Opferrolle und finden für alle Fehlschläge ihres Lebens Begründungen und Ausreden. Sie schieben die Schuld auf andere, statt vor der eigenen Haustür zu kehren. Doch nur wer die Ursachen bei sich selbst sucht, kann eine unbefriedigende Lebenssituation ändern. Ein Prinzip, das sich auch auf Präsentationen und Verkaufsgespräche übertragen lässt: Nicht schlechte Produkte oder unwillige Kunden verhindern erfolgreiche Abschlüsse, sondern ein Mangel an Identifikation des Verkäufers mit dem eigenen Tun.

Das entlarvt sich schon bei der Wortwahl. Wer sagt, »ich muss« dies oder das verkaufen, der will es nicht wirklich verkaufen. Nicht viel besser ist ein »ich möchte lieber«, denn Träume sind kein gelebtes Leben. Dagegen kündet ein »ich will« von Überzeugung von der eigenen Aufgabe. Und wer von sich und seinem Handeln überzeugt ist, dem fällt es leicht, auch andere zu überzeugen.

Das Verkaufsstil-Quintett nach Meier-Maletz

Im Verkauf geht es um möglichst viel Umsatz, aber auch um die Erfüllung der Kundenwünsche. Je nachdem, wie ein Verkäufer die Prioritäten setzt, kann man fünf Verkaufsstile unterscheiden: den »*Schmuser*«, den »*Vektor*«, den »*alten Hasen*«, den »*Egalo*« und den »*Profitus*«. Langfristig wird der »Vektor« mit seiner Balance-Strategie am erfolgreichsten sein: Er orientiert sich am Kunden, ohne den Umsatz aus den Augen zu verlieren. Und es gelingt ihm, sich auf jeden Käufertyp perfekt einzustellen.

Prioritäten des Verkäufers

Schmuser
Dieser Verkäufer-Typus setzt vor allem auf eine harmonische Beziehung zum Kunden. An dessen Wohl richtet er sein gesamtes Verhalten aus. Er möchte ihn nicht verletzen und hat immer seine Vorteile im Blick.

Verkäufertypen

Vektor
Der Vektor-Typus ist der lösungsorientierte Verkäufer. Er ermittelt die konkreten Bedürfnisse seiner Kunden und versucht, diese mit seinen Angeboten zu erfüllen. So profitieren beide: Der Käufer erhält den gewünschten Nutzen, und der Verkäufer macht Umsatz und Gewinn.

Alter Hase
Der alte Hase hat meist eine jahrelange Berufserfahrung und bereits Methoden entwickelt, die er immer wieder anwendet. Er bereitet sich auf jedes Gespräch gründlich vor und überlässt den Verlauf der Verhandlung nie dem Zufall. Bei der Wirkung auf den Kunden baut er sowohl auf seine Ausstrahlung als auch auf die objektiven Vorteile seines Angebotes.

Egalo
Aktives Verkaufen ist für diesen Typus ein Fremdwort. Er verlässt sich ganz auf die Attraktivität seines Angebotes. Reagiert der Kunde darauf nicht entsprechend, versucht der Egalo nicht weiter, sein Produkt zu verkaufen.

Profitus
Im Gegensatz zum Egalo will der Profitus unbedingt verkaufen,

denn seine einzige Richtschnur ist der eigene Profit. Um den zu maximieren, ist ihm jedes Mittel recht, und auch vor der Anwendung von mehr oder weniger unlauteren Tricks scheut er nicht zurück.

Der »Vektor« will verkaufen und er will das Beste des Kunden. Gibt es aber nicht tausend Situationen, in denen ein »ich will« nicht ehrlich gemeint ist? Nicht, wenn man das *Prinzip der Wahlfreiheit* ernst nimmt. Es verhindert die Flucht vor der Verantwortung für das eigene Glück und zwingt dazu, sich aktiv mit seinen Lebenszielen auseinander zu setzen. Die drei alternativen Ebenen des Prinzips lauten:

Das Prinzip der Wahlfreiheit

Ebene 1: Handle von Herzen.
Ebene 2: Ändere es.
Ebene 3: Lass es.

Diese Maximen sind in nahezu allen Lebensbereichen anwendbar. Für einen neuen Job entscheidet man sich beispielsweise nicht nur mit der Unterschrift des Vertrages, sondern vor allem mit einer deutlichen Zustimmung zu den neuen Herausforderungen und Aufgaben. Ist dieses innere »Ja« nicht möglich, lässt sich eventuell die Sichtweise ändern, also eine Änderung der inneren Einstellung. Und als letzte Möglichkeit besteht die Ablehnung der Stelle.

Was Sie auch tun: Sie haben immer die Freiheit, sich zu entscheiden.

Neues wagen statt Bewährtes wiederholen

Überraschung statt Perfektion

Eine Präsentation lebt von Überraschungen, nicht von Perfektion. Das Einmaleins der Vortragskunst wie der Einsatz verschiedener Methoden der Projektion – wie Dias, Flipchart oder Folien – oder das Beherzigen von Grundregeln wie »freie Rede statt Ablesen« sind deshalb nicht genug. Hinzu kommen müssen kreative Ansätze und der Mut, diese auch umzusetzen. Ich drücke das folgendermaßen aus: anders als alle anderen und besser.

Eine andere und bessere Präsentation muss nicht unbedingt spektakulär sein. Und es gibt auch keine Gewissheit dafür, dass eine bestimmte Idee beim Publikum ankommt. Wichtig sind daher Flexibilität und das Eingehen auf die Zuhörer, deren Stimmung der gute Präsenter erspürt. Er demonstriert Eigenständigkeit, und sein unverwechselbarer Auftritt ist das Gegenteil stromlinienförmiger Austauschbarkeit.

Beispiel:
Bei einem Treffen von Verkaufs- und Managementtrainern behandelt ein Referent das Thema »Kreativität in Marketing und Verkauf«. Zunächst stellt er einen nach Schema F agierenden Verkäufer dar – mustergültig, aber langweilig. Drei oder vier Verkäufern dieser Art an einem Tag würde niemand zuhören können. Dann entledigt sich der Referent seines Anzugs und schlüpft in eine Tauchermontur. »Und wie würden Sie einen Verkäufer in dieser Verkleidung aufnehmen?«, fragt er das Publikum. Die Meinungen sind geteilt, doch der Referent hat sein Thema auf originelle Weise umgesetzt. Ein Vortrag, den keiner so schnell vergisst und dessen Botschaft haften bleibt.

> **Wer sich traut, ausgetretene Pfade zu verlassen, hat schon halb gewonnen.**

Den Zuhörer zum Beteiligten machen

Was ist das wichtigste Element einer Präsentation? Der Kontakt zu den Zuhörern. Nur wer sich vom Präsenter persönlich angesprochen fühlt, wird sich überzeugen lassen – sei es von einer Idee oder zum Kauf eines Produktes. Die Entscheidungspsychologie hat drei Phasen der (Kauf-)Willensbildung ausgemacht, in denen jeweils bestimmte Fragen beantwortet werden:

Der Kontakt zu den Zuhörern

Die Phase der »Identifikation«:
- Was ist das Problem?
- Was sind Ziel und Aufgabe?

Die Phasen der Willensbildung

Die Phase der »Faszination«:
- Wie sieht die Lösung aus?
- Welche Begründung gibt es für die Lösung?

– Wie kann die Lösung umgesetzt werden?

Die Phase der »Projektion«:
– Wie genau wird die Umsetzung durchgeführt?
– Welche Auswirkungen hat die Lösung?
– Wie sicher ist die Zustimmung beim Publikum?
(Diese Frage muss sich der Präsenter selbst beantworten, sie dient seiner Erfolgskontrolle.)

Beim Publikum wird im Idealfall einer Präsentation zunächst Neugier erzeugt, die dann über das Stadium der – positiven und negativen – Kritik in Zustimmung umschlägt. Zwischen der Beantwortung der oben aufgeführten Fragen lässt der perfekte Präsenter Zeit für den Austausch mit seinen Zuhörern und bekommt dadurch Impulse, die ihn eventuell zu Korrekturen an seiner Präsentation führen. Erst diese Interaktion – zum Beispiel in Form von Fragen – macht die Zuhörer zu echten Teilnehmern.

Regeln für die Phasen der Willensbildung

Für die drei Phasen – »Identifikation«, »Faszination« und »Projektion« – gibt es allgemein gültige Regeln: In der Phase der Identifikation vermittelt der Redner den Teilnehmern der Präsentation den Eindruck, ihre Probleme zu kennen und dafür die genau passenden Lösungen zu besitzen. Während der Phase der Faszination beschreibt er die Lösungen im Detail, begründet sie und zeigt Wege zur Umsetzung auf. In der abschließenden Projektionsphase geht es darum, die Zuhörer vom Nutzen der präsentierten Ideen zu überzeugen.

Tipp:
– *Identifikation:* Nennen Sie öfter die Namen der Teilnehmer. Das ist die persönlichste Form der Ansprache.
– *Faszination:* Nehmen Sie die Meinungen der Teilnehmer ernst – denn nur dann fühlen diese sich selbst ernst genommen – und eröffnen Sie ihnen gleichzeitig neue Perspektiven, die zu Ihren Ideen hinlenken.
– *Projektion:* Die Teilnehmer müssen sich den Nutzen, den Ihre Angebote versprechen, bildhaft vorstellen können. Sorgen Sie dafür, dass sich in den Köpfen Ihrer Zuhörer entsprechende Bilder entwickeln.

Reden Sie maximal die Hälfte der Zeit, die Ihnen für Ihre Präsentation zur Verfügung steht. Die übrige Zeit gehört Ihren Teilnehmern!

Je höher die Interaktion mit den Teilnehmern, desto besser die Präsentation.

Richtig gefragt ist halb gewonnen

Fragen dienen dazu, Gespräche zu führen. Doch nicht alle Fragen sind gleich gut geeignet, die Teilnehmer einer Präsentation nachhaltig zu überzeugen. Meine Empfehlung: Eliminieren Sie suggestive und schließende Fragen aus Ihrem Repertoire. Beide Fragearten sind manipulativ, weil sie dem Befragten entweder keine Wahlmöglichkeit lassen (suggestive Fragen wie »Du möchtest doch sicher auch ins Kino, oder?«) oder aber seine Antwort auf ein schlichtes Ja oder Nein verkürzen (schließende Fragen wie »Gehen wir ins Kino?«). Eine wirkliche Auseinandersetzung mit den präsentierten Inhalten findet damit nicht statt.

Keine manipulativen Fragen verwenden

Wesentlich sinnvoller und erfolgversprechender sind die anderen beiden Klassen von Fragen:

- *Öffnende Fragen* lösen intensive Denkprozesse aus. Der Gesprächspartner gibt dem Präsenter mit seiner Antwort viele wertvolle Informationen, die er im weiteren Verlauf seiner Präsentation nutzen kann.
  Beispiel: »Welche weiteren Informationen benötigen Sie zu diesem Produkt?« Vermeiden sollten Sie öffnende Fragen, die zu negativen Gedanken führen, wie etwa »Was spricht nun noch gegen eine Vertragsunterschrift?«.
- *Alternativfragen* lassen dem Befragten eine Wahl – allerdings nur in dem Rahmen, den der Fragende vorgibt. Der Präsenter erleichtert damit seinen Teilnehmern die Entscheidung. Ist das nicht Manipulation? Ich meine: Es ist eine Beeinflussung, bei der aber der andere nicht übervorteilt werden soll. Voraussetzung dafür: der Wille des Präsenters oder Verkäufers, einen für beide Seiten

Öffnende Fragen und Alternativfragen

vorteilhaften Abschluss herbeizuführen. Beispiel: »Bevorzugen Sie ein grünes Auto oder hätten Sie es lieber in Silber metallic?«

Tipp:
- Verzichten Sie auf die Benutzung der Fragewörter »wieso, weshalb, warum«, denn durch diese wird das Gegenüber immer in eine negative Richtung gelenkt, wenn dahinter das Wörtchen »nicht« folgt.
- Öffnende Fragen und Alternativfragen sind besser als schließende und suggestive Fragen.

Richtige Fragetechnik reduziert die Zahl der Einwände auf ein Minimum.

Gute Atmosphäre erzeugt Zustimmung

Jeder kennt das: Das Lachen eines fröhlichen Menschen steckt an. Genauso überträgt sich auch bei einer Präsentation die Stimmung vom Redner auf die Zuhörer. Wer seine Botschaft mit Spaß vermittelt, erhöht deshalb die Wahrscheinlichkeit, dass er seine Teilnehmer überzeugt. Wie aber lässt sich Spaß an der eigenen Präsentation – von der möglicherweise viel abhängt – erzeugen? Zum Beispiel durch eine sorgfältige Vorbereitung, ja Inszenierung der »Veranstaltung«.

Tipp:
- Kümmern Sie sich um eine ansprechende Gestaltung des Raums, in dem Ihre Präsentation stattfindet.
- Sprechen Sie die Sinne der Teilnehmer an – zum Beispiel mit Bildern oder kulinarischen Überraschungen. Die Gestaltungselemente sollten einen Bezug zu dem Produkt beziehungsweise den Inhalten haben, die Sie präsentieren.
- Spannende Unterhaltung ist das A und O einer Präsentation. Setzen Sie daher die zentrale Aussage Ihrer Präsentation in Szene, so dass die Zuhörer in jedem Augenblick unterhalten werden.

Genauso wichtig wie die gekonnte Inszenierung ist eine gute Stimmung des Präsenters. Um gelassen und gelöst zu präsentieren, ist es hilfreich, sich an besonders gelungene Augenblicke im eigenen Leben zu erinnern. Diese Momente sind für mich »*Moments of Excellence*«. Wer sich solche Situationen ins Gedächtnis ruft, überwindet seine Nervosität und erlangt spürbar – und für das Publikum hörbar – mehr Selbstsicherheit.

»Moments of Excellence«

Tipp:
So versetzen Sie sich vor der Präsentation in eine gute Stimmung:

- Erinnern Sie sich an einen Tag am Strand oder in den Bergen, an dem Sie sich besonders wohl gefühlt haben. Oder an ein harmonisch verlaufenes Essen mit Ihrem Partner.
- Legen Sie eine CD mit Ihrer Lieblingsmusik ein.
- Projizieren Sie Bilder vor Ihrem inneren Auge, die Glücksgefühle in Ihnen auslösen.

Präsentation als Fest für alle Sinne

Wissenschaftler haben uns die Erkenntnis beschert, dass unsere beiden Gehirnhälften unterschiedliche Aufgaben haben. Während die linke für die verstandesmäßige Informationsaufnahme zuständig ist, verarbeitet die rechte Bilder, Töne, Emotionen. Wenn beide Gehirnhälften angesprochen und gefordert werden, kann man sich die entsprechende Information besser merken. Für Präsenter ergibt sich daraus die Maxime, ihre Botschaft sowohl rational als auch emotional zu vermitteln.

Die Aufgaben der zwei Gehirnhälften

Zudem haben Neurolinguisten herausgefunden, dass Menschen auf drei unterschiedlichen Kanälen senden und empfangen: dem *visuellen*, dem *auditiven* und dem *kinästhetischen*. Wer präsentiert, sollte daher seinen Zuhörern Signale für alle diese Bereiche liefern – Reize für das Auge (und Bilder für das innere Vorstellungsvermögen), eine ausgefeilte Artikulation und Dinge zum Anfassen und Be-greifen. Die drei Kanäle sind bei jedem Menschen unterschiedlich stark ausgeprägt, doch durch gezieltes Training

Drei unterschiedliche menschliche Kanäle

kann beispielsweise ein visueller Typ lernen, auch dem auditiv oder kinästhetisch veranlagten Teil seines Publikums etwas zu bieten. Das ist wichtig, damit die Inhalte des Präsenters auch bei seinem Publikum ankommen.

Übungen:

Eine gute Übung ist das Umformulieren von Texten mit der Vorgabe, jeweils vorzugsweise Vokabular eines bestimmten Wahrnehmungskanals zu benutzen. Weitere Anregungen:

- Visuell: Fotografieren, Lesen von Comics, Fernsehen ohne Ton und das bewusste Wahrnehmen optischer Details
- Auditiv: beim Musikhören auf einzelne Instrumente achten, Geräusche mit auditivem Vokabular beschreiben, einzelne Sätze unterschiedlich betonen, Musik mit geschlossenen Augen hören
- Kinästhetisch: kneten oder töpfern, Gegenstände mit geschlossenen Augen ertasten, Geruchs- und Geschmacksempfinden kinästhetisch beschreiben

Tipp:
- Benutzen Sie möglichst viele Analogien, um Dinge zu erklären.
- Zeigen Sie den Nutzen für Ihre Zuhörer durch bildhafte Vergleiche auf.

Die Kombination von visuellen, auditiven und kinästhetischen Signalen optimiert die Wirkung einer Präsentation.

Der Ton macht die Musik

Das Publikum präsent halten

Kaum etwas hat bei einer Präsentation mehr Bedeutung für den Erfolg als die Fähigkeit des Präsenters, das Publikum über einen längeren Zeitraum »bei Laune« zu halten. Permanente Aufmerksamkeit ist die Voraussetzung dafür, dass die Botschaften des Vortragenden auch ankommen. Um diese Konzentration zu erzeugen, reichen spannende Inhalte allein nicht aus – sie müssen auch spannend vermittelt werden. Zum Präsentainment gehört deshalb das gekonnte Spielen auf der Klaviatur der menschlichen Sprache.

Welche große Bandbreite an Variationsmöglichkeiten es allein bei der Betonung gibt, zeigt eine einfache Überlegung: Jeder Satz kann auf viele verschiedene Arten gesprochen werden, indem stets ein anderer Satzteil besonders betont wird. Wer dies gezielt übt, lernt das Spielen mit Tonalitäten. Sein Vortrag bekommt dadurch deutlich mehr Dramatik. Nicht umsonst gehört Sprechtraining zur Grundausbildung an jeder Schauspielschule. Auch Bücher mit praktischen Sprechübungen helfen bei der Schulung der eigenen Stimme.

Variation der Betonung

Anglizismen sollten Sie möglichst vermeiden oder nur sehr sparsam einsetzen. Schöpfen Sie stattdessen den Reichtum der deutschen Sprache aus. Das gilt auch für Dialekte. Die Mundart ist eine wunderbare Facette der Persönlichkeit. Wer in seinem Dialekt – natürlich für alle verständlich – vorträgt, setzt damit das Motto »*Sei, wer du bist, und werde, was du werden kannst*« um, eine wichtige Leitlinie für alle, die als Präsenter andere von sich und ihren Ideen überzeugen wollen.

Übungen:

- Testen Sie Ihre Wirkung in verschiedenen Sprachrollen – beispielsweise der des Kleinkindes, des Oberlehrers, der Märchenerzählerin oder der Nachrichtensprecherin – und lesen Sie Texte im jeweils dazu passenden Tonfall.
- Zeichnen Sie Ihre Sprechübungen mit einem Tonband oder einem Kassettenrekorder auf und kontrollieren Sie anschließend die Ergebnisse.

Vielfalt der Medien erhöht die Präsenz

Dias, Folien, Flipcharts – der Einsatz vieler unterschiedlicher Medien erhöht die Unterhaltungswirkung einer Präsentation. Zu vermeiden ist allerdings eine willkürliche Auswahl, denn jedes

Medium hat bestimmte Stärken und Schwächen. Zu einer perfekten Inszenierung gehört deshalb eine durchdachte Regie bezüglich der Hilfsmittel für die optische Darstellung der Inhalte.

In jedem Fall sollte der Präsenter seinem Publikum sinnlose Wiederholungen ersparen, also zum Beispiel nicht einen auf einer Folie erscheinenden Satz einfach ablesen. Viel intelligenter ist es, das auf dem Bild nicht eindeutig Erkennbare durch Worte zu ergänzen.

Medien nicht überfrachten
Eine Überfrachtung der Medien mit zu vielen Informationen bewirkt das Gegenteil dessen, was der Präsenter erreichen will: Wenn dem Publikum auf nur einer DIN-A2-Seite zehn Sätze angeboten werden, kann der Vortragende sicher sein, dass die Präsenz seines Publikums sinkt. Die meisten werden lesen, anstatt ihm zuzuhören. Auch bei der Beschriftung von Präsentationsmedien gilt daher: Weniger ist mehr.

Tipp:
- Stehen mehrere Sätze auf einem Flipchart, können Sie diese nacheinander aufdecken.
- Schreiben, blättern und malen Sie mit der dem Flipchart zugewandten Körperseite.
- Behalten Sie Ihre Teilnehmer ständig im Blick. Die auf dem Präsentationsmedium dargestellten Inhalte sollten Sie daher nicht ablesen müssen.
- Ein Register an den Chartblättern erleichtert das rasche Wiederauffinden bestimmter Seiten.

Intelligent eingesetzte Präsentationsmedien erhöhen die Aufmerksamkeit der Teilnehmer.

Tisch-Charts
Es gibt sie in verschiedenen Varianten, etwa als Mappe mit Klarsichthüllen, als Pappen oder als stabilen Aufsteller im DIN-A2-Format. Die Motive werden zwischen die Folien geschoben beziehungsweise auf die Pappe aufgeklebt.

Einsatzbereich:
- Gruppengröße von maximal fünf Personen

Vorteile:
- geringer Aufwand
- Unabhängigkeit von technischen Hilfsmitteln

Nachteile:
- Prospekthüllen reflektieren bei ungünstigem Lichteinfall.
- Blendfreie Hüllen reduzieren die Farbbrillanz.
- Bei der Variante ohne Hüllen erzeugen Temperaturschwankungen mit der Zeit Blasen im aufgeklebten Material.

Präsentationspappen
Darunter versteht man einseitig beschriftete oder bebilderte Kartonagen in unterschiedlicher Stärke, Größe und Farbe.

Einsatzbereich:
- für Gruppen von maximal 20 Personen

Vorteile:
- Eigenproduktion mit relativ wenig Aufwand
- Motive können nacheinander präsentiert und so stufenweise zur Gesamtaussage addiert werden.

Nachteile:
- Aufgeklebte Materialien lösen oder wellen sich mit der Zeit.
- Stell- oder Klemmleisten sind zur Präsentation der Pappen nötig.

Flipchart
Das am weitesten verbreitete Präsentationsmedium besteht aus einem Metallgestell, einer Aufhängevorrichtung und Flipchart-Blöcken, die etwa das Format A1 haben.

Einsatzbereich:
- Flipcharts eignen sich gut zur Unterstützung der Interaktion mit den Teilnehmern – etwa, um Fragen oder Antworten zu notieren.

- Eine vorbereitete Präsentation auf Flipcharts ist sinnvoll bei bis zu 15 Teilnehmern.

Vorteile:
- Spontanes Reagieren auf das Publikum kann leicht visuell unterstützt werden.

Nachteil:
- Gefahr des zu häufigen Abwendens vom Publikum

Diaprojektion

Einsatzbereich:
- Dias eignen sich auch für ein großes Publikum, wenn die Leinwand entsprechend dimensioniert wird.

Vorteile:
- Der Präsenter kann sich frei im Raum bewegen.
- Die Farbbrillanz eines Motivs auf einem Dia wird von kaum einem anderen Präsentationsmedium erreicht.

Nachteile:
- Der Raum muss abgedunkelt werden.
- Der Zugriff auf ein bestimmtes Dia dauert relativ lange.

Video

Die Möglichkeiten reichen hier vom Kleinstmonitor im Videorekorder über den Videobeamer bis zur Multivisionswand.

Einsatzbereich:
- Die Teilnehmerzahl ist praktisch unbegrenzt.

Vorteile:
- Bewegte Bilder lockern jede Präsentation auf.
- Videos sprechen stark die Gefühle des Publikums an.

Nachteile:
- Videos sind nicht interaktiv.
- Der Aufwand für die Vorbereitung ist groß.
- Die notwendige Technik ist nicht überall vorhanden.

CAP
Bei der computeranimierten Präsentation entwickeln sich die Technologien so rasant, dass sich Präsenter über Fachzeitschriften informieren sollten.

Einsatzbereich:
- CAP lässt sich bei jeder Gruppen- und Raumgröße anwenden.

Vorteile:
- CAP ermöglicht »Lernen durch Tun«, wodurch sich die Teilnehmer Inhalte sehr gut merken können.

Nachteile:
- Der Aufwand ist hoch.
- Je interaktiver das benutzte Programm, desto teurer ist es.

Overheadprojektor
Das klassische Präsentationsmedium erfreut sich nach wie vor großer Beliebtheit.

Einsatzbereich:
- Folien auf dem Overheadprojektor können nahezu jedem Teilnehmerkreis präsentiert werden.

Vorteile:
- permanenter Blickkontakt mit dem Publikum
- größte Flexibilität
- relativ wenig Aufwand
- technisches Equipment fast überall vorhanden

Nachteile:
- Es besteht die Gefahr, dass sich der Präsenter vom Publikum abwendet, um den Inhalt der Folien vorzutragen.
- Zu viel Text auf den Folien lenkt die Zuhörer vom Gesprochenen ab.

Lenken statt das Ruder aus der Hand geben

Selbstverständlich müssen Präsenter auf die Anregungen und Stimmungen ihrer Zuhörer eingehen, um deren Präsenz aufrechtzuerhalten. Das bedeutet aber nicht, das Ruder aus der Hand zu geben. Nur wer die Richtung der Präsentation selbst bestimmt, kann seine Autorität bewahren und vermitteln. Autorität im Sinne von Überzeugungsvermögen aber entscheidet über den Erfolg oder Misserfolg des Präsentainments.

Die 3 F In jeder Gruppe wird der Präsenter mit drei Typen von Teilnehmern konfrontiert, den »drei F«:
- Die »Feinde« haben grundsätzlich Einwände.
- Die »Freunde« stehen dem Präsenter wohlwollend gegenüber.
- Die »Fahnen« hängen ihr Mäntelchen nach dem Wind; sie folgen der jeweiligen Mehrheit in der Gruppe.

Wie lässt sich nun eine Mehrheit für die Ideen des Präsenters gewinnen? Indem er die »Fahnen« auf seine Seite zieht. Wie soll er mit den drei Gruppen umgehen, um dieses Ziel zu erreichen?

Tipp:
- Versuchen Sie zu Beginn Ihrer Präsentation, die verschiedenen Gruppen unter den Teilnehmern zu identifizieren.
- Nutzen Sie die »Freunde«, um eine positive Stimmung in der Gesamtgruppe der Teilnehmer zu erzeugen. Dabei dürfen Sie sich aber nicht zu offensichtlich mit den Freunden solidarisieren.
- Lassen Sie sich nicht auf offen ausgetragene Kontroversen mit den »Feinden« ein.

Differenzierung der Zuhörer Neben den »drei F« gibt es weitere Differenzierungen in jeder Gruppe, zum Beispiel:
- den offiziellen oder informellen Boss
- den Störenfried
- den Gelangweilten
- den Besserwisser
- den Neugierigen.

Der Präsenter identifiziert diese verschiedenen Typen anhand spezieller Verhaltensweisen. Beispielsweise stellt der Besserwisser ständig Fragen, suchen alle mit ihren Blicken den offiziellen oder informellen Boss. Um jeden Menschen aber auch entsprechend seinem Typus zu behandeln, ist eine grundsätzliche Erkenntnis aus der Pädagogik von größter Wichtigkeit: Jeder Mensch will in eine Gruppe integriert sein. Er möchte von den anderen ernst genommen und akzeptiert werden. Daraus folgen einfache Regeln für die oben erwähnten Typen:

Tipp:
- Respektieren Sie die Position des (in-)offiziellen Bosses – aber verlangen Sie auch von ihm Respekt.
- Bitten Sie den Störenfried ausdrücklich um mehr Ruhe – vermeiden Sie es aber dabei, ihn zurechtzuweisen.
- Wenden Sie sich dem Gelangweilten zu, indem Sie die für ihn besonders interessanten Aspekte Ihres Themas herausheben.
- Gehen Sie auf die Fragen des Besserwissers ein – doch lassen Sie ihn nie das Heft in die Hand nehmen.
- Stellen Sie dem Neugierigen Gegenfragen – damit kommt er in Zugzwang, und Sie bestimmen die Richtung.

Ein weiterer Typ ist der »echte Spezialist«. Um auch ihm gerecht zu werden, ist fachliche Kompetenz nötig. Bei manchen Präsentationen kann es deshalb sinnvoll sein, mit einem oder zwei Co-Präsentern aufzutreten. Diese sollten Experten sein, die Detailfragen beantworten können, ansonsten aber nicht in die Präsentation eingreifen. Ausnahme: Experten mit der Fähigkeit zur Präsentation. In diesem Fall kann ein Moderator die gesamte Veranstaltung leiten und die Präsentationsteile der einzelnen Fachleute ankündigen und verbinden.

Der echte Spezialist

Nur wer Autorität ausstrahlt, wird ernst genommen. Und: Autorität zu haben heißt, andere überzeugen zu können.

Ein »Ja, aber« zur Zustimmung machen

Auch der überzeugendste Präsenter mit dem ausgefeiltesten Konzept wird auf Vorbehalte und Einwände im Publikum stoßen. Das hat vor allem psychologische Gründe, denn den meisten Menschen fällt es schwer, spontan uneingeschränkte Zustimmung zu signalisieren. Die Situation bei einer Präsentation ähnelt der bei einem Flirt mit einer noch fremden Person:

Flirten und Präsentieren haben mehr miteinander zu tun, als man auf den ersten Blick annimmt. In beiden Fällen geht es darum, zumeist fremde Menschen von sich selbst und den eigenen Ideen zu überzeugen. Und in beiden Fällen gibt es einen optimalen Zeitpunkt, zu dem das Gegenüber seine Zustimmung geben sollte. Präsenter, die ihre Teilnehmer genau beobachten, spüren, wann dieser Zeitpunkt gekommen ist, und richten sich im Verlauf ihrer Präsentation danach.

Andere Meinungen anerkennen Mit Sicherheit wird der Präsenter vor dem »Ja« seiner Teilnehmer auf einige »Ja-aber«-Stimmen eingehen müssen. Typischerweise beginnen sie mit Sätzen wie »Das passt nicht zu uns« oder »Das haben wir noch nie so gemacht«. Hinter diesen scheinbar ablehnenden Äußerungen steckt oft grundsätzliche Zustimmung, denn schließlich wird das vom Präsenter Vorgestellte nicht in Bausch und Bogen verworfen. Nicht umsonst lautet daher meine Erfahrung: Am Ende unterstützen oft gerade die anfangs kritischen Zuhörer den Präsenter besonders entschieden. Gestehen Sie jedem Teilnehmer Ihrer Präsentation das Recht auf seine eigene Meinung zu und finden Sie heraus, wozu der Einwender innerlich »Ja« sagt. Anschließend sollten Sie sich nicht gegen die Argumente des Einwenders stellen, sondern durch gezielte Fragen »Partner« im Publikum suchen. Die Kunst besteht darin, diese »Freunde« mit dem Kontrahenten diskutieren zu lassen. Sie vermitteln dann als Präsenter zwischen beiden Gruppen, so dass tendenziell Ihre Ansicht als Lösung erscheint.

Ängste der Einwender Wie aber lässt sich ganz konkret auf »Ja-aber«-Einwender reagieren? Das hängt davon ab, um welchen Typ es sich handelt. Verkaufspsychologen haben drei Ängste ausgemacht, die Menschen zu »Ja-aber«-Bedenkenträgern machen:

- die Angst vor der Geldausgabe
- die Angst vor einer Entscheidung
- die Angst davor, ein Risiko einzugehen.

Mit gezielten Fragen kann der Präsenter den vorherrschenden Konflikt herausfinden. So kann er speziell auf die Ängste des Einwenders eingehen und versuchen, ihm diese zu nehmen, also seinen inneren Konflikt lösen helfen. Eine Erfolg versprechende Strategie: Den anderen nicht gleich mit Gegenargumenten überschütten, sondern das Gespräch geschickt auf das im »Ja, aber« auch enthaltene »Ja« hinlenken. Denn: Die wenigsten »Ja-aber«-Einwendungen künden von strikter Ablehnung oder Indifferenz, sondern enthalten vielmehr Zustimmungs- beziehungsweise Kaufsignale. Allzu viele Präsenter übersehen diese versteckte Zustimmung und bringen sich dabei um die Chance, sie in eine offen ausgesprochene Annahme ihrer Ideen zu verwandeln.

Versteckte Zustimmung erkennen

Wer die Standpunkte anderer akzeptiert, erhält leichter Zustimmung zu den eigenen Positionen.

Wie aus Fehlern Stärken werden

Auch mit der besten Vorbereitung und ausgiebigem Training lassen sich Pannen und Fehler bei Präsentationen nicht völlig ausschließen. Jeder Präsenter sollte dazu stehen und Schwächen nicht durch Floskeln überspielen. Nur so kann man lernen, mit der Angst vor Misserfolgen umzugehen. Und nur durch offensive Annahme von Niederlagen lernt man aus diesen – und erhöht damit seine Flexibilität für zukünftige Aufgaben.

Übung:

Beschreiben Sie einige Ihrer größten Erfolgserlebnisse und die dazu gehörenden Situationen möglichst detailliert.

_____

_____

Erinnern Sie sich an Misserfolge, die Sie in der Zeit nach diesen Erfolgen verkraften mussten.

Zuletzt rekapitulieren Sie wiederum »Siege«, die auf die eher unangenehmen Situationen folgten.

Der Sinn dieser Übung ist eine wichtige Erkenntnis: Das Leben besteht immer aus einer Aneinanderreihung von Erfolgen und Niederlagen. Es gibt keine ewigen Sieger. Wer diese Weisheit nicht nur oberflächlich akzeptiert, sondern durch die Betrachtung von Beispielen aus seinem eigenen Leben verinnerlicht, gewinnt an Selbstvertrauen. Ungewöhnliches wagen und mit Spaß präsentieren, also echtes Präsentainment: Das gelingt nur, wenn Sie die Scheu vor einem Scheitern ablegen.

Ängste überwinden Neben der allgemeinen Furcht vor Niederlagen hat wohl jeder Präsenter ganz konkrete Ängste, die mit seinen persönlichen Schwächen zusammenhängen. Auch hier hilft eine Übung, diese Ängste in den Griff zu bekommen.

Übung:

Notieren Sie sich Ihre ganz persönlichen Ängste im Zusammenhang mit Präsentationen oder Verhandlungen.

An welche Situationen erinnern Sie sich, in denen Sie trotz dieser Ängste erfolgreich gewesen sind?

Wie haben Sie sich danach gefühlt?

_____

Wie hilft Ihnen das in Bezug auf Ihre Ängste vor der nächsten Präsentation?

_____

Was ist der Lohn für die Überwindung Ihrer Ängste?

_____

Mit welchen konkreten Aktionen könnten Sie Ihre Ängste in den Griff bekommen?

_____

Wer seine Ängste schriftlich fixiert, erkennt sie klarer. Das aber ist schon der erste Schritt auf dem Weg, Ängste zu überwinden. So stärkt die oben beschriebene Übung das Selbstvertrauen, was sich bei der nächsten Präsentation mit Sicherheit positiv bemerkbar macht. Sie werden als Präsenter flexibler agieren und reagieren – und mehr Mut haben, auch einmal etwas Ungewöhnliches zu probieren. Ein weiterer Baustein, der aus einer »normalen« Präsentation ein spannendes Präsentainment macht.

Selbstbewusstsein stärken

LITERATUR

Bornhäußer, Andreas: *Präsentainment – Die hohe Kunst des Verkaufens.* Bergheim b. Köln 1996

Erich-Norbert Detroy

»Preis-Guru« oder »Turbo-Trainer« wird er genannt. Verkauf, Motivation und Management sind seine Themen. Dabei gibt er seinen Kunden – Top-Unternehmen aus dem gesamten deutschsprachigen Raum – praxisorientierte Hilfestellung bei der Realisierung neuer Ziele. Zum Beispiel bei der Suche nach Wegen, mit denen höhere Preise am Markt durchgesetzt werden können. Erich-Norbert Detroy hat 30 Jahre Beratungserfahrung. In dieser Zeit hat er mit dem Team seines Unternehmens DETROY CONSULTANTS INTERNATIONAL bereits mehr als 400 europäische Unternehmen beraten.

Erich-Norbert Detroy
Die erfolgreiche Preisverhandlung
So begegnen Sie Billigkonkurrenten

Ein Konzern wie VW erwirtschaftete Mitte der 90er-Jahre rund 100 000 000 000 DM Umsatz pro Jahr. Davon verblieben den Aktionären nach Abzug aller Kosten vor Steuern rund 650 000 000 DM Erlös. Wenn VW also nur 1 Prozent zusätzlichen Nachlass auf seine Produkte gegeben hätte, wäre dieser riesige deutsche Konzern in die roten Zahlen gerutscht. Eine erschreckende Vorstellung!

Einer der Gründe für die geringe Gewinnspanne: Deutsche Unternehmen hinken bei der Verzinsung des eingesetzten Kapitals US-amerikanischen Vorbildern noch hinterher. Eines bleibt Fakt:

Geringe Gewinnspanne deutscher Unternehmen

Der erzielte Preis der Produkte eines Unternehmens ist wie eine Art Lebenselixier.

Dieses Lebenselixier zu schwächen ist ein elementarer Fehler, eine große Gefahr für das Überleben des gesamten Organismus. Trotzdem wird in vielen Fällen extrem leichtfertig mit diesem kostbaren Gut umgegangen.

Tageszeitungsüberschriften wie »Größter Preissturz aller Zeiten!« (Bild-Zeitung 1992) und Werbeschlagzeilen nach dem Motto »Alles muss raus ...« wecken bei vielen potenziellen Käufern den

Die Schnäppchenmentalität

Schnäppcheninstinkt – und sorgen bei manchen Verkäufern für die völlig falsche Einschätzung, dass heute nur noch über den Preis verkauft werden kann. Das ist nicht nur eine irrige Annahme, es ist auch gefährlich für das Unternehmen, wie die Beispielrechnung für VW demonstriert.

Der Preiskloß

Die Einstellung zum Preis

Als ich vor rund 30 Jahren begann, als Trainerassistent zu arbeiten, verdiente ich rund 1700 DM im Monat. Ein durchaus gutes Gehalt für diese Zeit. Nur: Ich sollte meinen Chef, den bekannten niederländischen Trainer Waage, verkaufen. Und der hatte bereits zu Anfang der 70er-Jahre einen Tagessatz von 2800 DM! Was war die Folge? Ich musste mit einem »Preiskloß« kämpfen, nämlich dem Gefühl, dass jeder Kunde diesen Tagessatz als zu hoch empfinden würde. Schließlich empfand ich ihn ja selbst als zu hoch, mir fehlte die richtige Einstellung zu diesem Preis.

Der »Preiskloß« hemmt den Verkauf

Logische Konsequenz: Ich hatte große Mühe, diesen Preis zu verkaufen. Nicht weil der Tagessatz – objektiv betrachtet – wirklich zu hoch gewesen wäre, sondern einfach deshalb, weil ich annahm, dass die potenziellen Kunden das denken würden. Sobald – und das war eine ganz entscheidende Erfahrung, die mich nachhaltig prägen sollte – ich selbst die richtige Einstellung zu diesem Tagessatz gefunden hatte, veränderte sich mein Verkaufsverhalten. Der Preiskloß verschwand, und der Erfolg stellte sich ein.

> **Gute Verkäufer sind immer auch Schauspieler, die eine Funktion übernehmen. Je überzeugter und überzeugender sie das tun, desto besser. Deshalb empfehle ich, sich an dem bekannten russischen Schauspiellehrer Stanislawski zu orientieren, der einmal sagte: »Der gute Schauspieler spielt keine Rolle – er ist das, was er spielt!«**

Aus dem berühmten Lesebuch von Stanislawski können Verkäufer deshalb wertvolle Tipps und Hinweise für ihren Beruf entnehmen.

Wann ist etwas Preis-wert?

Einmal angenommen, jemand will ein Auto kaufen. Einen gebrauchten Monto von der Firma Apel. Der Apel-Händler lässt das Auto waschen und polieren. Er präsentiert es in einer der schönsten Verkaufshallen und befestigt einen großen sonnenblumenförmigen Aufkleber auf der Windschutzscheibe. Darauf der Preis: 19 999 DM. Der potenzielle Käufer ist eigentlich begeistert. Aber entsprechend der derzeit vorherrschenden Preisdrücker-Mentalität fühlt er sich schon fast dazu genötigt, das Auto zuerst einmal schlecht zu machen, um einen möglichst großen Preisnachlass für sich zu erzielen. Die entscheidende Frage lautet nun: Wie reagiert der Händler darauf?

Beispiel - Preisverhandlung

Variante 1:
Der Händler geht auf die verbalen Abwertungen des Interessenten ein. Er gibt einen Nachlass und bietet dem Interessenten das Auto für 18 000 DM an. Sicher eine der gebräuchlichsten Methoden, mit dieser Art von Einwänden umzugehen. Nur: Wird das Auto in den Augen des Käufers durch den Nachlass besser? Schätzt er den Verkäufer nach einem solch massiven Nachlass noch als kompetenten Partner und Berater? Außerdem: Sind die rund 2000 DM Nachlass wirklich ein gutes Verhandlungsergebnis für den Käufer?

Die ersten zwei Fragen lassen sich sicher eindeutig mit Nein beantworten. Und die dritte? In den meisten Fällen wird das Umfeld des Käufers – also seine Freunde und Bekannten – einen so schnell, quasi ohne Verhandlungen erzielten Preisnachlass für zu gering halten. Meist fallen dann Sätze wie »Also ich hätte allenfalls 12 000 DM gezahlt« oder »Da hättest du sicher noch mehr Nachlass bekommen«. Die Konsequenz: Der Käufer fühlt sich schlecht – nicht trotz, sondern gerade wegen des hohen Nachlasses. Er ist der Auffassung, dass wohl noch viel mehr möglich gewesen wäre.

Ein schneller Nachlass verunsichert den Kunden

Das gilt insbesondere dann, wenn es nach dem Verkauf etwas zu reklamieren gibt. Das durch die Art und Weise des Preisnachlasses bereits erschütterte Vertrauen des Käufers wird durch einen später festgestellten Mangel restlos zerstört. Wenn sich also zum

Beispiel herausstellt, dass das Auto deutlich zu viel Benzin verbraucht, löst das beim Käufer mit Sicherheit extreme Wutgefühle aus. Folge: Dieser Käufer hat bei diesem Unternehmen zum letzten Mal gekauft – und wird allen seinen Bekannten davon abraten, dort zu kaufen!

Variante 2:

Besser: Zusatzleistung

Der Verkäufer lässt sich auf die Äußerungen des Kunden insoweit ein, dass er Folgendes äußert: »Wenn das Auto aber nun einen CD-Player hätte, dann wäre es doch Ihr Auto?!« Sobald der Käufer positiv darauf reagiert – was sehr oft der Fall sein dürfte – hat der Händler die Möglichkeit, sein Angebot auf den Punkt zu bringen und das Auto zusätzlich mit einer CD-Anlage auszustatten. Und der Interessent kann ohne Gesichtsverlust annehmen. Die Auswirkungen sind dann völlig anders als beim sofort gewährten Preisnachlass:

- Durch die Art und Weise dieses Nachlasses in Form einer Zusatzleistung wird das Produkt, sprich das Auto, subjektiv eindeutig besser.
- Der Verkäufer steigt durch seine Handlung im Ansehen.
- Der indirekte Nachlass wird in jedem Fall als »gut« eingestuft – weil er konkret fassbar geworden ist. Was auch immer geschieht – durch die Handlungsweise in der Variante 2 gewinnt der Verkäufer das unbedingte Wohlwollen des Käufers.

Wie wirkt sich das nun aus, wenn der Käufer später einen erheblichen Mangel – einen zu hohen Benzinverbrauch – feststellt? Nun, zum einen wird die Empörung des Käufers deutlich weniger stark ausgeprägt sein. Zum anderen hat der Verkäufer viel bessere Karten, den Kunden durch ergänzende Maßnahmen zu halten. Zum Beispiel dadurch, dass er dem Kunden anbietet, das Auto kostenlos neu einstellen zu lassen und ihm während dieser Zeit kostenlos ein neueres und größeres Auto der Marke zur Verfügung zu stellen. Das führt dann nämlich in vielen Fällen dazu, dass der Kunde kurz darauf genau dieses Modell kaufen möchte – und zwar fast unabhängig davon, ob die Einstellungsarbeiten am Monto tatsächlich zu einem geringeren Benzinverbrauch geführt haben oder nicht.

Entscheidend ist und bleibt es für den Verkäufer, das Wohlwollen des Kunden zu gewinnen!

Beispiel:

Als junger Mann von 17 Jahren bekam ich von meinem Vater die Aufgabe übertragen, für das im Familienbesitz befindliche Mietshaus eine neue Heizungsanlage anzuschaffen – zu möglichst günstigen Konditionen. Ich schrieb also verschiedene Handwerksbetriebe an, legte Pläne bei und bat um die Abgabe eines Angebots. Mehrere Firmen schickten schriftliche Angebote. Ein einziger Handwerker rief an und bat darum, einmal vorbeikommen zu dürfen. Ich stimmte zu, und als es am vereinbarten Tag zur vereinbarten Stunde klingelte, drückte ich auf den Türöffner. Doch niemand erschien an der Wohnungstür. Ich trat in den Hausflur und rief nach unten: »Hallo, ist da wer?« Worauf von unten die Antwort kam: »Ich bin schon im Keller, um mir alles anzusehen.« Ich folgte also der Stimme aus dem Keller und stieg hinab. Hier fand ich den Handwerker vor, der mit einem Zollstock die Türen vermaß und mir erklärte: »Die von Ihnen gewünschten Heizkessel passen überhaupt nicht durch den Türstock. Aber das ist kein Problem. Wir schlagen die Türstöcke einfach weg und setzen sie anschließend wieder instand.« Durch sein persönliches Erscheinen und das Aufzeigen eines Problems in Kombination mit dem Angebot einer Lösung hatte dieser Handwerker selbstverständlich mein absolutes Wohlwollen erworben. Als der Handwerksmeister dann auch noch sofort in meiner Gegenwart das Angebot handschriftlich ausarbeitete, stand deshalb logischerweise zu fast 90 Prozent schon fest, wer den Zuschlag erhalten würde. Da der Preis nicht stark von dem der Konkurrenz abwich, erhielt diese Firma den Auftrag. Der persönliche Einsatz um das Wohlwollen des Kunden hatte sich also rentiert.

Persönlicher Einsatz zahlt sich aus

Wer meint, dass großzügige und direkt gewährte Rabatte automatisch zu guten Kundenbeziehungen führen, der irrt. Machen Sie doch einmal die Probe aufs Exempel: Lassen Sie sich eine Liste mit den Kunden ausdrucken, denen Sie die größten Rabatte gewährt haben. Dann lassen Sie sich eine Liste mit den Kunden ausdrucken, die Ihnen den größten Ärger bereiten, Sie die meiste Zeit kosten oder die häufigsten Reklamationen haben. Garantiert sind diese beiden Listen sehr, sehr ähnlich!

Rabatte schaden oft mehr, als sie nützen

Preis senken – oder Wert steigern

Wie reagiert man als Verkäufer auf Nachforderungen des Kunden? Das Monto-Beispiel macht deutlich, dass es hier grundsätzlich zwei verschiedene Möglichkeiten gibt:

1. Möglichkeit:

Preis ist nicht gleich Wert

Der Verkäufer reduziert den Preis. Allerdings weckt das in vielen Fällen das Misstrauen des Kunden und macht ihn – im Sinne Oscar Wildes – zum Zyniker.

»Ein Zyniker ist ein Mensch, der von allem den Preis und von nichts den Wert kennt!« Oscar Wilde

2. Möglichkeit:
Der Verkäufer versucht, den Wert zu steigern. Das kann zum Beispiel – so wie im Monto-Fall – durch das Angebot eines echten Mehrwertes geschehen. Nur: Was tun, wenn reale Zusatzleistungen nicht möglich sind? Dann muss zumindest das Wertbewusstsein des Kunden gesteigert oder überhaupt erst geschaffen werden.

Viele Verkäufer setzen sich für ihre Kunden sehr ein. Kümmern sich um die Einhaltung von Terminen. Sorgen sich persönlich um die ordnungsgemäße Montage einer Anlage. Achten darauf, dass der Kunde über alle Entwicklungen auf dem Laufenden gehalten wird. Was alles mit viel Mühe und persönlichem Einsatz verbunden ist. Trotz dieses hohen Aufwandes reagieren die Verkäufer meist auf Dank des Kunden mit Sätzen der Art »Das war doch nicht der Rede wert«. Besser ist jedoch folgende Antwort: »Ich freue mich, dass Ihnen das gefällt. Es war zwar viel Aufwand. Aber für Sie, lieber Kunde, mache ich das sehr gerne!« Denn:

Erst wenn der Kunde ein Bewusstsein für die Fülle der erbrachten Leistungen entwickelt, kann er das Preis-Leistungs-Verhältnis auch richtig einschätzen.

Beispiel:
Das lässt sich auch an einem Beispiel aus dem Privatleben demonstrieren. Ein Vater hat drei Kinder. Über lange Jahre hinweg verwöhnte er

sie sehr, ohne dies den Kindern gegenüber besonders herauszustellen. Die Folge war nicht etwa, dass die Kinder diese Liebesgaben besonders zu schätzen lernten. Im Gegenteil – sie konnten überhaupt kein Bewusstsein für den »Wert« der Geschenke entwickeln. Und legten mit der Zeit ein fast schon aggressives Verhalten an den Tag. Das änderte sich erst, als der Vater begann, dosierter zu schenken und zugleich anfing, bei seinen Kindern ein Wertbewusstsein für seine Leistungen zu entwickeln sowie eine angemessene Gegenleistung zu erwarten. Zug um Zug. Es gilt eben nicht nur, dass weniger manchmal mehr ist, sondern auch, dass gut gemeint nicht unbedingt gut gemacht bedeutet.

Wichtig: den Wert einer Leistung vermitteln

Die schwindende Mitte ...

Gerade im Konsumgütermarkt lässt sich schon seit einiger Zeit eine Entwicklung beobachten, die Verkäufern, trotz aller sonstigen Schwierigkeiten, neuen Mut geben sollte. Die gute Nachricht lautet: Es gibt immer mehr Menschen, die Produkte zu relativ hohen Preisen kaufen. Der Anteil an höherpreisigen Produkten steigt von Jahr zu Jahr. Genau betrachtet, ist das jedoch nur die eine Hälfte der Wahrheit, denn zugleich steigt auch der Anteil der Billigprodukte. Smart-Shopper und Billigkäufer sorgen dafür, dass immer mehr Waren immer günstiger über die Ladentheken gehen.

Trend zu Hochpreis- und Billigprodukten

Was sich zunächst wie ein Widerspruch anhört, erklärt sich dadurch, dass der »Mittelbau« unseres derzeitigen Preissystems am Zusammenbrechen ist. Durchschnittlich gute Produkte zu durchschnittlichen Preisen wird es wohl bald kaum mehr geben. Dafür gibt es Gründe:

- Die Realeinkommen sind über längere Zeit hinweg gesunken.
- Die Verbraucher sind »satt«, also sehr gut versorgt.
- Ein Unternehmen verdient mit einem Massenprodukt nur sehr wenig. Deshalb muss es entweder sehr große Mengen absetzen oder aber wesentlich weniger Produkte zu einem attraktiveren Preis verkaufen.

Diese drei Gründe haben dazu geführt, dass die frühere Gauß'sche

Normalverteilungskurve, mit der man die Umsatzverteilung sehr gut darstellen konnte – mit stark ausgeprägtem Mittelbereich und schwachen Seitenbereichen –, sich zu einer Kurve mit zwei Spitzen an den Rändern und einem tiefen Mitteltal entwickelt.

Erfolg haben heute zwei Arten von Unternehmen: zum einen Anbieter von kleinen Sortimenten, großen Stückzahlen, wenig Serviceleistungen und kleinen Preisen. Und auf der anderen Seite Anbieter von hoch spezialisierten oder sehr umfangreichen Sortimenten, umfassenden Serviceleistungen und hohen Preisen.

... und die Konsequenzen

Unternehmer müssen sich entscheiden

Jetzt ist es für Unternehmer an der Zeit, sich zu entscheiden. Denn gerade auf dem Endverbrauchermarkt lässt sich mit soliden, aber durchschnittlichen Produkten oder Dienstleistungen langfristig nicht überleben. Entweder man konzentriert sich also darauf, besonders preiswert zu sein – was gerade für kleine und mittelständische Unternehmen nicht so einfach ist. Oder aber man versucht, sich zu spezialisieren und sich entsprechend hochpreisig zu positionieren.

Wer sich für die Spezialisierung und relativ hohe Preise entscheidet, sollte folgende Anforderungen erfüllen:

»Think big!«

Spezielle Produkte zu hohen Preisen

So lautet ein bekanntes amerikanisches Lebens- und Arbeitsmotto. Ein Motto, das sich auch sehr gut auf das Preisumfeld eines Produktes übertragen lässt. Nur einem entsprechend hochwertig präsentierten beziehungsweise »verkauften« Produkt wird auch ein überdurchschnittlich hoher Preis zugestanden. Eine billig wirkende Atmosphäre, Umgebung oder Präsentation lässt potenzielle Käufer sofort auf billige Preise schließen.

Beispiel Versicherung

Der Verkäufer einer großen deutschen Versicherung wurde von Kollegen einmal darauf angesprochen, ob sein fast schon prunkhaft vornehmes Bürogebäude mit in Marmor eingelassenem Unternehmenslogo im Eingangsbereich die potenziellen Käufer von Moped-Kennzeichen nicht ab-

schrecken könnte. Seine Antwort: »Verkauft nur weiter Moped-Schilder – ich verkaufe hohe Lebensversicherungssummen.« Der Verkäufer wurde bundesweit zur Nummer 1 dieses Versicherungskonzerns

Noblesse oblige

Kunden orientieren sich nicht ausschließlich am Preis. Vor allem dann nicht, wenn sie zum Themenfeld eines Produktbereiches eine besonders starke Affinität besitzen. Und auch dann nicht, wenn es dem Anbieter gelingt, das Wertbewusstsein für das Produkt oder die Dienstleistung zu steigern. In vielen Fällen ist es so, dass Kunden nicht einfach nur deshalb ein Produkt kaufen, weil es eine bestimmte Funktion erfüllt. Meist verbinden Kunden mit einem Produkt – vor allem als Endverbraucher – wesentlich umfassendere Assoziationen.

Ein bekannter internationaler Uhrenhersteller ließ einmal untersuchen, welche Gründe Menschen zum Kauf einer extrem teuren Uhr bewegen. Das Ergebnis: Die Kunden kaufen nicht einfach eine Uhr – die Kunden kaufen Kultur. Und Kultur ist ihnen die enorme Summe Geld wert, die sie für eine hochpreisige Uhr bezahlen. **Beispiel Uhren**

Je perfekter das Produktumfeld und die Verkaufsatmosphäre dem Wunsch des Kunden entsprechen, Kultur zu erwerben, desto eher sind sie bereit, viel Geld auszugeben.

Manche Unternehmen gehen sogar bewusst so weit, ihr Angebot und ihre Angebotsumfelder zu hierarchisieren. Das damit gegebene, wenn auch nicht geäußerte Versprechen: »Je mehr du ausgibst, desto mehr erhältst du von dem, was du dir wünschst ...« **Angebot hierarchisieren**

Ein großes süddeutsches Bekleidungshaus hat diese Hierarchisierung in seinem Stammhaus perfektioniert. Die verschiedenen Angebotshierarchien spiegeln sich in der räumlichen Aufteilung des Gebäudes wider: Im Untergeschoss werden Schnäppchenprodukte präsentiert. Hier beträgt der Einkaufswert pro Kunde und Kasse durchschnittlich 30 DM. Im Erdgeschoss wird qualitativ hochwertige, aber nicht zu teure Ware verkauft, und der Einkaufswert pro Kunde und Kasse liegt bei durchschnittlich 170 DM. Im ersten Obergeschoss präsentiert das Unternehmen exquisite Markenlabels in einem sehr hochwertigen Ambiente und setzt pro **Beispiel Bekleidung**

Kunde und Kassenbesuch durchschnittlich 700 DM um. Für einen Besuch im zweiten Obergeschoss bedarf es einer vorherigen Anmeldung. Dafür wird der Kunde hier auch individuell betreut und beraten. Das gesamte Team kümmert sich ausschließlich um ihn. Umsatz pro Kunde und Kassenbesuch im obersten Stockwerk: 3500 DM!

Nobler Verkaufsstil führt zu noblem Preis

Hochwertige Preise hochwertig verkaufen

Das Prinzip »Noblesse oblige« lässt sich auch auf den einzelnen Verkäufer übertragen. Er kann nur dann einen relativ hohen Preis beim Kunden durchsetzen, wenn er diesen Preis auch hochwertig verkauft. Denn:

> **Die Höhe des erzielbaren Preises ist nicht nur davon abhängig, wie hoch das Niveau des Produktes ist. Mindestens genauso wichtig sind die Art des eigenen Denkens und der eigenen Ausstrahlung des Verkäufers.**

Sie lassen sich nicht nur an der Form und Gestaltung der eingesetzten Verkaufshilfen oder an der Art der Gesprächsführung festmachen, sondern unter anderem auch an scheinbar profanen Dingen wie der Kleidung – oder am Auto, das ein Verkäufer fährt. Manchmal scheint in der Tat zu gelten, dass Autorität von Auto kommt! Man könnte das so zusammenfassen: »Du musst dein Preis-Niveau auch leben – nur dann bist du glaubwürdig.«

Petersilien-Preise

Preise garnieren

Lassen sich Preise garnieren? »1000 DM bleiben 1000 DM«, mag mancher sich denken – und liegt damit doch völlig falsch. Denn selbst absolute Werte sind niemals so absolut, dass sie sich nicht relativieren ließen. Selbst bei schriftlichen Angeboten gibt es Möglichkeiten, Preise gut oder weniger gut zu präsentieren.

Eine Möglichkeit: Bieten Sie dem Kunden eine preisliche (und inhaltliche) Alternative. Und zwar eine teurere! Jeder Mensch strebt nach Höherem. Selbst wenn der Kunde sich nicht für die teurere Variante entscheiden wird, die günstigere wird dadurch für ihn entscheidend aufgewertet. Ein Beispiel: In New York warb ein Hutgeschäft mit dem Slogan: »Wir haben den teuersten Hut der Welt!« Dieser Hut wurde zwar nicht verkauft, die günstigeren konnte das Geschäft dafür umso besser absetzen.

Eine weitere Möglichkeit: Stellen Sie teure Produkte immer nach vorn oder nach oben. Versuchen Sie nie, diese Preise zu verstecken. Wer zuerst mit den höchsten Preisen »konfrontiert« wird, akzeptiert umso schneller die etwas niedrigeren.

Ich wurde einmal von einem befreundeten Gastwirt um Rat gefragt. Der Gastwirt hatte das Problem, dass sich seine teuersten Angebote nur äußerst schleppend absetzen ließen. Nach eingehendem Studium der Speisekarte schlug ich dem Gastwirt vor, die Reihenfolge der Angebote einmal genau umzudrehen: das teuerste Gericht nach ganz oben und das billigste an den Schluss der Speisekarte zu setzen. Ein Vorschlag mit Folgen! Denn von diesem Zeitpunkt an verkaufte der Gastwirt entscheidend mehr teure Produkte.

Beispiel Speisekarte

Kombinieren schafft Freunde

Eines der liebsten Worte der Deutschen scheint »Kombinationsangebot« zu sein. Woran das genau liegt, kann wahrscheinlich niemand erklären. Fakt aber ist, dass der Begriff Kombination auf Menschen eine einzigartige Anziehungskraft ausübt. Das gilt unabhängig davon, ob die in einem Kombinationsangebot verbundenen Produkte gleichartig oder völlig verschieden sind. Die anziehende Wirkung einer Kombination ist manchmal so groß, dass rationale Überlegungen fast keine Rolle mehr spielen. In einem Supermarkt wurden beispielsweise einmal von einem Praktikanten 3er-Packs Dosenmilch falsch ausgezeichnet. Drei einzeln gekaufte Dosen wurden dadurch für den Kunden erheblich günstiger als ein 3er-Kombipack. Das Interessante daran: Das Kombiangebot wurde trotzdem wesentlich häufiger gekauft.

Kombiprodukte sind beliebt

> **Kunden kaufen gerne »im Paket«. Wenn Sie also mehrere Ihrer Produkte oder Dienstleistungen als Angebot kombinieren können: Tun Sie es!**

Übrigens gilt unter erfahrenen Verkäufern mittlerweile als gesichert, was schon immer vermutet wurde: Schon Pfennignachlässe lassen einen Preis attraktiver erscheinen. Denn 99 Pfennig sind sichtbar und nachvollziehbar weniger als 1 Mark, 999 Mark sind definitiv weniger als 1000 Mark. Und: Auch die Art und Weise, wie Sie einen Preis mündlich aussprechen, hat Einfluss auf die Kaufentscheidung:

Preise »weich« aussprechen

Wenn Sie Preise mündlich nennen, wählen Sie immer die weichere Sprechvariante. Sagen Sie also niemals »eintausendsechshundert«, sondern »sechzehnhundert« oder noch besser »einssechs«. Sagen Sie nie »zwei Millionen fünfhunderttausend«, sondern »zweifünf« ...

Der Kampf um den Zuschlag

Unabhängig von der Frage nach den richtigen und richtig vermittelten Preisen gibt es drei eherne Gesetze um den Zuschlag beim Kampf. Jeder, der bei einer Auftragsvergabe Erfolg haben möchte, sollte diese Regeln beachten:

Das »Gesetz der Kontinuität«

Kontinuierlich präsent sein

Gerade bei komplexen Produkten oder Dienstleistungsangeboten ist wohl nur in den seltensten Fällen zu erwarten, dass auf ein erstes Angebot postwendend der Auftrag erteilt wird. Fast immer werden die Entscheidungen über die Vergabe von solchen Aufträgen in langwierigen Prozessen gefällt. Umso wichtiger ist es deshalb für den Verkäufer, kontinuierlich präsent zu sein. In Frankreich sagt ein Sprichwort: *»Die Wiederholung ist die Mutter des Lernens.«* Ganz genauso verhält es sich bei der Abgabe von komplexen Angeboten. Wenn ein Kunde in nicht zu langen Abständen regelmäßig kontaktiert wird, kann ein Verkäufer davon ausgehen, dass er auf einem immer höheren Informationsniveau auf Kundenseite aufbauen und damit seine Position stärken kann. Wird dagegen zu lange gewartet, lässt ein Verkäufer also einen Kunden *»erkalten«*, muss er immer wieder ganz von vorne anfangen – das erreichte *»Lernniveau«* des Kunden kann nicht angehoben werden.

Das »Gesetz der Konsequenz«

Absprachen unbedingt einhalten

Wer seinem Kunden etwas zusagt, muss es unbedingt einhalten. Das mag sich banal anhören, hat aber weit reichende Folgen. Es schafft Respekt vor der Leistung des Verkäufers und hebt das Ansehen der Firma und die Wertschätzung für das Angebot. Ein Beispiel: Wer einem Kunden zusagt, diesem bis zum nächsten Tag, 14 Uhr, weitere Informationen zu faxen, der sollte das auch unbedingt tun. Kommen die Informationen auch nur eine Stunde später an, hat der Verkäufer ein eindeutig formuliertes Versprechen nicht gehalten. Die mögliche Folge: Der Kunde zweifelt auch die Korrektheit der Verkäuferaussagen zu Produkt und Leistungen an. Tenor: »Was die Termintreue betrifft, war ja auch kein Verlass auf den Verkäufer!«

Das »Gesetz der Reziprozität«
Was sich stark vereinfacht mit »*Wie du mir – so ich dir!*« beschreiben lässt, kann unter Umständen entscheidend bei der Vergabe des nächsten Auftrages sein. Zu verstehen ist darunter Folgendes: Gute Verkäufer helfen Ihren Kunden so viel und so oft, wie sie können. Umgekehrt sollten sie sich allerdings auch nicht scheuen, sich vom Kunden helfen zu lassen – zum Beispiel bei der Erstellung eines Neuangebots. Zum einen verstärkt das das Beziehungsband zwischen Kunde und Verkäufer. Und zum anderen zeigt es, dass der Verkäufer mit allen Mitteln um den Auftrag ringt. Das verstärkt das in den Verkäufer gesetzte Vertrauen und hebt sein Ansehen.

Dem Kunden helfen – und sich helfen lassen

> Kein Mitteleuropäer stört gerne eine Feier. Wenn ein Auftrag zum Greifen nahe scheint, leitet deshalb ein guter Verkäufer eine feierliche Abschlussatmosphäre ein. Um diese Stimmung zu zerstören, müsste der potenzielle Käufer schon sehr gewichtige Gründe für sich finden.

Zu teuer! Zu teuer?

Auch wenn ein Verkäufer bei der Präsentation eines Preises alles richtig macht, kann es ihm trotzdem geschehen, dass der potenzielle Kunde »Zu teuer!« sagt. Was sollte der Verkäufer dann tun? Früher riet man ihm zu der Frage: »Im Verhältnis wozu?« Nur – diese Formel ist mittlerweile mindestens 40 Jahre alt. Jeder clevere Einkäufer kennt sie und lacht nur noch darüber. Denn die Antwort kann doch sowieso nur sein: »Im Verhältnis zur Konkurrenz!« Damit macht man jedoch den Kunden auf die Angebote der Konkurrenz aufmerksam. Und das kann nicht Ziel und Absicht eines guten Verkäufers sein.

Wie also lässt sich geschickter auf den Einwand »zu teuer« reagieren? Es gibt mehrere Möglichkeiten:

Entgiftung

Teuer gleich wertvoll

Eine Möglichkeit, das gefürchtete »Zu teuer« abzuwehren, ist die »Entgiftung«. Der Trick dabei: aus einem »Zu teuer« ein »Teuer« und daraus ein »Wertvoll« werden lassen. Damit das funktioniert, ist ein ritualisiertes, ernsthaftes Argumentieren wichtig. Zudem muss die Werthaltigkeit eines Angebotes auch durch entsprechende Gesten und durch Mimikelemente unterstrichen werden.

»Ohne Ritual bricht jede Weltkirche zusammen«, wurde einmal gesagt. Anders formuliert: Nur Rituale vermitteln Wertigkeit. Einem Rosenkranzgebet gleich wiederholt der erfahrene Verkäufer immer wieder die Beschwörungsformel: »Stimmt, das Produkt ist teuer und wertvoll, weil ...« Dieser Einleitung hängt er jeweils eine nachvollziehbare Begründung an. Durch die stetige Wiederholung in ritualisierter Form lernt der Kunde diese Behauptung als Tatsache zu akzeptieren.

Spieß umdrehen

Billig gleich minderwertig

Das Wort »billig« hat im deutschen Sprachgebrauch nicht nur die Bedeutung von »günstig«, sondern steht auch für »minderwertig«. Auf dieser Zweitbedeutung baut eine weitere Möglichkeit auf, den »Zu teuer«-Einwand zu entkräften. Dabei stimmt der Verkäufer dem Kunden zuerst einmal zu: »Ja, Sie haben Recht. Das Produkt ist nicht billig.« Und dann weiter: »Ich habe nicht gewagt, Ihnen etwas Billiges anzubieten.« Mit dieser Aussage erreicht der Verkäufer zweierlei:

- Er wertet die Konkurrenzangebote ab – ohne deswegen wettbewerbsrechtlich angreifbar zu sein.
- Er setzt den Kunden unter Zugzwang, weil kein Mensch etwas Billiges kaufen möchte, denn billig wird mit minderwertig gleichgesetzt.

Gegenfrage

Gut ist es auch, auf ein »Zu teuer!« mit der Gegenfrage »Warum?« zu reagieren. Das bringt den Kunden in einen Begründungszwang. Er muss von sich aus das Preis-Leistungs-Verhältnis diskutieren – was dem intelligenten Verkäufer viele Möglichkeiten bietet, die einzelnen Aussagen argumentativ zu entkräften oder – noch besser – zu widerlegen. Im Idealfall sind am Schluss eines so geführten Verkaufsgespräches alle vom Kunden vorgebrachten Argumente negiert. Dem Kunden fällt es immer schwerer, auf seinem »Zu teuer!« zu beharren.

Den Kunden in Zugzwang versetzen

Stolz sein

Stark irritierend wirkt auf einen kritischen Kunden auch der deutlich zum Ausdruck gebrachte Stolz auf ein Produkt – und auf dessen Preis. Stolz kündet von Selbstbewusstsein, lässt Zweifel am Preis kaum zu und macht es damit dem Kunden sehr schwer, das »Zu teuer« als negatives Argument einzusetzen. Eine bekannte Shampoo-Marke setzte dieses Mittel für ein sehr hochpreisiges Produkt äußerst erfolgreich auf dem österreichischen Markt ein. In einer Anzeige verwendete die Firma den Slogan: »XY ist sauteuer, aber es wirkt.« Ein Musterbeispiel für Preis-Produkt-Stolz, der verkaufsfördernd wirkt.

Stolz auf ein gutes Produkt

Verbal stark sein

Grundsätzlich gilt: Wer rechtzeitig über griffige Entgegnungen nachdenkt, braucht ein »Zu teuer!« auf keinen Fall zu fürchten. Gerade die Werbesprache zeigt dem cleveren Verkäufer unzählige Methoden auf, wie sich relativ hohe Preise sprachlich perfekt vermitteln lassen:

Geschickt argumentieren

- »Es war schon immer etwas teurer, einen guten Geschmack zu haben.«
- »Sie sind nicht so reich, dass Sie sich ein billiges Produkt leisten können.«
- »Es ist leichter, einmal unseren hohen Preis zu begründen, als immer wieder Reklamationen entgegennehmen zu müssen.«
- »Die Sicherheit dieses ... ist nicht billig. Was Sie dadurch gewinnen, ist aber unbezahlbar ...«

Preise nicht verteidigen

Der Preis muss durch den Verkäufer angemessen dargestellt, darf aber nicht in Frage gestellt werden. Denn: Ein hoher Preis ist bei einem hochwertigen Produkt eine Selbstverständlichkeit. Ein hoher Preis ist ein Indiz für hohe Qualität. Ein hochpreisiges Produkt ist ein »Gewinnbringer« auch für den Kunden. Es dient der Zukunftssicherung des Verkäufers und des Käufers. Deshalb muss ein hoher Preis durchgesetzt werden.

»Zu teuer« – und was dahinter steckt

»Zu teuer« ist oft ein Vorwand

Nicht immer hat es sachliche Gründe, wenn ein potenzieller Käufer einen Preis als zu hoch ablehnt. Der Preis dient – häufiger als allgemein angenommen – als eine Art Sündenbock oder Blitzableiter für den Kunden. Der gute Verkäufer versucht deshalb, möglichst schnell die wahren Motive für die Ablehnung eines Preises festzustellen, um darauf reagieren zu können.

Die 4 Ebenen einer Botschaft

Nach Schulz von Thun gibt es vier Ebenen einer Botschaft, die jeweils ganz unterschiedliche Funktionen erfüllen. Die reine *Sachebene* ist nur eine davon. Die so genannte *Appell-Ebene*, die *Selbstoffenbarungs-Ebene* und die *Beziehungs-Ebene* haben zwar sehr häufig wenig mit dem eigentlichen Thema zu tun, sind aber für das Ergebnis mindestens ebenso wichtig. Nur: Wie erkennen wir, auf welcher Ebene der Kunde sendet, was sich also wirklich hinter seiner Ablehnung des hohen Preises verbirgt? Folgende Checkliste hilft bei der Beantwortung der Frage, ob das Preisargument nur ein Vorwand ist:

Checkliste:
1. Welche Motive könnte der Einkäufer haben?
2. Muss er sich profilieren?
3. Zwingt ihn jemand?
4. Hat er an anderer Stelle verloren?
5. Ist er (von uns) zu wenig anerkannt?
6. Muss er sich »rächen«?
7. Hegt er Antipathie uns gegenüber?
8. Ist er überhaupt kompetent?
9. Braucht er uns, um andere Lieferanten zu drücken?
10. Braucht er das Produkt überhaupt?
11. Hat er Sorgen?
12. ...

Um alle diese Fragen korrekt beantworten zu können, empfiehlt es sich, eine Matrix des Kundenunternehmens zu entwickeln, welche die Machtgrundlagen und Entscheidungskompetenzen der verschiedenen Gesprächspartner auf Kundenseite definiert. Unterschieden werden sollten dabei die Kriterien »Status« (Prokura etc.), »Expertentum« (in dem entsprechenden Fachgebiet), »Sympathie« (im eigenen Haus). Beantwortet werden sollte außerdem die Frage, ob ein Gesprächspartner zum Belohnen oder eher zum Bestrafen tendiert. Bei der Auswertung einer solchen Matrix ergeben sich dann zumeist folgende »Archetypen«: der Initiator, der Wächter, der Käufer oder Finanzier, die Betroffenen oder Nutznießer, der Einflussnehmer und der Coach.

Matrix des Kundenunternehmens

> **Für einen guten Verkäufer empfiehlt es sich in jedem Fall, Verbündete auf Kundenseite zu suchen – und zwar solche, welche die Sympathie der überwiegenden Mehrzahl der Mitarbeiter auf Kundenseite genießen. Als ideale Vertrauensperson hat sich dabei der Archetyp des »Einflussnehmers« herauskristallisiert. Wer den »Einflussnehmer« auf seiner Seite hat, braucht Preisdiskussionen kaum zu fürchten.**

Die wahren Probleme des Kunden lösen

Die Erkenntnis, dass das Preisargument oft nur vorgeschoben ist, hat eine wichtige Konsequenz: Ein Preisnachlass wäre nur eine Reaktion auf die Symptome, aber keine Lösung des eigentlichen Problems. Und an den Symptomen kann man niemanden kurieren. Es geht also um eine Antwort auf die wahren Motive für die Ablehnung. Nur so können aus Preis-Kontrahenten Preis-Partner werden.

Was will der Kunde wirklich?

Todsünden in der Preisverhandlung ...
(Zu) oft prallen in Preisverhandlungen die Meinungen sehr hart aufeinander. Auf ein »Zu teuer« des Kunden folgt ein »Nicht zu teuer« des Verkäufers. Auf ein »Das lief zuletzt schief« ein »Stimmt doch gar nicht«. Ein Wort gibt so das andere. Schnell schleichen sich dann die sechs Todsünden der Preisverhandlung ein:

1. Direkter Widerspruch
2. Bagatellisierungen
3. Ironie
4. Beleidigungen
5. Nicht ernst nehmen
6. Überhören

... und wie man es besser macht
Erfolgreiche Verkäufer versuchen, es erst gar nicht so weit kommen zu lassen. Sie wissen, dass ihnen eine Konfrontation überhaupt nichts bringt. Schon allein durch eine geeignete Sitzposition versuchen sie, den potenziellen Käufer auf »ihre Seite zu holen«. Gute Verkäufer setzen sich deshalb, wenn es sich irgendwie vermeiden lässt, nie frontal gegenüber, sondern möglichst neben oder schräg neben einen Kunden. Dadurch erreichen sie einen ganz wichtigen körpersprachlichen Schulterschluss.

»Stelle dich neben einen Gegner – nicht gegenüber.«
Thomas von Aquin

Der scholastische Disput

Thomas von Aquin vermittelte seinen Schülern die Kunst, einen Gesprächsgegner mittels der Technik des so genannten »scholastischen Disputs« vom eigenen Standpunkt zu überzeugen. Diese Technik lässt sich hervorragend auf ein Preisverhandlungsgespräch übertragen. Sinnvoll ist ein Vorgehen in mehreren Schritten:

Phase 1: *»Finden der Idee«*

Verhandeln in 5 Phasen

Situation: Der Kunde lehnt ein Produkt als zu teuer ab. Der Verkäufer überlegt zunächst einmal in Ruhe, mit welchen logischen Argumenten er darauf antworten könnte. Diese eher passive erste Phase wird auch als »Finden der Idee« bezeichnet.

Phase 2: *»Bedingte Zustimmung«*
Aktiv wird der gute Verkäufer dann im Stadium der »Bedingten Zustimmung«. Diese Phase ist ganz entscheidend, denn durch das bedingte Zustimmen entwickelt der Verkäufer eine wichtige Gemeinsamkeit mit dem Kunden. Auf dieser lässt sich im weiteren Verlauf des Gesprächs aufbauen.

Phase 3: »*Geistige Kehrtwendung*«
Genau das geschieht nun in der dritten Phase, der Phase der »Geistigen Kehrtwendung«: Der Kunde wird so beeinflusst, dass er – ausgehend von der aufgebauten Gemeinsamkeit – noch einen Schritt weiter geht – und zwar exakt in die vom Verkäufer gewünschte Richtung. Wichtig dabei: Beim potenziellen Käufer muss Interesse für die noch folgende Argumentation geweckt werden.

Phase 4: »*Nutzen-Antwort*«
In der Phase 4, der »Nutzen-Antwort«-Phase, wird der spezifische Nutzen vermittelt, den der intelligente Verkäufer aus der vorgelagerten Argumentation ableitet. Der zeitlich umfangreichste Teil.

Phase 5: »*Zustimmungsfrage*«
Die letzte Phase führt direkt zu einem Ergebnis. Jetzt wird die so genannte »Zustimmungsfrage« gestellt. Im Rahmen eines am Konsens orientierten Dialoges versucht der Verkäufer, den Grundkonflikt zu lösen, indem er dem potenziellen Käufer eine nachvollziehbare, argumentativ untermauerte Lösung anbietet.

Konsens herstellen

Logische Argumente ...
Damit die Strategie des Schulterschlusses mit dem Kunden funktioniert, muss der Verkäufer auch Preis-Argumente aus dem logischen Bereich aufbieten können. Neben Alleinstellungsmerkmalen und Auf- beziehungsweise Mehr-Preis-Staffelungen sind dies insbesondere Argumente der Zeit-Relation, Kosten-Relation und Wert- / Nutzen-Relation.

> **Am einfachsten können Kunden dann von der Notwendigkeit eines höheren Preises überzeugt werden, wenn es dem Verkäufer gelingt, den Mehrpreis (gegenüber einem billigeren Produkt) in einen wirtschaftlichen Vorteil umzurechen.**

Dieser Vorteil kann zum Beispiel in niedrigeren laufenden Kosten bestehen, die den höheren Erstanschaffungspreis schnell wettmachen. Anderes Beispiel: Höhere Fertigungskosten lassen sich durch eine entsprechend höhere Präzision und die sich daraus ergebenden niedrigeren Ausschussraten rechtfertigen.

Vorteile betonen

Damit solche Wirtschaftlichkeitsberechnungen vom potenziellen Käufer auch angenommen und akzeptiert werden, sollte der gute Verkäufer den Kunden unbedingt selbst rechnen lassen. Wenn ein potenzieller Käufer ein dem Verkäufer nützliches Ergebnis selbst berechnet und ausgesprochen hat, wird es ihm sehr schwer fallen, dieses nicht zu akzeptieren.

... und die richtige Vorbereitung

Wie ein guter Sportler, sollte auch der gute Verkäufer nur optimal vorbereitet zu seinem »Wettbewerb«, der Preisverhandlung, gehen. Die folgenden zehn Punkte sind dabei unbedingt zu beachten:

1. Immer gewappnet sein
2. Innerlich gerüstet sein
3. Konzentriert sein
4. Gut gelaunt sein
5. Zuversichtlich sein
6. Den Kunden schätzen/mögen
7. Dem Ganzen Zeit lassen
8. Kommen lassen
9. Ruhig bleiben
10. Nein vermeiden

»Wer Recht hat, braucht die Ruhe nicht zu verlieren. Wer Unrecht hat, darf sie nicht verlieren!« Franz-Josef Strauß

Nein vermeiden Absolut entscheidend ist der zehnte Punkt: das Nein-Vermeiden. Wer »Nein« zu einem Kunden sagt, löst damit unwillkürlich Trotzreaktionen aus. Nach der Transaktionsanalyse wird durch ein »Nein« das so genannte »Kindheits-Ich« des Menschen aktiviert. Und das ist sachbezogenen Argumenten fast nicht mehr zugänglich, will nur noch abwehren und ablehnen.

Von Salami-Taktikern und anderen Preisdrückern

Sehr häufig haben es Verkäufer mit Einkäufern zu tun, deren ganzer Ehrgeiz darin liegt, möglichst günstige Preise auszuhandeln. Mit allen nur denkbaren Mitteln der Preisdrückerei versuchen solche Einkäufer, einen Preis zu unterminieren. Besonders beliebt ist beispielsweise die so genannte Salami-Taktik, die in einer Abfolge mehrerer kleiner Preisnachlassforderungen besteht. Alternativ dazu wird mit der Konkurrenz gedroht, das Gespräch mit Reklamationen begonnen, werden völlig übertriebene Zukunftsaussichten in den Raum gestellt oder die Gesprächspartner ständig gewechselt.

Bei solch schwierigen Verhandlungen werden kluge Verkäufer unbedingt versuchen, die so genannte Isolationstechnik einzusetzen. Also den zentralen Kritikpunkt des Einkäufers genau einzugrenzen. Durch Fragen wie »Geht es Ihnen nur um den Preis oder auch um die Lieferbedingungen (Zahlungskonditionen, Montageschritte …)?« lässt sich der Verhandlungsbereich eingrenzen. Wenn dies nicht möglich ist, lassen sich zumindest »Nebenkriegsschauplätze« eröffnen. Das bietet die einzigartige Chance, längere Zeit über Nebenthemen zu diskutieren, so dass dem Gesprächspartner am Ende der Wille und die Kraft fehlen, um das eigentliche Kernproblem zu ringen. Wissenschaftler haben herausgefunden, dass bei den meisten Menschen der verbale »Kampfwillen« nach etwa 45 Minuten erlahmt. Wer sich diesen Effekt zunutze macht, spart Zeit, Energie und unter Umständen sehr viel Geld.

Isolationstechnik

Beispiel:
Bei einer im Vorfeld als sehr schwierig eingeschätzten Verhandlung um ein Atomkraftwerk wurde fast eindreiviertel Stunden um die so wichtige Frage der optimalen Fahrradständerform diskutiert. Das erschöpfte die Teilnehmer der Debatte so sehr, dass die grundsätzliche Genehmigungsfrage in 15 Minuten erledigt war.

> **Wer seinen Gesprächspartner auf ein einzelnes Entscheidungskriterium festlegt – und sich dies auch ausdrücklich bestätigen lässt (»Ihre Entscheidung hängt also einzig und allein von … ab?«), braucht sich um andere Themen nicht mehr zu kümmern und kann diesen einen Punkt mit unterschiedlichsten Argumenten bearbeiten.**

Wenn mehrere Themen oder Ansatzpunkte Gegenstand eines Gesprächs sind, sollte eine Liste mit Einzelbegriffen oder Themenkästchen verfasst werden, so dass Thema für Thema abge-

Gesprächsthemen auflisten

hakt werden kann. Das verhindert, dass bereits ausgehandelte Kompromisse noch einmal Thema einer laufenden Verhandlung werden können.

Preisdrücker ausbremsen
Zehn Ratschläge helfen beim Umgang mit Preisdrückern der unterschiedlichsten Couleur:

10 Ratschläge gegen Preisdrücker

Ratschlag 1: *Das tiefere Interesse des Kunden testen*
Versuchen Sie zuerst, den Einwand des Kunden zu überhören, und »drohen« Sie dann auch einmal das Ende des Gesprächs an. Diese Taktik des Scheinabzugs wird auch als »Columbo«-Taktik bezeichnet – nach dem bekannten Titelhelden der gleichnamigen US-amerikanischen Fernsehserie.

Ratschlag 2: *Alleinstellung prüfen*
Prüfen Sie, wieweit Ihr Produkt eine Alleinstellung am Markt hat. Hat der Kunde überhaupt eine Alternative?

Ratschlag 3: *Überraschend reagieren*
Zeigen Sie nicht die Reaktion, die der Kunde erwartet – also zum Beispiel Enttäuschung oder Resignation. Machen Sie so den Kunden in seiner Taktik unsicher!

Ratschlag 4: *Die Führung behalten*
Behalten Sie die Initiative! Lassen Sie sich auf keinen Fall in die Defensive abdrängen.

Ratschlag 5: *Den Kunden aufwerten*
Bestätigen Sie dem Kunden seine Fachkenntnis und seine Freiheit, sich am Markt umzusehen.

Ratschlag 6: *Klare Alternative formulieren*
Stellen Sie den Kunden vor die Alternative: Auf den Nutzen verzichten oder dem Preis zustimmen.

Ratschlag 7: *Keine nachträglichen Rabatte gewähren*
Räumen Sie nie rückwirkende Rabatte bei zeitlich fixierten Mengenversprechen des Kunden ein (bestenfalls Boni für zukünftig zu erreichende Umsätze).

Ratschlag 8: *Keine Preisnachlässe im Voraus geben*
Geben Sie keine »Voraus-Rabatte« im guten Glauben!

Ratschlag 9: *Perfekt präsentieren*
Bereiten Sie Unterlagen vor – also Muster, Dias, Folien oder Videos, mit denen Sie Vorteile überzeugend demonstrieren können. Verschaffen Sie dem Kunden einen starken Eindruck von sich schon durch die Perfektion Ihrer Präsentation.

Ratschlag 10: *Auf Gegenleistung für Preisnachlass bestehen*
Gehen Sie auf pure Preisdrückerei nicht ein! Für jeden Nachlass muss es eine Gegenleistung durch den Kunden geben, beispielsweise eine Mengenerhöhung oder eine höhere Anzahlung.

Wichtig: Gegenleistung

Eine Preisverhandlung erfolgreich abschließen

Um bei einer Preisverhandlung zu einem erfolgreichen Abschluss zu gelangen, klären erfolgreiche Verkäufer schon zu Beginn eines Gesprächs folgende Fragen:

1. Was sind die Inhalte der heutigen Verhandlung? (Diese Inhalte werden im Idealfall sogar schriftlich fixiert.)
2. Kann von den beteiligten Gesprächspartnern überhaupt eine verbindliche Entscheidung getroffen werden?
3. Wann kann eine verbindliche Entscheidung getroffen werden – heute oder erst zu einem späteren Zeitpunkt?

Wenn alle diese Fragen verbindlich geklärt sind und deutlich geworden ist, dass es zu einer Entscheidung kommen kann, wird der gute Verkäufer alles daran setzen, diese Chance auch zu nutzen. Dabei lässt sich nicht immer vermeiden, auch preislich Zugeständnisse machen zu müssen. Die Frage lautet dann: Wie sollte das geschehen? Durch ein einseitiges Preiszugeständnis durch den Verkäufer? Nein. Denn ein einseitiges Preiszugeständnis führt fast immer zu Misstrauen beim Kunden. Langfristig wird der Kunde dadurch zum Nörgler und wird auch zukünftig immer wieder versuchen, den Preis zu drücken. Schließlich hat es dieses eine Mal funktioniert, wieso also nicht auch die nächsten Male?

Das »Wie« bei Preiszugeständnissen

Besser ist es, auch den Kunden zu einem Zugeständnis zu bewegen. So wird der Wert eines Produktes oder einer Dienstleistung nicht in Frage gestellt. Trotzdem kann der Einkäufer einen Verhandlungserfolg vorweisen.

Auf der Suche nach einer Möglichkeit, ein vernünftiges Zugeständnis vom Kunden zu erhalten, lassen sich clevere Verkäufer vom Einkäufer helfen. Entweder sie deuten mehrmals an, dass es da durchaus eine Chance gibt ... schweigen dann bedeutungsvoll und stellen dann auf die Frage des Kunden nach dem »Wie« eine weiterführende Frage. Oder sie fragen ganz konkret nach, wo und wie der Kunde eine Chance zu einem Zugeständnis seinerseits sieht.

Grundsätzlich gibt es eine Vielzahl von erfolgreichen Verhandlungstaktiken, mit denen es sich Schritt für Schritt zum Abschluss gelangen lässt. Stark vereinfacht lassen sie sich fast alle auf folgende Grundmuster reduzieren:

Kundenaufwertung

Den Kunden bestätigen

Erfolgreiche Verkäufer bestätigen ihr Gegenüber in seiner positiven Selbsteinschätzung. Sie sagen ihm oder ihr immer wieder, was für ein harter und konsequenter Verhandlungspartner er oder sie ist.

Solidarisierung

Sehr erfolgversprechend ist es auch, sich mit der Person des Einkäufers (nicht aber mit seinen Zielen) zu solidarisieren. Tenor: »Ich verstehe Sie, an Ihrer Stelle würde ich wohl auch ...«

Verunsicherung

Konkurrenzangebote abzuwerten ist oft einfacher als gedacht. Eine Möglichkeit: den potenziellen Kunden durch die Nachfrage irritieren, ob er das denn wirklich schriftlich habe.

Wettbewerbsangebot-Einsicht

Wenn ein Verkäufer eine gute Beziehung zu einem Einkäufer hat, bleibt ihm auch noch die Möglichkeit zu fragen, ob er das Konkurrenzangebot nicht persönlich einsehen kann.

Mitarbeits-Appell
Durch die Aufforderung zur Mitarbeit – also zum Zugeständnis auf Kundenseite – wird der Wert des zuvor abgegebenen Angebotes nicht in Frage gestellt. Beide Seiten fühlen sich gleichwertig.

Gegen-Zugeständnis
Manchmal besteht auch die Möglichkeit, den Kunden dazu zu bewegen, die Auftragsmenge beziehungsweise den Auftragsumfang zu erweitern. Auf diese Art und Weise kann der Verkäufer ohne Gesichtsverlust einen Preisnachlass gewähren.

Angebots-Abmagerung
Durch die Frage »Wie und wo können wir das Angebot abspecken?« bekommt der Kunde die Chance, Präferenzen zu setzen. Der Verkäufer kann das Angebot gezielt umgestalten – und den Preis imageneutral reduzieren.

Angebot abspecken

Hypothetischer Fall
Oft kann der Verkäufer einen Kunden nicht direkt nach eventuellen Zugeständnismöglichkeiten fragen. In solchen Fällen kann es hilfreich sein, mit hypothetischen Satzkonstruktionen zu arbeiten und dabei – bitte nicht vergessen! – laut und vernehmlich zu stöhnen: »Nehmen wir an, ich könnte ..., Sie würden dann also ...?«

Das letzte Wort bekommen
Erfolgsorientierte Verkäufer achten unter allen Umständen darauf, immer das letzte Wort zu behalten. Sie fassen noch einmal zusammen, was andeutungsweise gesagt wurde. Sie fixieren ein Ergebnis. Oder leiten zumindest die Vereinbarung eines Schlusstermins ein.

Argumente zusammenfassen

Schein-Abschied
Wenn gar nichts anderes mehr hilft, wird ein Scheinabschied angedeutet – zum Beispiel mit den Worten: » Schade, gerade heute dachte ich ...«

Und wenn alle diese strategischen und taktischen Maßnahmen nichts nützen, dann hatte die Konkurrenz eben ausnahmsweise nur schwer zu schlagende Argumente auf ihrer Seite. Trotzdem wäre jeder Verkäufer schlecht beraten, nun sauer zu sein oder den potenziellen Kunden ab diesem Zeitpunkt seltener aufzusuchen.

Wer bei einem hart umkämpften Auftrag nur knapp den Kürzeren zieht, weiter Kontakt hält, sich informiert und auf die Zukunft baut, kann fast sicher sein, dass die meisten Kunden ein schlechtes Gewissen haben. Die Folge: Die Chancen, zu einem späteren Zeitpunkt einen Auftrag zu erhalten, steigen.

LITERATUR

Detroy, Norbert-Erich: *Sich durchsetzen in Preisgesprächen.*
  12. Auflage, Landsberg 1999
Derselbe: *Mit Begeisterung verkaufen.* 5. Auflage, Landsberg 1999
Derselbe: *Die 199 besten Checklisten und Kontrollpunkte für den Verkaufsleiter.* 2. Auflage, Landsberg 1997
Derselbe: *Das große Handbuch für den Verkaufsleiter.* 2. Auflage, Landsberg 1998
Derselbe: *Engpass Preis?* 2. Auflage, Wien 1999
Derselbe: *Die Power der Neukunden-Gewinnung.* 2. Auflage, Landsberg 2000

Klaus J. Fink
gilt seit mehr als zehn Jahren als anerkannter Erfolgstrainer für Telefonmarketing. Sein Spezialgebiet ist der telefonische Verkauf von Kapitaldienstleistungen und Immobilien. Der studierte Jurist sammelte mehrere Jahre praktische verkäuferische Erfahrungen im Immobilienbereich, bevor er sich als Trainer selbstständig machte. Fink vermittelt schnell umsetzbares, anwendbares Wissen. Er ist Argumentationsexperte und lehrt Verkäufer, immer eine Spur schlagfertiger zu sein als der Kunde. Seine besondere Vorliebe gilt der als höchst schwierig eingestuften Neukundengewinnung am Telefon. Dabei betont er den Nutzen eines Gesprächs für beide Seiten – Anrufer wie Gesprächspartner. Klaus J. Fink ist Buchautor und Herausgeber von Video- und Audiotrainings.

Klaus J. Fink
Erfolgreiche Telefonakquise
Tipps und Strategien

Die Fähigkeit zur Akquise und vor allem auch die Lust daran sind die wichtigsten Voraussetzungen für verkäuferischen Erfolg. Gleichzeitig stellt die Telefonakquise heutzutage eine der anspruchsvollsten Herausforderungen an den Verkäufer dar. Nur den allerwenigsten ist in diesem Bereich ein Naturtalent gegeben, jedoch: Die Kunst der erfolgreichen Akquise ist erlernbar! Dabei ist die Entwicklung Ihrer ganz persönlichen Strategie ein wichtiger Baustein für Ihren verkäuferischen Erfolg. In folgendem Beitrag werden die Grundsätze der telefonischen Akquise vorgestellt, wobei der Schwerpunkt auf die wichtigen Elemente der *Gesprächseröffnung* und des *Sie-Standpunktes* sowie der *Einwandbehandlung* gelegt wird.

Erfolgreiche Akquise ist erlernbar

Die Akquise ist quasi der Grundbaustein des verkäuferischen Berufs: Auch wenn Sie eine noch so charismatische Ausstrahlung besitzen, in Ihrer Präsentationstechnik perfekt sind, über eine hohe Identifikation mit Ihrem Produkt und mit Ihrem Unternehmen verfügen und auch noch die Fähigkeit haben, den Kunden zielsicher zum Abschluss zu führen, haben Sie ohne Termin dennoch keine Chance, diese verkäuferischen Stärken einzusetzen. In Zukunft wird sich auf diesem Markt nur noch der Verkäufer und Akquisiteur am Telefon durchsetzen, der dieses Thema professionell angeht und sich auf seine Tätigkeit am Telefon systematisch vorbereitet.

Arbeit an der eigenen Einstellung

Grundvoraussetzungen für diese Professionalität sind sowohl die Auseinandersetzung mit den angebotenen Bausteinen als auch die Arbeit an der eigenen inneren Einstellung, um seine eigene authentische verkäuferische Persönlichkeit zu trainieren.

Denn darum geht es letztendlich: um die Fähigkeit des Verkäufers, seine Authentizität zu vermitteln, psychologisch und rhetorisch ausgeklügelt auf Standardsituationen zu reagieren und so auf den Dialog Einfluss zu nehmen.

Die vier Erfolgsfaktoren für eine professionelle Telefonakquise

Optimale Vorbereitung

Bevor wir uns überhaupt mit Gesprächsstrategien und Telefonrhetorik auseinander setzen, betrachten wir das Thema »Telefonische Terminvereinbarung« einmal aus einer ganz anderen Perspektive: Es geht um die Phase vor dem Telefonat. Denn der spontane und unvorbereitete Griff zum Telefonhörer führt selten zum Erfolg. Sie haben in Ihrem Beruf den Vorteil, dass Sie sich Ihre Tätigkeit selbst einteilen können – nutzen Sie diesen Vorteil! Sie können den Zeitpunkt des Telefonats selbst planen und sich optimal auf das Terminvereinbarungsgespräch vorbereiten. Die folgenden Ausführungen werden Ihnen dabei helfen.

Erfolgsfaktor 1: Die positive Grundeinstellung

Haben Sie bei sich auch schon einmal festgestellt, dass Sie bestimmten Berufsgruppen oder Kundengruppen gegenüber durchaus Vorbehalte haben und diese bisher aus diesem Grund vernachlässigt haben? Dann hindern Sie sich selbst daran, das gesamte Ihnen zur Verfügung stehende Potenzial auszuschöpfen. Vergessen Sie diese Vorbehalte und gehen Sie positiv auf alle Kunden zu!

Eine positive Einstellung ist für einen Vertriebsmitarbeiter geradezu Grundvoraussetzung, um Erfolg zu haben.

Versuchen Sie zunächst einmal, lediglich neutral an einen Telefonkontakt heranzugehen. Klopfen Sie sich nach dem Telefonat mit einem äußerst schwierigen, widerspenstigen Kunden selbst auf die Schulter und beglückwünschen Sie sich: »Wenn ich mit so einer Gegenwehr umgehen kann und in der Lage bin, mit so einem Gesprächspartner noch einen guten Dialog zu führen, werde ich mit den üblichen Kunden in jedem Fall ein glänzendes Telefonat führen!«

Eine positive Programmierung dieser Art kann Wunder wirken, und sie funktioniert ebenso gut, wenn es um das Festlegen des Anrufzeitpunktes geht. Machen Sie sich von der Vorstellung frei, dass es zum Beispiel so etwas wie ein »Sommerloch« gibt. Natürlich ist es etwas mühsamer, sein erforderliches Terminkontingent in den Monaten Juli oder August zu erreichen. In Wirklichkeit sieht es jedoch auch nicht so aus, dass in diesen Monaten alle potenziellen Kunden fluchtartig ihren Wohnsitz verlassen und damit telefonisch unerreichbar sind. Erhöhen Sie die Anzahl der Wählversuche, dann werden Sie das gleiche Ergebnis erzielen wie außerhalb der Urlaubsmonate.

Positive Selbstprogrammierung

Sagen Sie sich als Profi: »Es ist immer eine gute Zeit zum Telefonieren!«, dann werden Sie genau diese Erfahrung machen.

Fakt ist, dass der Umgang mit Frustration am Telefon für uns immer wieder ein wichtiges Thema ist. Auch der beste Telefonakquisiteur muss – im Vergleich zu seinen Erfolgserlebnissen – mit unverhältnismäßig viel Ablehnung fertig werden. Die hohe Sensibilität, die von uns Verkäufern verlangt wird, kann hier zum Verhängnis werden, wenn diese Ablehnung (zu) persönlich genommen wird. Oft bezieht der Anrufer die Zurückweisung auf sich selbst. Setzen Sie sich mit dieser Frustration auseinander – sie ist ein Teil Ihres Berufs! Je bewusster Sie sich dessen sind, dass diese Frustration nur die Kehrseite Ihres Erfolgs darstellt, desto leichter wird es Ihnen fallen, schwierige Phasen und Situationen zu überwinden und eine positive Einstellung zu pflegen.

Der Umgang mit Ablehnung

Erfolgsfaktor 2: Identifikation mit der eigenen Tätigkeit

Die persönliche Identifikation des Verkäufers mit seiner Tätigkeit und mit dem Produkt ist eine maßgebliche Voraussetzung für seinen Erfolg. Diese Erkenntnis gilt in der Vertriebslandschaft als alter Hut, trotzdem lohnt es sich, ihr – vor allem in Verbindung mit der Telefonakquise – immer wieder verstärkt Beachtung zu schenken. Denn gerade hier hat der Punkt »Identifikation« eine besondere Dimension, die sich auch in ganz bestimmten Formulierungen des Anrufers widerspiegelt.

Viele Verkäufer sind sich der Endsumme, auf die sich die Kosten für einen Außendienstbesuch belaufen, nicht bewusst. Bei einer Vollkostenrechnung unter Berücksichtigung von Anfahrt zum Kunden und einem akzeptablen Stundensatz beläuft sich ein Verkaufstermin immerhin auf einige hundert Mark.

Sie bieten dem Kunden auf Ihre Kosten einen Informationsbesuch an, von dem dieser nur profitieren kann.

Der Kunde profitiert immer Seien Sie sich bewusst, dass der Kunde in jedem Fall aus dem Kontakt zu Ihnen nur Vorteile ziehen kann, selbst wenn der Geschäftsbereich bereits von Wettbewerbern bestens abgedeckt wird. Durch Ihren Besuch bieten Sie dem Kunden die Möglichkeit, zu vergleichen. Ein Vergleich im Leistungsangebot verschafft ihm entweder die Bestätigung seiner bisherigen Vorgehensweise oder Anhaltspunkte, den eingeschlagenen Kurs zu ändern. Das heißt, Sie liefern ihm auf jeden Fall wertvolle Informationen.

Selbstbewusst formulieren Ein persönlicher Kontakt ist für den Kunden also immer mit Vorteilen verbunden. Verlegenheitsformulierungen wie: »Ich hoffe, ich komme nicht ungelegen«, »Haben Sie mal zwei Minuten Zeit?«, »Ich möchte Sie nicht lange aufhalten«, »Ich weiß nicht, ob Sie sich noch an mich erinnern« etc. sind also vollkommen unangebracht, denn diese Formulierungen sind Ausdruck eines schwachen Selbstwertgefühls.

Ein Verkäufer mit dem Bewusstsein dafür, dass beide Seiten von der angestrebten Geschäftsbeziehung profitieren können, verfügt über eine starke Identifikation, er wird das Gespräch nicht mit Verlegenheitsformulierungen, sondern freundlich und selbstbewusst eröffnen – und genauso wird er vom Gesprächspartner auch wahrgenommen.

Auf die Aussage des Gesprächspartners »Ich bin in einer Besprechung« können Sie zum Beispiel auf zwei Arten reagieren: Der Anrufer mit einer schwachen Identifikation wird sofort auf einen späteren Wiederanruf verweisen und sich mit einem schlechten Gefühl verabschieden. Er glaubt, den potenziellen Kunden gestört zu haben. Der Anrufer mit einer ausgesprochen starken Identifikation wird den Hinweis auf eine eben stattfindende Besprechung mit ungefähr folgender Formulierung behandeln: »Ihre Besprechung hat selbstverständlich Vorrang, unter diesen Umständen werde ich mich ganz kurz fassen.« Er führt das Gespräch in geplanter und gewohnter Weise fort, da er der Überzeugung ist, dass der Angerufene gar nicht erst ans Telefon gegangen wäre, wenn die Besprechung einen hohen Stellenwert hätte.

Sich nicht abweisen lassen

Bewahren Sie während solcher Telefonate immer eine gewisse Sensibilität, das heißt an dieser Stelle das Gefühl für den richtigen Zeitpunkt, an dem das Gespräch zu beenden ist. Sagt der Gesprächspartner zum Beispiel »Es geht jetzt wirklich nicht – bitte rufen Sie später noch einmal an«, ist es angebracht, das Gespräch augenblicklich zu beenden.

Formulierungen zum Gesprächsende wie »Darf ich mich nochmals bei Ihnen melden?« oder: »Wann soll ich nochmals anrufen?« hinterlassen beim Kunden nicht unbedingt den Eindruck, mit einem überzeugten Verkäufer zu tun zu haben.

Seien Sie sich Ihres Stellenwertes bewusst

Glauben Sie daran: Der Kunde wünscht sich einen souveränen Gesprächspartner!

Seien Sie sich Ihres Stellenwerts bewusst, bevorzugen Sie Formulierungen wie zum Beispiel: »Herr ... , dann wird es gut sein, dass wir zu einem späteren Zeitpunkt nochmals miteinander sprechen. Ihnen heute noch einen schönen Tag, auf Wiederhören!« So behalten Sie die Führung in den Händen, haben einen guten Kontakt zum Kunden aufgebaut und können den Wiederanrufszeitpunkt selbst bestimmen.

Erfolgsfaktor 3: Klare Strategien am Telefon

Der dritte wesentliche Erfolgsfaktor neben einer positiven Grundeinstellung und einer hohen Identifikation ist die Anwendung klarer, erfolgsorientierter Strategien am Telefon. Lernen Sie, das Instrument Telefon so effizient wie möglich zu nutzen: Die Einsatzmöglichkeiten für eine gezielte Erschließung von Neukontakten sind vielfältig. Von wesentlicher Bedeutung für die Art des Vorgehens, für das Sie sich entscheiden, ist natürlich, ob Sie auf bestehende Adressen (Bestandskunden) zurückgreifen können oder darauf angewiesen sind, überwiegend Neuakquise zu betreiben. Machen Sie sich mit den unterschiedlichen Strategien zur telefonischen Terminvereinbarung vertraut. Aus der breiten Palette erfolgsorientierter Strategien werde ich insbesondere die Gesprächstechnik des Sie-Standpunktes und als grundlegende Technik die Grundsätze der Einwandbehandlung näher erläutern.

Erfolgsfaktor 4: Verkäuferische Fähigkeit

Ihr Mittel ist die Sprache
Am Telefon sind Sie darauf angewiesen, alles, was Sie dem Gesprächspartner vermitteln wollen, über Ihre sprachliche Fähigkeit auszudrücken. Ihre persönliche Verkaufsrhetorik hat somit einen noch höheren Stellenwert als im Kundentermin vor Ort. Ihre verkäuferische Fähigkeit, die Widerstände des Kunden im Dialog aufzuweichen und einen Termin zu erreichen, ist der zentrale Erfolgsfaktor in der Akquise. Der Glaube, dem immer noch viele Verkäufer anhängen, dass ein fundiertes Fachwissen die Argumentationsstärke erhöht, lässt sich in der Praxis nicht bestätigen.

> **Ein Verkäufer sollte sich bewusst sein, dass er sich weniger für einen Wissensberuf, als vielmehr vor allem für einen Verhaltensberuf entschieden hat.**

Es sind nicht die »Produktprofessoren«, die die höchsten Umsatzergebnisse erzielen, sondern diejenigen, die über eine solide fachliche Grundausbildung verfügen und ihr Ziel mit verkäuferischem Geschick verfolgen. Machen Sie sich zum Grundsatz: Fachliche Details haben im Akquisetelefonat nichts zu suchen! Zu viel Fachwissen in der ersten Kontaktaufnahme bläht das Telefonat auf, und Sie laufen Gefahr, dass der Kunde beginnt, fachspezifische Einwände zu artikulieren, die Sie bedeutend einfacher in entspannter Atmosphäre beim Kunden vor Ort ausräumen könnten. Stellen Sie sich also nicht selbst Fallen, indem Sie sich von Ihrer eigentlichen Absicht abbringen lassen. »Coachen« Sie sich selbst, indem Sie ein Chart auf den Schreibtisch stellen, das Sie während des Telefonierens immer wieder daran erinnert, wo es lang geht:

Nicht zu viel Fachchinesisch

Ziel ist der Termin!

Die Anforderungen an die sprachliche Ausdrucksfähigkeit im Vertrieb haben sich in den letzten Jahren enorm verändert. Partnerschaftliche Kommunikation ist heutzutage angesagt, sie wird den Ansprüchen eines kritischen Verbrauchers und einer komplexen Umwelt gerecht und wird zu Recht als Gewinner-Gewinner-Prinzip bezeichnet. Diesem Prinzip entsprechend ist ein Geschäft dann sinnvoll, wenn beide Parteien aus der Beziehung ihren Vorteil ziehen können. Strategien wie die so genannte *Sokrates-Methode* – auch *Ja-Fragen-Schiene* genannt –, eine Aneinanderreihung von Suggestivfragen, die der Kunde nur positiv beantworten kann, die Einwandbehandlung mit der *Ja-aber-Technik*, bei der der Verkäufer dem Kunden zunächst einmal Zustimmung simuliert, um dann mit dem Konfrontationswort *»aber«* eine neue Richtung einzuleiten, sowie die beliebte Alternativfrage als Abschlussformulierung haben nicht mehr den Stellenwert wie in früheren Zeiten.

Partnerschaftliche Kommunikation

Natürlich ist Letztere – sei es im Telefonat oder im persönlichen Gespräch mit dem Kunden – immer noch eine wichtige Abschlussfrage, angebracht ist es jedoch, sie differenzierter zu formulieren. Es gibt weiche Alternativen, die um einiges erfolgversprechender sind: Schlagen Sie zum Beispiel alternative Terminorte vor oder nennen Sie unterschiedliche Zeitpunkte im Wochenablauf! Eine Abschlussfrage dieser Art wird der Kunde eher als höfliche Berücksichtigung seines Zeit- und Arbeitsablaufs bewerten und zu schätzen wissen.

»Weiche« Alternativfragen

Mülleimerworte vermeiden

»*Die Sprache ist die Wirklichkeit von Gedanken*« – im Nachvollzug dieser Aussage von Karl Marx wird klar, dass die häufige Verwendung von Worten, die eine negative Assoziation auslösen – so genannte »*Mülleimerworte*« – viel über die innere Einstellung des Sprechenden verraten. Versuchen Sie einmal, mit dem Wort »Problem« eine positive Assoziation zu verbinden! Das wird Ihnen kaum gelingen, denn dieses Wort ist ganz einfach negativ besetzt. Ersetzen Sie es zum Beispiel durch das Wort »Situation«, und Ihre Aussage erscheint in einem ganz anderen Licht.

Es wird sich äußerst positiv auf Ihre Sprache und auf die Reaktion Ihres Gegenübers auswirken, wenn Sie Worte vermeiden, die negative Assoziationen auslösen.

Beispiele für Negativworte

»Risiko«, »Bemühen«, »Kosten«, »billig« – streichen Sie diese »Mülleimerworte« aus Ihrem Sprachschatz in der Verkaufssituation. Das Wort »Vereinbarung« zum Beispiel, das ein gewisses Maß an Übereinstimmung und Solidarität assoziiert, wird beim Kunden ein positiveres Gefühl wecken als die Bezeichnung »Vertrag«.

Negativworte erwecken auch negative Assoziationen. Hören Sie sich selbst einmal zu: Verwenden Sie in Ihrer Kommunikation vielleicht Aussagen wie »Das kann ja nicht schaden!«, »Das werden Sie nicht bereuen«, »Das ist unerheblich« oder »Das ist nicht schwer«? Nach der bekannten mathematischen Regel ergibt zwar zweimal Minus im Endergebnis Plus. Nach den Regeln der Kommunikation und der menschlichen Auffassungsgabe sieht das allerdings etwas anders aus: Das menschliche Gehirn setzt Informationen, die ihm zugeführt werden, sofort in innere Bilder um. Für Verneinungen stehen keine Bilder zur Verfügung. Das heißt auf die dringliche Bitte an Sie: »Denken Sie bitte nicht an den Eifelturm!« werden Sie sofort den Eifelturm vor Ihrem geistigen Auge auftauchen sehen. Wenn Sie diese Strategie auf einen Satz wie zum Beispiel: »Sie werden es nicht bereuen, sich hierfür Zeit genommen haben!« übertragen, wird klar: Die Absicht des Verkäufers, den Kunden zum Abschluss des Gesprächs noch einmal nachzumotivieren, schlägt fehl, denn das Wort, das vom menschlichen Gehirn in erster Linie registriert wird, ist: Reue! Also: Benutzen Sie positive Formulierungen, denn gerade für einen Verkäufer ist es äußerst wichtig, dass seine sprachliche Ausdrucksfähigkeit von positiven Worten und positiven Bildern geprägt ist!

Negativformulierungen lassen sich – im negativen Sinne – noch von so genannten Killerbemerkungen übertreffen. Das sind Bemerkungen, die den Gesprächspartner verletzen, irritieren und im Endeffekt Antipathie erzeugen. Das heißt, diesen Gesprächspartner werden Sie ganz bestimmt nicht als Kunden gewinnen!

Killerbemerkungen

Eine der Voraussetzungen für einen angestrebten Abschluss ist eine gewisse Grundsympathie zwischen dem Verkäufer und seinem Gesprächspartner. Genau diese kann durch Killerbemerkungen von Anfang an verhindert werden.

Hier eine kleine Auswahl solcher Killerphrasen: »Ich habe schon mehrmals versucht, Sie zu erreichen« kann verstanden werden als: »Sie treiben sich wohl dauernd in der Gegend herum«. »Ich versuche Ihnen das einmal zu erklären« kann heißen: »Bin gespannt, ob Sie intelligent genug sind, das zu verstehen«. »Wie ich Ihnen im letzten Telefonat schon sagte ...« wird interpretiert als: »Ihnen muss man alles zweimal erklären«. »Dann haben Sie das missverstanden« als: »Sie haben nicht richtig aufgepasst!«.

Nehmen Sie sich die Zeit und prüfen Sie Ihre Sprache im Hinblick auf die oben genannten Methoden. Ihre Sprache ist Ihr wichtigstes Instrument, daher ist es notwendig, das persönliche Sprachverhalten zu kontrollieren und gegebenenfalls daran zu arbeiten.

Die Phasen eines aktiven Telefonats zur Terminvereinbarung

Der Ablauf eines erfolgreichen aktiven Akquisetelefonats erfolgt nach einem ganz bestimmten System. Die Kommunikation zwischen Ihnen und Ihrem Gegenüber am Telefon besteht aus folgenden Phasen:

Ablauf eines Akquisetelefonats

- Vorzimmerbarriere – Sekretärin
- Begrüßung des potenziellen Kunden
- Vorstellung der eigenen Person
- Kompetenzauslotung (falls notwendig)
- **Gesprächseröffnung**
- Qualifikation des Ansprechpartners (falls notwendig)
- Kundenreaktion
- **Vorwanddiagnose – Einwandbehandlung**
- Abschlussphase – Terminvereinbarung
- Zusammenfassung und Verabschiedung

Im Rahmen dieses Textes möchte ich mich auf die ausführliche Darstellung der zwei Phasen Gesprächseröffnung (unter besonderer Berücksichtigung des Sie-Standpunktes) und Vorwanddiagnose – Einwandbehandlung konzentrieren, da gerade diese zwei Punkte – obwohl von elementarer Bedeutung – in der gängigen Verkaufsliteratur eher flüchtig behandelt werden. Die anderen Phasen sollen hier nur kurz angerissen werden.

Die Vorzimmerbarriere

Im Umgang mit der Sekretärin – der so genannten Vorzimmerbarriere –, die Sie in den meisten Fällen zuerst am Apparat haben, ist immer das Gebot der Höflichkeit zu beachten. Geben Sie Ihr nicht das Gefühl, dass Sie sie lediglich als Hindernis auf dem Weg zu ihrem Chef wahrnehmen. Wenn Sie es mit einer ganz besonders »abschirmenden« Vorzimmerdame zu tun haben, versuchen Sie einfach einmal, nach 17 Uhr anzurufen, der Chef sitzt dann meistens noch in seinem Büro und nimmt auch den Telefonhörer ab.

Freundliche Begrüßung

Sind Sie bei Ihrem gewünschten Gesprächspartner angelangt, gilt es, die Begrüßung, das heißt die ersten drei Sekunden, so zu gestalten, dass Ihr Gegenüber ein klares sympathisches Bild von Ihnen erhält. Überbrücken Sie die ersten kritischen Sekunden damit, dass Sie nach dem freundlichen Gruß (»Guten Tag«, »Hallo, guten Tag«, »Grüße Sie…«) seinen Namen nennen und dann erst zur Vorstellung Ihrer Person übergehen. Bei der Neuakquise gilt hier die Regel: Vom Allgemeinen ins Spezielle, das heißt, nennen Sie an erster Stelle Ihr Unternehmen und an zweiter Stelle Ihren Namen.

In manchen Fällen kann es direkt nach der Begrüßung und Vorstellung erforderlich sein, eine Kompetenzauslotung vorzunehmen, zum Beispiel mit einer Formulierung wie: »Frau ..., sind Sie die verantwortliche Abteilungsleiterin für die Gestaltung des Messestandes im Rahmen der X-Messe?« oder: »Herr ..., wenn es um die Einführung eines neuen Produktes geht, sind Sie der richtige Ansprechpartner, oder entscheidet das einer Ihrer Kollegen?«

Stellen Sie von Anfang an sicher, dass der momentane Gesprächspartner der »richtige« ist, der über die Kompetenz verfügt, eine Entscheidung zu treffen, die am Telefon herbeigeführt werden soll.

Professionelle Gesprächseröffnung

Bei der professionellen Gesprächseröffnung ist das rhetorische Stilmittel des *»Sie-Standpunktes«* von elementarer Bedeutung, das heißt die sprachliche Sie-Orientierung im Verlauf des Dialogs. Es lohnt sich, die psychologischen Gründe, die dieser Interaktion zugrunde liegen, eingehender zu betrachten, bevor ich Ihnen weiter unten einige beispielhafte Formulierungen vorstelle, die Sie in Ihrer Verkaufspraxis einsetzen können.

Sie-Standpunkt

Der natürliche Egoismus des Menschen drückt sich nicht nur in seinen alltäglichen Verhaltensweisen aus, sondern auch sehr deutlich in seiner Sprache. Das Wort, das in der zwischenmenschlichen, also auch in der telefonischen Kommunikation am häufigsten benutzt wird, ist das kleine Wörtchen *»ich«*. Achten Sie einmal darauf, wie oft ein Telefonat mit solchen Ich-Formulierungen beginnt wie: »*Ich* rufe an wegen ...«, »*Ich* sollte mich bei Ihnen melden ...«, »*Ich* habe da noch eine Frage ...«.

> **Gerade die Reduzierung des »Ich«-Gebrauchs ist in unserer Verkaufssprache ein äußerst wichtiges Mittel, um eine kundenorientierte Gesprächsführung aufzubauen, die durch zu viele Ich-Formulierungen gar nicht erst zustande kommen kann.**

Bipolarität der Kommunikation Psychologen sprechen in diesem Zusammenhang auch von der »*Bipolarität der Kommunikation*«. In der Philosophie ist es einer der wichtigen Grundsätze, dass alles im Leben zwei Pole hat, das Leben also insgesamt bipolar ausgerichtet ist. Dieses Prinzip findet sich in allen möglichen Bereichen des Lebens wieder, ob es das Gesetz von Ursache und Wirkung betrifft, das Resonanzgesetz, die chinesische Philosophie des Ying und Yang oder auch das Täter-Opfer-Prinzip. Alles manifestiert sich in Pol und Gegenpol – auch die menschliche Kommunikation.

Dieser Erkenntnis wird in der Praxis bisher viel zu wenig Beachtung geschenkt, das heißt, der Sie-Standpunkt findet in der Kommunikation bei weitem nicht die Berücksichtigung, die für eine erfolgreiche Gesprächsführung angebracht wäre.

Den anderen berücksichtigen Machen Sie sich einmal bewusst, dass Ihr Gesprächspartner sich während des Telefonats mit Ihnen unbewusst genau folgende Fragen stellt: »Was habe ich davon, wenn ich einem Termin zustimme?«, »Weshalb soll ich mir die Zeit nehmen, mit dir ein Gespräch zu führen?«, »Weshalb soll ich hier in meinem Terminbuch eine Stunde Zeit reservieren?«

Ihre Argumentationskraft in der Rolle desjenigen, der das Gespräch eröffnet und ein Anliegen an das Gegenüber hat, wird stärker, wenn Sie Ihr gesamtes Sprachverhalten – von der Gesprächseröffnung an – Sie-orientiert ausrichten. Nur dann ist die Möglichkeit gegeben, diese unbewussten Fragen des Gesprächspartners auch zu berücksichtigen und zu beantworten. Bleibt der Verkäufer beim Ich-Standpunkt, so spricht er im Prinzip zu dem potenziellen Kunden, aber nicht mit ihm – und die Praxis hat gezeigt, dass die Wahrscheinlichkeit einer Terminvereinbarung erheblich steigt, wenn Sie den Dialog mit Ihrem Gesprächspartner führen.

Sympathie gewinnen Sie sind sich eines bedeutend höheren Maßes an Sympathie und Akzeptanz sicher, wenn Sie den Ich-Standpunkt durch den Sie-Standpunkt ersetzen, das heißt durch die Verwendung von Worten wie: »Sie«, »Ihnen«, Name des Gesprächspartners und Nennung des Unternehmensnamens anstelle des »wir«. In diesem Kontext geht es natürlich nicht nur darum, einfach die Worte auszutauschen, sondern insgesamt eine kundenorientierte Darstellung zu erreichen. Dahinter steckt weit mehr als ein bloßer Austausch von Formulierungen, sondern die Fähigkeit, eine andere Weltsicht einzunehmen und das Gegenüber durch diese Fähigkeit für sich zu gewinnen. Henry Ford hat es auf den Punkt gebracht:

> »Wenn es überhaupt ein Geheimnis des Erfolgs gibt,
> so besteht es darin, die Dinge ebenso von der Warte
> des anderen aus zu betrachten wie von der eigenen.«

Versuchen Sie einmal, folgende Beispiele für die Umwandlung der Ich-Formulierungen in die Sie-Formulierung in die Praxis umzusetzen:

Vom »Ich« zum »Sie«

Ich schicke Ihnen das zu.	Die Sachen gehen noch heute an **Sie** raus.
Ich rufe an wegen …	Der Anruf heute bei **Ihnen** hat einen ganz besonderen Grund.
Ich verspreche Ihnen, dass …	**Sie** können sich darauf verlassen, dass …
Ich schlage Ihnen vor …	In **Ihrer** Situation bietet es sich an …
Ich kann Ihnen das nur empfehlen …	Wenn **Sie** sich dazu entschließen, hat es für Sie folgenden Vorteil …
Ich kann Sie gut verstehen …	**Sie** haben vollkommen Recht.
Wir melden uns wieder bei Ihnen.	Wann sind **Sie** telefonisch am besten zu erreichen?

Wie jede Regel, so hat auch diese ihre Ausnahme, genauer gesagt zwei Ausnahmen. Als erste Ausnahme hat es sich bewährt, das

Wörtchen »*wir*« als Ausdruck für die Solidarität mit dem Kunden in Zusammenhang mit dem zweiten Wörtchen »*gemeinsam*« zu benutzen und hierdurch die Verbindung mit dem Kunden zu verstärken. Als zweite Ausnahme sei die so genannte »*Selbstbezichtigung*« genannt. Das heißt, der Verkäufer hält sich an den kommunikativen Grundsatz:

Der Sender ist verantwortlich – nicht der Empfänger.

Die Schuld auf sich nehmen
Und nimmt zum Beispiel im Falle eines Missverständnisses im Gespräch die Schuld auf sich. Statt Ihr Gegenüber mit Formulierungen zu konfrontieren wie: »Dann haben Sie das missverstanden« oder: »Dann haben Sie das falsch ausgelegt«, vermeiden Sie Spannungen in der Gesprächssituation durch Formulierungen wie: »Dann habe ich das wohl falsch ausgedrückt« oder: »Dann bin ich wohl von falschen Voraussetzungen ausgegangen«.

Positiven Dialog einleiten
Die Frage, die sich an die Gesprächseröffnung anschließt, sollte gut überlegt sein, da der Anrufer bis zu einem bestimmten Grad auch Einfluss auf die Antwort nehmen kann. Vermeiden Sie geschlossene Fragen, stellen Sie offene Fragen, die mit einem Fragewort eröffnet werden (»Wie?«, »Wo?«, »Was?«, »Inwieweit?«, »Inwiefern?«). Solche offenen Fragen führen in der Regel zu informativeren Antworten vonseiten des Befragten und wirken dem Kommunikationsstopper »Nein« entgegen.

Mit Fragen wie: »Zu welchen Punkten brauchen Sie noch nähere Informationen?«, »Welche Seminare haben Sie in der Vergangenheit besucht?«, »Was hat Ihnen daran besonders gefallen?« gelingt es Ihnen, einen positiven Dialog einzuleiten.

Qualifikation des Ansprechpartners
Bevor Sie in das eigentliche Gespräch einsteigen, ist in vielen Fällen eine Qualifikation des Ansprechpartners angebracht, denn was der Verkäufer braucht, ist ein qualifizierter Termin. Das trifft besonders für diejenigen Verkäufer zu, die ein Produkt anbieten, welches nur für eine klar definierte Zielgruppe Nutzen bringt. Hier gilt es, durch persönliche Rückfragen zu klären, ob der jeweilige Gesprächspartner zu dieser Zielgruppe gehört oder nicht. Es ist sinnvoll, die Qualifikation des Gesprächspartners möglichst

am Anfang des Telefonats zu prüfen, so vermeiden Sie es, Ihre Zeit mit »unqualifizierten« Kontakten zu verschenken. Erfragen Sie die entscheidenden Kriterien klar, freundlich und präzise und vermeiden Sie Suggestivformulierungen.

Vorwanddiagnose und Einwandbehandlung

Immer wieder auffällig sind Unsicherheiten in der Verkaufspraxis, wenn es um die Vorwanddiagnose und die Einwandbehandlung geht. Tatsächlich wird das Telefonat meist in dieser Phase der Kundenreaktionen und der entsprechenden Einwandbehandlung entschieden. Gut und wichtig ist es auch hier wiederum, daran zu denken, dass ein gewisses Maß an Skepsis und Argwohn, die sich in Vorbehalten des Angerufenen äußern, vollkommen normal ist. Diese Haltung des Kunden bringt die alte Verkäuferweisheit in Erinnerung: »*Einwände sind die Daseinsberechtigung des Verkäufers.*«

Der Umgang mit Einwänden – die entscheidende Gesprächsphase

Gerade bei der telefonischen Terminvereinbarung sind die möglichen Kundenreaktionen durchaus vorherbestimmbar und außerdem mit sieben bis acht Aussagen relativ erschöpft. Nach einer Gesprächseröffnung, die die Neugier des Gesprächspartners wecken soll, indem das Thema kurz umrissen wird, wird der Anrufer nach anschließender offener Frage bereits mit dem ersten Widerstand konfrontiert.

Kundenreaktionen vorhersehbar

Es ist eine durchaus professionelle Einstellung, die gekonnte Einwandbehandlung als die »Kür« im Termingespräch zu betrachten.

Hier unterscheidet sich der Amateur vom Profi: Der eine plaudert unstrukturiert auf den Kunden ein und läuft hemdsärmelig gegen die Widerstände an, der andere bestimmt den Verlauf des Gesprächs und entkräftet die Widerstände mit rhetorischer Finesse und psychologischem Gespür. Wenn der Profi zudem mit einem gewissen Maß an Schlagfertigkeit ausgestattet ist und diese mit einer Portion Humor zu kombinieren weiß, dann rückt der Erfolg am Telefon in greifbare Nähe. Denn genau aus diesen

Was den Amateur vom Profi unterscheidet

Eigenschaften setzt sich das optimale Repertoire für die telefonische Neukundengewinnung zusammen.

Einwand oder Vorwand?

Bei der Gesprächseröffnung gilt es zu unterscheiden, ob der Kunde tatsächlich mit einem Einwand reagiert oder ob es sich um einen Vorwand handelt. Sicher sind Sie in der Verkaufsliteratur oder während eines Seminars schon einmal auf die Differenzierung der Kundenreaktionen zwischen Vorwand und Einwand gestoßen. Zu diesen beiden Begriffen und ihrer Unterscheidung gibt es unzählige Definitionen, Modelle und Unterscheidungskriterien. Deshalb kann es nur hilfreich sein, sich für die nachfolgenden Ausführungen an einer recht einfachen Differenzierung zu orientieren und damit zu arbeiten.

»Vor die Wand« laufen

Bei enger Anlehnung an den Begriff selbst, an den *»Vorwand«*, kann schnell und leicht das Bild einer Wand visualisiert werden, einer Wand, die während des Gesprächs zwischen Verkäufer und Kunde aufgebaut wurde: Der Verkäufer macht ein interessantes Angebot, und der Kunde reagiert sofort wie ein Maurer, er baut eine Wand auf, indem er pauschale Zurückweisung äußert. Der Verkäufer läuft mit seinem Angebot im wahrsten Sinne des Wortes »vor die Wand«.

Anders stellt sich der »Einwand« dar: Hier hat der Kunde gezielt etwas gegen die Person oder gegen das Angebot einzuwenden, manchmal kombiniert mit Skepsis und Argwohn. Während ein Vorwand pauschal ist und auch so formuliert wird, ist in einem Einwand immer ein konkreter Ansatzpunkt erkennbar.

Basierend auf dieser Unterscheidung sind folgende pauschale Kundenäußerungen zum Beispiel als Vorwand unter der Rubrik »kein Interesse« einzustufen: »Daran haben wir kein Interesse«, »Das kommt für uns nicht in Frage«, »Darüber brauchen wir uns nicht weiter zu unterhalten«, »In diesem Punkt sind wir bestens versorgt«, »Hierzu besteht im Augenblick kein Handlungsbedarf«.

Gängige Kundeneinwände

Als die gängigsten Kundeneinwände sind nach unserer oben unternommenen Differenzierung folgende Äußerungen einzustufen: »Für einen Termin habe ich augenblicklich keine Zeit«, »Ich habe kein Geld, um zu investieren«, »Das Budget ist erschöpft«, »Schicken Sie mir bitte erst einmal schriftliche Unterlagen«, »Für diesen Bereich habe ich bereits einen Lieferanten/Ansprechpartner«, »Wir haben schlechte Erfahrungen mit diesem Thema gemacht«, »Sie wollen mir doch nur etwas verkaufen«, »Sie sind zu teuer«.

Mit diesen Sätzen sind die wichtigsten Einwände in der Telefonakquise auch schon erschöpft. Mit der Äußerung Ihres Ansprechpartners, er habe keine Zeit, kann entweder gemeint sein, dass er gerade in diesem Moment keine Zeit zum Telefonieren hat oder dass er keine Zeit für einen persönlichen Termin einräumen kann. In dem Fall, dass Ihr Anruf ungelegen kommt, bieten Sie einen Wiederanruf an. Es gibt allerdings einige mutige Akquisiteure, die nicht aufgeben und nach einer entsprechenden Überleitung wie zum Beispiel: »Wenn der jetzige Zeitpunkt ungünstig ist, dann werde ich mich ganz kurz fassen« das Gespräch weiter fortführen. Der Kunde kann ja erst einmal die Länge des Telefonats, also die Zeitspanne, die Sie noch in Anspruch nehmen möchten, nicht abschätzen. Erst bei nochmaligem Widerstand des potenziellen Kunden ist es absolut erforderlich, das Gespräch zu beenden und einen Wiederanruf zu präzisieren. Ansonsten riskieren Sie mit hoher Wahrscheinlichkeit eine extreme Verärgerung Ihres telefonischen Gegenübers.

»Keine Zeit!«

Die Aussage des Kunden: »Sie sind zu teuer« ist als Spezialfall zu werten und in der Praxis dann gegeben, wenn der Akquisiteur nach einem vorher zugesandten Angebot für ein erklärungsbedürftiges Produkt einen Termin vor Ort erreichen möchte.

Hauptvorwand: »Kein Interesse!«

Wie reagieren Sie am Telefon auf die Kundenreaktion »kein Interesse«? Wird diese oder eine vergleichbare Reaktion in recht massiver Weise vorgebracht, dann sieht es in der Praxis meist so aus, dass das Telefonat ein relativ schnelles Ende findet. In den meisten Fällen lässt sich noch nicht einmal vermuten, worauf diese »brutale« Zurückweisung basiert. Möglicherweise hat man einfach den falschen Zeitpunkt erwischt oder der Gesprächspartner war gerade eben »schlecht drauf«. Rufen Sie sich in diesem Zusammenhang noch einmal in Erinnerung, dass der Profiakquisiteur eine Zurückweisung nicht als endgültig ansieht, sondern gemäß dem Motto »Höfliche Hartnäckigkeit hilft« zu einem späteren Zeitpunkt einen weiteren Versuch unternimmt.

**»Warum?«
kann provozieren**
Vor dem berühmten Fragewort »Warum?« allerdings sei an dieser Stelle gewarnt: Es wird vor allem dann gerne benutzt, wenn der Anrufer mit einer hohen Identifikation in puncto Unternehmen und Gesprächsanliegen ausgestattet ist. Er verleiht auf diese Weise seiner Verwunderung darüber Ausdruck, dass sein Produkt einfach nicht angenommen wird. Gerade die Frageform »Warum?« birgt allerdings das Risiko, ein gewisses Aggressionspotenzial auszulösen, da sich der Partner in eine Lage gedrängt fühlt, in der er sich rechtfertigen soll. Durch eine solche Frage, die den Zwang zur Rechtfertigung in sich birgt, wird das Gesprächsklima zwischen beiden Personen, die sich ja noch nicht einmal kennen, nachhaltig gestört, der kommunikative Graben wird verbreitert.

**Sensibel
reagieren**
Viele Telefonskripts bieten als Antwort auf den Einwand »kein Interesse« zum Beispiel folgende Formulierung an: »Es ist verständlich, dass Sie auf Anhieb kein Interesse haben, Sie wissen ja noch gar nicht, um was es sich im Detail handelt.« Was halten Sie von dieser Formulierung? Finden Sie nicht auch, dass hier ein gehöriges Maß an Überheblichkeit mitschwingt und der Partner sich leicht gemaßregelt fühlen könnte? Versetzen Sie sich in die Situation des Kunden und horchen Sie dem Satz noch einmal nach. Und dann vergleichen Sie ihn vielleicht mit der folgenden Formulierung als Reaktion auf den Kundeneinwand:

»Es ist verständlich, dass Sie auf Anhieb wenig Interesse signalisieren, denn es liegen Ihnen noch nicht alle Details des Angebots vor, und Ihr Interesse kann sicher erst dann geweckt werden, wenn Sie alle Vorzüge von X kennen gelernt haben. Deshalb ist es ja auch sinnvoll, einen Termin ins Auge zu fassen.«

Gerade in diesem speziellen Punkt ist ein Höchstmaß an verkäuferischer Sensibilität und Empathie gefordert und ein gewisses Erfahrungspotenzial im Bereich der Telefonakquise überaus vorteilhaft.

Auch wenn es schwierig ist, allgemein gültige Rezepturen für den Umgang mit einem Kundenvorwand aufzustellen, birgt die so genannte »*Schlüsseltechnik*« ein hohes Erfolgspotenzial in sich. Die Schlüsseltechnik basiert auf der Prämisse, dass ein Kundenvorwand nur diagnostiziert und nicht behandelt werden kann.

Schlüsseltechnik

Ähnlich wie ein Arzt, der erst einmal eine Diagnose stellt und dann eine Behandlung festlegt, ist es das Ziel der Schlüsseltechnik, zu analysieren, »was hinter der Wand liegt«, um dann zu einer gezielten Argumentation überzuleiten.

Ein Schlüssel erfüllt nur dann seine Funktion, wenn die einzelnen Zacken unverändert bleiben und in das dazugehörige Schloss eingeführt werden. Ähnlich verhält es sich bei der nachfolgenden Schlüsselformulierung, die mit ihren einzelnen Zacken relativ unverändert bleiben sollte, um ein Höchstmaß an Kundenöffnung zu erreichen.

Der Schlüssel zur Kundenreaktion »kein Interesse« umfasst fünf Zacken und ist aus folgenden Formulierungen zusammengesetzt:

Phase 1: »Gut, dass Sie es gleich sagen.
Phase 2: Einmal abgesehen davon, dass Sie im Augenblick wenig Interesse haben,
Phase 3: so sind Sie bestimmt immer, immer daran interessiert,
Phase 4: neue aktuelle Möglichkeiten zum Thema ›Nutzen‹ kennen zu lernen und zu prüfen.
Phase 5: Denn dies ist ja immer ein zentrales Thema, nicht wahr?«

Phase 1: »Gut, dass Sie es gleich sagen ...« Die Intention und das Ziel dieses ersten Satzes ist, die Aggressionen des Angerufenen abzufedern – seinen Vorbehalt weich anzunehmen und Verständnis zu signalisieren. Aufgrund der pauschalen Äußerung des Kunden »kein Interesse« ist auch nur eine pauschale Erwiderung möglich, die in etwa wie folgt lauten kann: »Herr ..., Sie sagen gleich, was Sie denken«, »Das ist ein offenes Wort«, »Sie sagen

Aggressionen abfedern

gleich, was Sache ist«, »Sie reden nicht lange um den heißen Brei«.

Dieses Abfedern stellt ein geeignetes Sprungbrett dar für die weitere Vorgehensweise: Sie signalisieren Ihrem Gesprächspartner, dass seine Aussage sehr wohl bei Ihnen angekommen ist.

Neugier wecken

Phase 2: »Einmal abgesehen davon, dass Sie im Augenblick wenig Interesse haben ...« Dies ist die entscheidende Phase des Aufschließens / Umlenkens mit dem Ziel, Neugier zu wecken für die Aussage, die nun folgen wird. Die Kundenreaktion wird gespiegelt und durch die Formulierung »im Augenblick« quasi verniedlicht beziehungsweise auf einen minimalen Zeitraum reduziert.

Nutzen aufzeigen

Phase 3: »... so sind Sie bestimmt immer, immer daran interessiert ...« Hier wird mit suggestiver Kraft eine positive Unterstellung ins Feld geführt und mit dem »D = 3 W-Effekt« (Rhetorische Regel: D = 3 W: Doppelte Nennung erzeugt eine dreifache Wirkung) entsprechend manifestiert. Je nach persönlichem Belieben kann das Wort »bestimmt« oder wie hier aufgeführt das Wort »immer« gedoppelt werden. Entscheidend ist an dieser Stelle eine gewisse Begeisterung in der Stimme. Durch ein »Herunterleiern« dieser Doppelung verpufft die gewünschte Wirkung. Gerade diese dritte Phase ist für viele Akquisiteure gewöhnungsbedürftig und bedarf einer entsprechenden Übung.

> **Finden Sie für sich heraus, an welcher Stelle Ihrer Formulierungen Sie am besten die Betonung setzen: Es ist bei der Umsetzung der verbalen Strategien immer wieder wichtig, diese mit dem eigenen Sprachduktus und der eigenen Persönlichkeit in Einklang zu bringen, um sich in seinen Formulierungen auch tatsächlich selbst »wieder zu finden« und so den optimalen Effekt zu erreichen.**

Phase 4: »... aktuelle Informationen zum Thema ›Nutzen‹ kennen zu lernen und zu prüfen.« Hier wird nochmals auf den Nutzen des Angebots hingewiesen und je nach Belieben auf zwei Aspekte hingewiesen, die mit höchster Wahrscheinlichkeit für den Angerufenen von Bedeutung sind. Sie können an dieser Stelle durchaus in veränderter Form die Nutzenargumentation aus der Gesprächseröffnung wiederholen.

Phase 5: »… denn dies ist ja immer ein zentrales Thema, nicht wahr?« Eine solche Formulierung wird in der Rhetorik als »Riegel mit Verstärker« bezeichnet. Das bedeutet, dass die vorherige Aussage im Bewusstsein des Ansprechpartners verriegelt und mit dem Anhängen des Verstärkers »nicht wahr?« oder »stimmt's?« eine Zustimmung eingefordert wird. Es besteht auch die Möglichkeit, den Riegel in der Vergangenheitsform zu formulieren, um so eine stärkere Argumentationskraft zu erreichen. Hier ist ein umgangssprachlicher Ton einer distanzierten Ausdrucksweise vorzuziehen, auch die Beibehaltung der regionalen Einfärbung der Sprache verstärkt eher noch die Nähe zum Gesprächspartner.

Riegel mit Verstärker

Mit dem Einsatz der Schlüsseltechnik verfolgen Sie das Ziel, eine Zustimmung des Kunden zu erhalten. Von der Vorwandreaktion aus, mit der Sie es zu Beginn des Dialogs zu tun hatten, ist es nahezu unmöglich, unmittelbar auf das Ziel Terminabsprache hin einzulenken. Mit der soeben dargelegten Strategie entwickeln Sie diese Gesprächssituation weiter, indem Sie den Einwand hinter der Mauer diagnostizieren und diesen dann entsprechend behandeln können, zum Beispiel anhand der …

Vier-Phasen-Einwandbehandlung

Einen Einwand zu entkräften erfordert den Einsatz einer Gesamtstrategie, die sich in vier Phasen unterteilen lässt. Wir sprechen hier von einer Vier-Phasen-Einwandbehandlung.

Phase 1: Sie besteht in einer wohl dosierten, abfedernden Lobformulierung als Reaktion auf die jeweilige Kundenaussage. Die Methode des Abfederns durch Lobformulierungen stellt einen wesentlichen Baustein der professionellen Einwandbehandlung dar. Gemeint sind kleine Lobformulierungen wie zum Beispiel: »wunderbar«, »ausgezeichnet«, »phantastisch«, »hervorragend«, »stimmt«, »Volltreffer«, »prima« oder stärkere wie:

Den Kunden loben

»Das ist ein wichtiger Hinweis ...«, »Gut, dass Sie darauf nochmals zurückkommen ...«, »Eine ganz wichtige Frage in dem Zusammenhang ...«.

Phase 2: Haben Sie sich einmal selbst zugehört, wie Sie normalerweise nach einer solchen abfedernden Formulierung weitersprechen? Sehr wahrscheinlich benutzen Sie eines der folgenden Wörter, nämlich: »aber«, »doch« oder »trotzdem«. Es ist ein sehr gängiges Sprachmuster, eine positive Formulierung mit dem Konfrontationswort »aber« fortzuführen; damit wird die vorher getroffene positive Aussage sozusagen zunichte gemacht.

»Aber« ist das am häufigsten benutzte Konfrontationswort unserer Sprache, versuchen Sie es zu vermeiden.

Die suggestive Eröffnung

Bewährt hat sich stattdessen die aus der Rhetorik bekannte so genannte *»suggestive Eröffnung«*. Der Begriff Suggestion wird definiert als unterschwellige Beeinflussung, die der Mensch als angenehm empfindet, allerdings nicht bewusst spürt. Viele werden mit dem Begriff Suggestion sofort an Suggestivfragen erinnert, deren Einsatz heutzutage allerdings sehr viel Vorsicht und Fingerspitzengefühl voraussetzt. Bei der suggestiven Eröffnung handelt es sich um eine leichte, kundenorientierte Unterstellung, die als Übergang in die nachfolgende Argumentationsphase dient. Das Ziel dieser Unterstellung liegt darin, mit einer winzigen Formulierung die Neugier des Gesprächspartners zu wecken und hier anstelle der sonst üblichen Konfrontation einen kooperativen Weg zu finden. Suggestive Eröffnungen sind zum Beispiel Formulierungen wie folgende: »Sicher ist es Ihnen wichtig ...«, »Dann kann es für Sie ja nur von Vorteil sein ...«, »Bestimmt legen Sie Wert darauf ...«, »Dann kommt es Ihnen bestimmt darauf an ...«

Immer dann, wenn eine Kontrollfrage gestellt werden kann, wie: »Was ist mir wichtig?« oder: »Worauf kommt es mir an?«, handelt es sich um eine suggestive Eröffnung. Mit einer solchen Formulierung spannen Sie sozusagen den Bogen für Ihre anschließende Argumentation.

Die suggestive Eröffnung ist bei der Einwandbehandlung eine sehr wirksame Möglichkeit, das Abfedern durch Lob mit der Argumentation zu verbinden.

Neben dieser Vorgehensweise hat sich die so genannte »*Bumerangmethode*« bewährt und kann wahlweise als Phase 2 eingesetzt werden. Im Gegensatz zur suggestiven Eröffnung ist die Bumerangtechnik allerdings nicht in jeder Situation die passende: In manchen Fällen wirkt sie einfach zu offensiv. Ähnlich wie ein Bumerang, der automatisch zum Werfer zurückkehrt, wird das vorgebrachte Argument in einer positiven Interpretation wieder an den Kunden zurückgegeben. Hier hängt es wiederum von Ihrer Persönlichkeit und von Ihrer persönlich entwickelten Strategie ab, ob und in welchen Fällen Sie sich für die Bumerangmethode entscheiden. Folgende Formulierungen haben sich für diese Vorgehensweise bewährt: »..., gerade weil ...«, »..., eben deshalb ...«, »..., eben darum ...«. Ziel dieser Methode ist es, den Widerstand des Kunden aus einer anderen Perspektive zu betrachten.

Bumerangmethode

Phase 3: Das Herzstück der Argumentation wird in der Phase 3 repräsentiert, da hier die Einwandbehandlung im engeren Sinne erfolgt. Hier greifen die bereits erwähnten Grundregeln für professionelle Verkaufsrhetorik, indem die Argumentation kundenorientiert im Sie-Standpunkt geführt wird und der Nutzen der Terminvereinbarung durch die Formulierung dieses Nutzens für den potenziellen Kunden deutlich hervorgehoben wird.

Einwandbehandlung im engen Sinne

Die unbewussten (manchmal auch bewussten) Fragen des Kunden: »Weshalb soll ich denn auf Unterlagen verzichten?« oder: »Weshalb soll ich, obwohl ich zu dem angesprochenen Thema bereits einen Fachmann konsultiere, einem weiteren Gesprächstermin zustimmen?« können nur in einer absolut kundenorientierten Formulierung wirksam beantwortet werden.

In der Argumentationsphase ist es nicht unbedingt erforderlich, dieselbe »Nutzenformulierung« zu berücksichtigen, die vorher in der Gesprächseröffnung angeführt wurde. Das würde das Vorgehen des Anrufers unnötig komplizieren und eine überdurchschnittliche Anforderung an die persönliche Konzentration des

An Nutzen anknüpfen

Verkäufers mit sich bringen, die an dieser Stelle nicht erforderlich ist. Es reicht aus, in diese Phase eine der allgemeinen »Nutzenformulierungen« mit einfließen zu lassen, da jede Art von Nutzenargumentation aus Sicht des Kunden nur positiv gewertet werden kann.

Das Ziel: Terminvereinbarung

Phase 4: Jetzt wird deutlich das eigentliche Ziel der Terminvereinbarung angesteuert – der Verkäufer spannt den Bogen zum Abschluss. Jahrelang wurde allen Mitarbeitern im Vertrieb die Alternativfrage als Nonplusultra für die Terminabsprache vorgestellt. Auch heute noch trifft man in zahlreichen Telefonskripts auf den Formulierungsvorschlag: »Herr ..., ist Ihnen ein Gespräch lieber um 15 Uhr oder am späten Nachmittag um 17 Uhr?« Diese Taktik ist inzwischen in breiten Kreisen bekannt, und die Gefahr liegt nahe, sich mit einer so bekannten, plumpen Formulierung als ernsthafter Gesprächspartner zu disqualifizieren. Der potenzielle Kunde ist heute weitgehend sensibilisiert und wittert sofort die Überrumpelungsabsicht, die hinter dieser Alternativfrage steht. Benutzen Sie also weichere, »zeitgemäßere« Alternativfragen wie zum Beispiel:

»Herr ..., wollen wir uns zu einem ersten Kennenlernen tagsüber bei Ihnen im Büro sehen oder, wenn es Ihre Zeit ermöglicht, gerne auch am frühen Abend bei Ihnen zu Hause?«, »Möglich ist ein Gespräch durchaus noch zum Ende der Woche, oder wenn Sie diese Woche zeitlich sehr eingespannt sind, können wir uns auch gerne zum Beginn nächster Woche verabreden«, »Lässt es sich von Ihrem Tagesablauf besser vormittags einrichten oder lieber zur Mittagszeit, so dass wir das Thema gemeinsam beim Essen besprechen können?«

Diese etwas weicheren Alternativfragen beinhalten keine präzisen Zeitangaben und bieten dem Angerufenen gleichzeitig eine freie Wahlmöglichkeit unter Berücksichtigung seines Terminkalenders.

Es ist sinnvoll, den genauen Termin mit zwei weichen Alternativfragen einzukreisen.

Wenn es Ihrem Gefühl entspricht, kann es auch angebracht sein, in der Abschlussphase statt einer Alternativfrage eine offene Frage zu verwenden, wie zum Beispiel: »Wann können wir uns zu diesem Thema zusammensetzen?«

Offene Frage

Nach der erfolgreich abgeschlossenen Einwandbehandlung und der Terminvereinbarung mit dem Kunden, die durch eine weiche Alternativfrage oder eine offene Frage zustande gekommen ist, empfiehlt sich eine kurze Zusammenfassung, die Wiederholung des vereinbarten Zeitpunktes und eine Nachmotivation.

Kurze Zusammenfassung

Eine solche Zusammenfassung kann sich zum Beispiel so anhören: »Ausgezeichnet, Herr ..., dann halten wir gemeinsam fest: am kommenden Donnerstag, dem ..., um 16 Uhr bei Ihnen im Büro, Goethestraße Nummer 1.« Geben Sie Ihrem Gesprächspartner zu erkennen, dass Sie sich diesen Termin notiert haben, das löst bei ihm den Impuls aus, ebenfalls zum Stift zu greifen und die Angaben schriftlich zu fixieren. Die anschließende Nachmotivation bestätigt Ihren Gesprächspartner in der eben getroffenen Entscheidung. Er wird darin bestärkt, dass er mit seiner Entscheidung etwas Richtiges auf den Weg gebracht hat und der vereinbarte Termin mit Ihnen ihm sicher Nutzen bringen wird. Somit ist die wichtigste Grundvoraussetzung für den anstehenden Termin gesichert.

Mein Tipp zum Schluss: Entwickeln Sie ganz bewusst anhand der Strategien, die ich Ihnen hier vorgestellt habe, Ihr eigenes persönliches Erfolgsrepertoire an Formulierungen und Verhaltensmöglichkeiten. Eine Vertiefung der dargestellten Strategien sowie zahlreiche Formulierungsbeispiele finden Sie in meiner Publikation »Bei Anruf Termin«.

Persönliches Erfolgsrepertoire

Viel Erfolg!

LITERATUR

Fink, Klaus-J.: *Bei Anruf Termin*. Wiesbaden 1999
Ders.: *Empfehlungsmarketing – Königsweg der Neukundengewinnung*. Wiesbaden 2000

Edgar K. Geffroy
ist Inhaber mehrerer Unternehmen unter dem Markennamen ®clienting. Er verfügt über die Vermarktungsrechte (außer denen des Fernlernkurses) der EKS – der »Engpasskonzentrierten Strategie« nach Mewes. Grundlage dieser Lehre ist es, aus der Kombination eigener Stärken, Beziehungen und Fähigkeiten ein unverwechselbares Profil zu erwerben. Die Kunst dieser Strategie liegt darin, genau die Marktlücke zu finden, in die die persönlichen Stärken hineinpassen. Bei der EKS-Strategie handelt es sich um eine bereits tausendfach erprobte, für jeden Menschen und jedes Unternehmen heute und jetzt realisierbare praktische Methode. Hunderte Unternehmen hat Edgar Geffroy in den letzten zwanzig Jahren beraten. Viele von ihnen erzielten außergewöhnliche Umsatzsteigerungen, was ihm den Ruf eines »Königsmachers« einbrachte. Darüber hinaus ist er ein erfolgreicher Autor und gefragter Referent. Seine Bücher erreichten in über zwanzig Ländern eine Auflage von mehr als 250 000 Exemplaren. Als Business-Experte und Eventredner konnten ihn mittlerweile schon mehr als 100 000 Menschen live erleben. Zu seinen Kunden gehören unter anderem IBM, Siemens, Bayer und Coca-Cola. Für das Magazin »Wirtschaftswoche online« zählt er zu den zehn wichtigsten Motivationstrainern.

Edgar K. Geffroy
Erfolgsstrategie Mensch
Der Weg in die Human Economy

Human Revolution

Jedes Jahrhundert hat seine Revolution. Das neue Jahrhundert wird als Revolution von der Industrie- zur Informationsgesellschaft betrachtet. So habe ich es auch immer wieder gesehen und vorgetragen. Die Entwicklung zur Informationsgesellschaft – und damit zur Wissensgesellschaft – zeigt aber, dass etwas nicht zu Ende gedacht worden ist. Sicher verändern die IT-Welt, PCs, Handys mit UMTS und die neuen Technologien insgesamt unser Leben dramatisch. Dabei wird auch das Internet eine entscheidende Rolle spielen. Nur ist dies die wirkliche Revolution? Ich glaube nicht. Diese Revolution geht viel weiter. Es ist die Revolution der Menschen selbst und der Menschlichkeit: die Revolution zum *»Human-First-Jahrhundert«*.

Revolution der Menschlichkeit

Das neue Jahrtausend ist da, und jeder muss aufpassen, dass er von der rasanten Entwicklung nicht überrannt wird. Da die Welt sich zurzeit jede Minute verändert, wird äußerste Flexibilität von jedem einzelnen Menschen verlangt.

In den 80er-Jahren sind die meisten Unternehmen behäbig geworden. Sie konnten es sich erlauben. Doch die Strukturen stimmten in vielen Unternehmen nicht mehr, was mehr und mehr neben konjunkturellen Schwankungen zur Strukturkrise wuchs. Und zwar, weil der Mensch an sich der unwichtigste Faktor im Business zu werden drohte. Alles und jeder konzentrierte sich auf das Produkt und die Firma als Institution. Was mit den Menschen passierte, war egal. Das Business funktionierte ja. Bis ein Kunde seinen Wunsch erfüllt wusste, vergingen Wochen. Von Kundenorientierung keine Spur. Man konnte es sich leisten, den Kunden als Menschen zu vernachlässigen. Mitte der 90er-Jahre wurde den Firmen dann langsam bewusst, dass nicht das Produkt, sondern der Mensch der wichtigste Faktor ist und auch im nächsten Jahrtausend sein wird. Diese Erkenntnis hieß allerdings noch keineswegs Umsetzung. Man sah den Kunden zwar als »zahlendes Objekt«, jedoch vergaß man oft den Menschen im Hintergrund. Es musste ein Umbruch geschehen!

Das neue Jahrtausend bringt uns eine Revolution, die Revolution Mensch.

Der Mensch im Mittelpunkt

Wir verabschieden uns von der Industriegesellschaft der 80er- und der Gesellschaft der 90er-Jahre, die zwar den Kunden als wichtiges »Objekt«, jedoch nicht als »Menschen« erkannt hatten. Wir gehen jetzt in eine Gesellschaft, deren Mittelpunkt der Mensch sein wird. Allerdings nimmt noch niemand das ernst genug. Dies wird jedoch der Schlüssel für die nächste Dimension, die Umsetzung des Unternehmenserfolges sein. Eine Marktlücke ist nur dann eine Marktlücke, wenn sie auch von Menschen als Mangel, als Bedarfslücke erkannt wird. In solch einer Revolution stecken großartige Chancen. Und diese Chancen gilt es in den nächsten Jahren zu nutzen. Solche Umbruchzeiten waren übrigens immer die besten Zeiten, große Erfolge und große Vermögen zu schaffen.

Seit vielen Jahren halte ich Vorträge bei Deutschlands größten Unternehmen und Konzernen und stelle immer wieder fest, dass jede Branche, jede Firma, jeder Unternehmer eigene individuelle Spielregeln hat. Projekte sind planbar und terminierbar, aber wie sieht es mit den so genannten »Soft Facts« aus? Dem Umgang mit Menschen? Einige Unternehmen wissen mittlerweile, dass der Mensch die entscheidende Erfolgskomponente der Zukunft ist. Sie stellen ihn in den Mittelpunkt. Und dies aus einem egoistischen Grund, denn die Grundlage jedes menschlichen Denkens und Handelns ist der Egoismus. Er ist eine Form des Selbsterhaltungstriebes. Handelt allerdings jeder egoistisch, wird es keinen Fortschritt geben.

> **Wenn Sie dafür sorgen, dass es anderen gut geht, wird es auch Ihnen gut gehen. Menschen, die anderen Menschen helfen, profitieren davon, finanziell oder ideell.**

So betrachtet ist damit Helfen auch eine Form von Egoismus. Ich helfe anderen und profitiere ebenfalls davon. Mit diesem Egoismus kann man gut leben.

Zurzeit leben wir in einer Umwelt, in der es uns immer schwerer fällt, wirklich Neues zu schaffen und auch durchzusetzen. Wenn wir den ersten Schritt gemacht haben, heißt es noch lange nicht, dass es jetzt leichter voran geht. Im Gegenteil. Schauen Sie sich nur die lange Liste von gescheiterten Produkten an, die alle durch die Multimedia-Euphorie entstanden sind. Viele der kleinen Start-up-Firmen sind heute nicht mehr dabei. Warum? Sie haben bei allem Produktdenken nicht den Menschen mit seinen Bedürfnissen, Ideen, Visionen und auch mit seiner Kritik in den Fokus ihrer Unternehmung gestellt.

Bedenken Sie: Der Markt im Allgemeinen und Ihre Kunden im Besonderen rufen zurzeit laut nach neuen Lösungen und Grundregeln. Und immer wieder gelingt es vielen Menschen jeden Tag aufs Neue, innovative Lösungen für Menschen anzubieten. Jeder kann erfolgreich werden, und Sie erst recht, wenn Sie berücksichtigen:

> **Die besten Gelegenheiten ergeben sich dann, wenn man die Grundregeln ändert. Sie müssen als Unternehmer begreifen, den Menschen als Ihr Kerngeschäft anzusehen.**

Sie müssen dazu aber auch anders denken. Ihr Denken entscheidet darüber, ob Sie erfolgreich mit und durch Menschen sein werden. Das braucht nicht unbedingt eine Produktinnovation zu sein, oft reicht eine bessere Detaillösung für den Kunden.

Umdenken ist gefragt

Ändern Sie also Ihre Grundregeln. Sehen Sie nicht länger den Kunden »yx«, sondern den Menschen mit seinen Erwartungen. Stellen Sie ihn in den Fokus Ihres Geschäftes. Bedenken Sie aber eins: Dies wird bedeuten, dass sich die Spielregeln im Umgang mit Kunden grundlegend ändern werden, dass viele Ihrer Mitarbeiter damit überfordert sind, wie sie Menschen begegnen müssen. Sie halten der Entwicklung nicht mehr stand. Das heißt, viele Ihrer Mitarbeiter werden durch das Sieb fallen, welches die erfolgreichen Menschen filtern wird, die diese humane Revolution als Chance nutzen werden. Auch der Umgang mit Ihren Mitarbeitern, Ihre Personalpolitik steht auf dem Prüfstand. Denn jedes Unternehmen besteht aus Menschen.

Intuition – der entscheidende Faktor

Kundenbedürfnisse erkennen

Um den Gedanken der menschlichen Revolution ernst zu nehmen, muss ein Unternehmen ständig hautnah am Bedarf des Kunden arbeiten, ja nach Möglichkeit sogar davor. Dies bedeutet, dass das Unternehmen in der Lage ist, beim Kunden einen Bedarf zu decken, der noch gar nicht akut geworden ist, oder aber einen Bedarf zu wecken, der sehr nutzbringend für den Kunden ist, an den er aber noch nicht gedacht hat. Die Unternehmen müssen lernen, ihren Kunden immer einen Schritt voraus zu sein. Um dies leisten zu können, müssen Sie die Geschäftschancen Ihrer Kunden ständig beobachten, damit Sie vor Ihren Kunden deren Chancen erkennen. Durch diese Fähigkeit werden Sie die Attraktivität Ihres Unternehmens enorm steigern. Ihre Produkte und Leistungen werden auf diese Weise fest im Gedächtnis des Kunden verankert.

Eine Konsequenz wird sein, dass die Bereitschaft des Kunden, Ihr Unternehmen Dritten weiterzuempfehlen, stark ansteigt. Damit findet nicht nur der Kunde, der nachkaufen möchte, allein den Weg zum Unternehmen, sondern auch der potenzielle Kunde findet dank einer Empfehlung den Weg zu Ihnen von alleine.

Dahinter kann ein System stecken, mit dem Ziel, permanent neue verblüffende Ideen zu entwickeln, über die die Kunden reden. Ein vernetzter Prozess ist in Gang gesetzt worden. Wobei es manchmal auch einfache Dinge sind, die Menschen verblüffen können.

Ein begeisterter Kunde ist das wertvollste Firmenkapital.

Es ist interessant, einige Zahlen zu beachten:

- Ein zufriedener Kunde erzählt dies mindestens drei weiteren potenziellen Kunden.
- Es ist bis zu 600 Prozent teurer, neue Kunden zu gewinnen, als vorhandene zu halten.
- Die Wahrscheinlichkeit der Nachbestellung steigt bei zufriedenen Kunden um 300 Prozent.
- Um 100 Prozent liegt die Wahrscheinlichkeit höher, dass zufriedene Kunden zu besten Werbeträgern des Unternehmens werden.

Hier lässt sich klar erkennen, dass unternehmerischer Erfolg zwingend in Verbindung mit dem Menschen gesehen werden muss. Deutlicher: Ohne Human Power wird sich in den nächsten Jahren nichts Entscheidendes verändern.

Sicherlich ist es in diesen Zeiten schwer, den Kunden im positiven Sinne zu verblüffen, weil er schwer fassbar ist. Er ist unberechenbarer geworden: Er kauft bei Armani und versucht am nächsten Tag bei Aldi ein paar Pfennige an einer Dose zu sparen. Er kündigt sein Online-Sparkonto innerhalb von fünf Minuten. Hinzu kommt, dass die Umwelt bedingt durch sozio-ökonomischen Wandel, wachsende weltwirtschaftliche Verflechtung und schnelle Innovationszyklen weit weniger stabil und berechenbar ist.

Käufermacht

Diese Tatsachen, zusammen mit dem Wechsel hin zum Käufermarkt, tragen dazu bei, dass die Zukunftsaussichten in den einzelnen Geschäftsfeldern nur sehr wenig mit der Vergangenheit zu tun haben. Jedes Unternehmen wird gezwungen sein, nach neuen Lösungsmöglichkeiten Ausschau zu halten, um den zukünftigen Herausforderungen zu begegnen.

Ein strategischer Vorteil und damit die wahre Quelle des Erfolges liegt heute in der Fähigkeit des Managements, dem Kunden zum Erfolg zu verhelfen.

Diese Entwicklung – weg vom Produkt, hin zum Menschen – hat das World Wide Web phänomenal nach vorne gebracht. Anbieter wie Yahoo! konzentrieren sich deutlich darauf, dem Anwender alles zu bieten, was dessen Nutzen verbessern könnte. Sie bündeln kundenerfolgsbezogenes Wissen, Technologie und Produktionsfertigkeiten weltweit zu Kundenerfolgssteigerungs-Potenzialen.

Der Kundenerfolg im Mittelpunkt

Gerade das kundenerfolgsbezogene Wissen über den Menschen ermöglicht es einem Unternehmen, ganz neue Märkte zu (er)finden oder entstehende Märkte schnell zu betreuen. Sie können durch den Wissensvorsprung, den Sie durch intensive Kundenbeziehungen erlangt haben, auf dramatisch gewandelte Kundenwünsche unverzüglich reagieren und so den Anforderungen des Käufermarktes gerecht werden.

Ein nicht zu unterschätzender Nebeneffekt dieser *»Kernkompetenz Mensch«* ist, dass das Unternehmen aufgrund seiner Informationsmacht zunehmend unabhängiger von Marktschwankungen und Konkurrenzdruck wird. Berücksichtigen Sie dabei, dass der Mensch sich in seinen Gewohnheiten weit langsamer ändert als der Markt. Diese Tatsache ist vor dem interessanten Hintergrund zu sehen, dass ein ausgeprägtes Kooperations- und partnerschaftliches Beziehungsnetzwerk von der Konkurrenz natürlich wesentlich schwieriger zu durchschauen oder nachzuahmen ist als beispielsweise eine Preissenkungsstrategie. Die Unternehmen erhalten damit die entscheidende Chance, sich durch Innovationen und kundenerfolgsbezogene Lösungen einen großen Wettbewerbsvorteil gegenüber der Konkurrenz zu erarbeiten.

Erfolg durch »Soft Facts«

Zunehmend liegen die wichtigsten Erfolgskriterien eines Unternehmens nicht mehr allein im quantitativ-logischen Bereich, bei Umsatz, Gewinn und Return on Investment, sondern in immer stärkerem Maße in qualitativen Faktoren wie Anziehungskraft, Bekanntheitsgrad, Image, Sympathie, Zuverlässigkeit und Vertrauen, also in so genannten *»Soft Facts«*.

Diese Soft Facts sind wiederum, wenn sie Nutzen bringen sollen, in hohem Maße von der Wahrnehmung durch die Kunden abhängig. Hier gilt: Entscheidend ist, was der Kunde bezüglich Anziehungskraft, Image, Vertrauen oder Zuverlässigkeit über das Unternehmen denkt, und nicht, wie das Unternehmen diese Werte versteht.

Der Mitarbeiter im Zentrum der Strategie

Der Mensch »Kunde« erlebt Ihr Unternehmen über den Menschen »Mitarbeiter«. Sie müssen sich darüber im Klaren sein, dass es die Mitarbeiter des Unternehmens sind, die durch ihr tägliches Verhalten gegenüber dem Kunden diesen in seiner Meinungsbildung stark beeinflussen. Wie gut Sie die genannten Soft Facts nutzen, darüber entscheidet der persönliche Kontakt zwischen diesen und dem Kunden. Insofern können Ihre Mitarbeiter durch ihr menschliches Verhalten viel bewirken. Hierzu im Folgenden einige Anregungen.

Das Verhalten seines Ansprechpartners vermittelt dem Kunden, dass er die wichtigste Person ist – oder eben nicht.

Ersteres ist umso eher der Fall, wenn Ihre Mitarbeiter in der Lage sind, auf die persönlichen Bedürfnisse und Wünsche des Kunden einzugehen, ihn zu individualisieren. Ein Lächeln in der Stimme – durch eine freundliche Grundeinstellung –, verbindliche und höfliche Formulierungen, die Ansprache des Kunden mit seinem Namen wirken oft Wunder.

Die große Herausforderung liegt darin, was die Psychologie Open Mind nennt, also in der Fähigkeit, das zu fühlen, was für andere Menschen subjektive Realität ist. Mental bedeutet das, dass man trainiert, sich den blinden Fleck oder die Gedanken, die jeder Mensch beim Betrachten seiner Umwelt automatisch aufbaut, so weit wie möglich bewusst zu machen, um sich dann entsprechend zu verhalten. Es geht hier nicht um psychologische Manipulation, sondern darum, dass man beispielsweise als Verkäufer

Einfühlungsvermögen stärken

versucht, unter Zurückstellung des eigenen Standpunktes, Gedanken und Handeln des Gegenübers zu verstehen.

Im Unterbewusstsein klopft man den Gegenpart auf mögliche Gemeinsamkeiten ab, die der eigenen Vorstellungswelt entsprechen. Dies können körperliche, geistige, aber äußerliche Dinge sein. Stimmt in einem als wesentlich erachtetem Bereich das Gegenüber überhaupt nicht mit den eigenen Vorstellungen überein, ist die Wahrscheinlichkeit groß, dass man sich nicht näher kommt, unabhängig von den Fähigkeiten und Erfahrungen des Verkäufers oder der Leistungsfähigkeit des Produktes.

Bedeutung des Unterbewusstseins
An dieser Stelle wird besonders klar, welchen großen Einfluss psychologische Faktoren und hier besonders das Unterbewusstsein bei jeglichem zwischenmenschlichem Kontakt spielen. So ist auch die Feststellung nicht verwunderlich, dass der Mensch nur 10 Prozent seines Gehirns bewusst einsetzt, aber 90 Prozent aller Handlungen im Unterbewusstsein ablaufen.

Neue Ideen und Vorstellungen zu schildern, die dem Kunden helfen sollen, schadet mehr als es nutzt, wenn der Kunde sie nicht nachvollziehen kann, er an der Kompetenz des Vortragenden zweifelt oder aber glaubt, es aus eigener Erfahrung heraus besser zu wissen. Voraussetzung für eine erfolgreiche Verhandlung ist, dass Ihre Mitarbeiter kein Feindbild aufbauen, nichts Unüberlegtes tun, Selbstzufriedenheit und Selbstüberschätzung überwinden und Kritik und Anregungen nicht als Angriff, sondern als Chance für neue Wege sehen.

Die Ansprüche an die Mitarbeiter wachsen. Wir müssen Verantwortung übernehmen für unsere Mitarbeiter und deren Ausbildung. Das werden wir auf traditionelle Art und Weise durch Seminare nicht mehr schaffen. Wir müssen neue Formen des Lernens einbinden, wie beispielsweise E-Learning-Programme.

Der zukünftige Mitarbeiter ist der Unternehmer seiner eigenen Fähigkeiten. Seine Kompetenzen stehen im Mittelpunkt und die Fähigkeit, diese Kompetenzen zu erkennen und weiterzuentwickeln.

Die Macht qualifizierter Mitarbeiter

Die Personalauswahl wird immer schwieriger. Der heutige qualifizierte Mitarbeiter ist sich seiner Macht und Bedeutung längst bewusst. Ich rede nicht nur von der IT-Branche. Ich meine damit auch die Mehrheit der Menschen, die über qualifizierte Fähigkeiten verfügen. Heute bereits klagen die Unternehmen über Wachstumsprobleme, weil sie nicht genügend Talente bekommen. Die so genannten High-Potentials suchen sich ihren Arbeitgeber aus, und immer mehr wagen sogar den Schritt in die Selbstständigkeit als Start-up-Company. Hier findet eine entscheidende Revolution statt, der die Unternehmen eine viel höhere Bedeutung beimessen sollten, als es heute noch der Fall ist. »Human-Capital-Management« wird der Erfolgsschlüssel im 21. Jahrhundert sein. Ohne qualifizierte Mitarbeiter wird nichts mehr gehen.

Der Mitarbeiter als »Mitunternehmer«

Dieser neue Typus des *Mitunternehmers* erwartet aber erheblich mehr, als es früher der Fall gewesen ist. Der neue Mitarbeiter will Verantwortung übernehmen, am Erfolg beteiligt sein, Selbstverwirklichung im Unternehmen umsetzen und Bestandteil der Umsetzung einer Vision sein. Das sind die grundlegend neuen Regeln der Wissensgesellschaft und keine alten Prinzipien der Industriegesellschaft.

Der neue Typ des Mitarbeiters trägt seine eigene Bank permanent mit sich. Es ist sein eigener Kopf, seine Wissenszentrale und Mittelpunkt seines Handels.

Solche Topleute sind um ein Vielfaches leistungsfähiger als der Durchschnitt, und die Unternehmensergebnisse hängen immer mehr von Kreativität und Wissen des Einzelnen ab.

Unternehmen müssen komplett umdenken und weniger ihre Zahlenbilanz in den Mittelpunkt stellen als vielmehr ihre Spannungsbilanzen. Das bedeutet, dass Unternehmen permanent daran arbeiten müssen, wie sie spannend für ihre eigenen Mitarbeiter bleiben und wie sie so anziehend sind, dass sich von allein Talente bei ihnen bewerben. Erste Ansätze zeigen sich bereits in den jährlich stattfindenden Jobmessen. Hier wird viel Geld ausgegeben, um die »richtigen« Leute anzuziehen. Eine Investition, die sich meiner Meinung nach mehr als auszahlt.

> In der Zukunft muss jedes Unternehmen zu einem Wirkpunkt von Talenten werden. Denn wenn Kreativität, Wissen und Kompetenzen Schlüsselqualifikationen sind, erleben wir eine Verschiebung der Macht. Konsequent zu Ende gedacht bedeutet dies: Letztlich wird das Unternehmen den Mitarbeitern gehören.

Viele erfolgreiche Unternehmen, vor allem die Start-up-Companies, beteiligen ihre Mitarbeiter durch Aktien am Erfolg ihres Unternehmens. Sie geben ihren Mitarbeitern ein Ziel, eine Vision, nämlich durch ihren direkten Einfluss die Unternehmung erfolgreich zu machen und damit auch sich selbst.

Bei Fusionen an die Menschen denken

Überall liest man von Fusionen, freundlichen oder feindlichen Firmenübernahmen und Mega-Deals. Ich gehe davon aus, dass dies gerade erst der Anfang ist. Wir wissen andererseits, dass ein Großteil aller durchgeführten Fusionen scheitert. Der Prozentsatz liegt weit über 50 Prozent. Was ist der Grund des Scheiterns? Es sind die Menschen, die dabei auf der Strecke bleiben. Eine Fusion scheitert oft nicht an den Konzepten und auch nicht an der Notwendigkeit, eine bestimmte Größe erreichen zu müssen, um in den Weltmärkten eine Top-Player-Rolle spielen zu können. Der Grund für das Scheitern entsteht in den Unternehmen selbst. Der Schlüsselfehler ist fast immer wieder der gleiche. Man vergisst, dass die Firma aus Menschen besteht, nicht aus Maschinen, die Produkte herstellen.

Firmen und deren Entscheider denken nicht in Partnerschaften, sondern in Mehrheiten. Das bedeutet: Übernimmt eine Firma die Mehrheit an einer anderen, so hat einer gewonnen und einer verloren. Und Sie kennen den Satz: »*The winner takes it all!*« Das ist das Denken in alten Managementstrukturen. Die Übernahme wird bis ins Detail geplant und durchorganisiert. Auf Menschen wird relativ wenig Rücksicht genommen, bis dann letztendlich die Umsetzung gelingen muss. Dann haben aber bereits viele Talente das Unternehmen verlassen. Der Human-Capital-Schaden ist dann schwer oder gar nicht mehr aufzuholen, die Performance des Unternehmens lässt nach, die Aktionäre wenden sich ab und das Top-Management wird ausgetauscht. In der Regel längst zu spät, weil die wichtigste Fusionsgrundregel nicht beachtet wurde: Partnerschaft.

Partnerschaften als strategisches Mittel

Der Erfolg eines Unternehmens wird zukünftig davon abhängen, wie es gelingen wird, Partnerschaft nach allen Seiten hin glaubwürdig zu leben. Es entstehen Partnerschaften mit Mitarbeitern, Kunden und Lieferanten. Partnerschaftsmodelle werden Kundenmodelle in Zukunft bei weitem von der Bedeutung her überragen. Allerdings sagen mir die Firmen, die bereits seit Jahren sehr erfolgreich Partnerschaftsmodelle mit Kunden umsetzen, aus ihrer Erfahrung Folgendes: »Nicht jeder Kunde ist partnerschaftsfähig.« Das ist eine sehr entscheidende Schlüsselaussage.

> **Sie brauchen nicht jeden Kunden. Nach allen Erfahrungen können Sie durchschnittlich auf mindestens 20 Prozent Ihrer Kunden verzichten, ohne dass irgendetwas passiert. Fokussieren Sie Ihre Kräfte auf die wirklich produktiven Kunden.**

Oft ist die Erwartungshaltung im Punkt Partnerschaft von der Kundenseite her völlig überzogen, und Sie können als Unternehmen irgendwann diese überzogenen Erwartungen gar nicht mehr erfüllen. Partnerschaft ist keine Einbahnstraße. Sie funktioniert nur bei gegenseitiger Leistung und deren Anerkennung auf beiden Seiten. Sind sich die Partner über ihre angemessenen Erwartungen im Klaren und akzeptieren diese gegenseitig, wird den Partnersystemen unter Kundengesichtspunkten die Zukunft gehören.

Erwartungen klären

Es werden auch Partnerschaften mit Lieferanten entstehen. Sie werden an gemeinsamen Projekten arbeiten. Sie werden direkt im Entwicklungsstadium Lieferanten als Partner integrieren. Yahoo! hat beispielsweise weit über 1000 Partner, die den Erfolg dieses Unternehmens unterstützen. Der Firmengründer sieht eine der wesentlichen Herausforderungen darin, möglichst viele

Partnerschaften aufzubauen, die den Kundennutzen verbessern helfen. »Keiner gewinnt alleine« bekommt damit Bedeutung in alle Richtungen.

Erfolg durch Beziehungen

Beziehungen haben für den Erfolg eines Menschen und auch für den Erfolg von Unternehmen immer eine tragende Rolle gespielt. Jetzt wird das Wachstum eines Unternehmens unter Partnerschaftsgesichtspunkten professionalisiert werden müssen. Deutlich ist dabei aber herauszustellen, dass Partnerschaften gelebt werden müssen, dass Dominanzstreben letztendlich nicht zum Erfolg führt. Und dass wir erst lernen werden müssen, in Partnerschaften miteinander umzugehen. In zehn Jahren werden Partnerschaften eine ganz andere Rolle spielen.

Ich gehe so weit zu sagen, dass der zukünftige Erfolg eines Unternehmens davon abhängig sein wird, möglichst viele Partnerschaften aufzubauen.

Früher ging es darum, Fabriken aufzubauen, heute spielen die Menschen und damit Partnerschaften die entscheidende Rolle.

Das WWW – Plattform des Erfolges

3 Netzwerke

Warum wird das Internet in Zukunft den entscheidenden Wettbewerbsvorteil bringen? Es ist die dritte Form des Netzwerks in der Neuzeit, wobei alle drei einen zentralen Sinn haben: Menschen miteinander zu verbinden. Die erste Stufe bekannter Netzwerksysteme waren die Kabelnetze, die zu Telefon- und Kommunikationsnetzen ausgebaut wurden. Das zweite Netz war das Straßen- und Autobahnnetz, welches später durch das Flugzeug ergänzt wurde. Das dritte Netz, das Internet, war also schon vorprogrammiert. Es ermöglicht die Information und den Austausch über große Distanzen und kommt damit dem Grundbedürfnis der Menschheit nach Kommunikation entgegen.

Beispiel Natur

Die Natur beweist es uns immer wieder aufs Neue. Erfolg ist ein vernetztes System, bei dem erst die Addition der Einzelkomponenten den Gesamterfolg ergibt. Wenn man das Netz einer Spinne betrachtet, kann man die Kraft des Gesamten erkennen, obwohl jeder einzelne Faden sehr fein und zerreißbar ist. Warum ist aber Vernetzung so wichtig? Vernetzung ist die stabilste Verbindung, die in der Natur zu finden ist. Bildlich kann man ein Netzwerk mit einem Ameisenhausen vergleichen: Jede Ameise hat eine bestimmte Aufgabe, die sie erfüllt. Dennoch kennt sie nicht die Funktionsweise des gesamten Ameisenhaufens. Tritt jemand in dieses Netzwerk, so kehrt dennoch nach einiger Zeit wieder Ruhe ein und es funktioniert wieder. Wir müssen alle die Welt auch als zusammenhängendes System, als Netzwerk, begreifen.

Eine Vernetzung ist jedoch ohne Kontakte nicht möglich. Interessant ist zu beobachten, dass Menschen ohne Kontakte nicht einmal dauerhaft überlebensfähig sind. Im Grunde genommen geht es Firmen genauso. Mehr Kontakt bringt mehr Geschäft. Dies können Sie zwar nicht grundsätzlich verallgemeinern, beispielsweise stellen zurzeit viele E-Commerce-Anbieter im Internet fest, dass zwar ihr Traffic (Besucherzahl auf der Homepage) zunimmt, aber trotzdem nicht gekauft wird. Man spricht vom Phänomen der leeren Bestellkörbe im Netz. Aber hier liegt das Problem eher in dem Unverständnis der Anbieter, die wirklichen Bedürfnisse und den Nutzen für den Kunden herauszustellen.

Vernetzung heißt Kontakt

Kundenbedürfnisse sind so unterschiedlich wie die Menschen selbst. Aber das Bedürfnis nach Wertschätzung und ehrlicher Information, Aufmerksamkeit, Sicherheit und Hilfsbereitschaft ist allen Menschen eigen: ob Straßenkehrer oder Vorstand, ob männlich oder weiblich, ob alt oder jung. Oder kennen Sie jemanden, der sich freut, wenn er angelogen und missachtet wird? Wir alle mögen es, wenn man uns das Gefühl gibt, verstanden und akzeptiert zu werden. Wir freuen uns, wenn man uns zuhört und uns Signale des Verstehens gibt. Gerne kehren wir an Orte zurück, mit denen wir positive Gefühle und angenehme Erlebnisse verbinden. Kunden kaufen nun einmal am liebsten dort, wo sie sich wohl und sicher fühlen. Wer diese elementaren Grundbedürfnisse nicht erfüllt, läuft Gefahr, dass sein Kunde bei nächstbester Gelegenheit abwandert.

Unser Firmenkonzept ®clienting ist als Netzwerk für Beziehungen konzipiert, und wir können auch beweisen, dass durch mehr

Marktplätze schaffen

Kontakte mehr Erfolg entsteht. Deshalb haben wir sehr frühzeitig von Marktplätzen gesprochen, die geschaffen werden müssen, damit Kunden wieder von allein den Weg zum Unternehmen finden. Gleiches gilt natürlich heute auch für Job-Marktplätze oder Jobmessen. Solche Marktplätze sind über das Internet zu organisieren. Wir stehen vor einer Explosion der Beziehungen über das Web. Bereits heute gibt es Websites, die weit über 10 Millionen Besucher pro Monat registrieren. Es wird wahrscheinlich nicht lange dauern, bis die erste Meldung kommt, dass es eine Firma geschafft hat, über 100 Millionen Zugriffe auf ihre Homepage in einem Monat zu haben. Das schafft völlig neue Möglichkeiten, aber auch Risiken. Unternehmen werden gefordert sein, eigene Gemeinschaften, sprich Communities aufzubauen, um ihren Kunden und Partnern eine eigene Plattform bieten zu können, auf der sie sich treffen und austauschen können.

Neue Formen des Managements

Hier ist eine völlig neue Form des Managements erforderlich. Sie können in einem vernetzten System nicht mehr bestimmen, Sie können nur noch mitfließen. Sie können es niemandem verbieten, etwas Negatives zu sagen, noch können Sie eine Eigendynamik verhindern. Sie können auch nicht mehr dominieren, sondern Sie werden zu einem Mitgestalter.

Wie organisieren wir eine erfolgreiche Community? Die meisten Unternehmen werden über kurz oder lang gefordert sein, sich mit diesem Thema intensiv zu beschäftigen. Denn sie werden nicht vermeiden können, dass ihre Kunden ihre Meinungen positiv oder negativ einbringen werden. Auf diese Stimme müssen die Unternehmen hören und ihren Anspruch daran ausrichten.

Gemeinschaften organisieren

Wir sind Gestalter des Nutzens unserer Partner. Das wird ein Geschäftsfeld sein, auf dem wir noch sehr viel lernen müssen, etwa wie wir als Unternehmen mit Gemeinschaften umzugehen haben. Wir werden ein vernetztes System von Beziehungen schaffen müssen und wir werden diese zukünftig nur noch über das Internet organisieren können. Dabei wird wahrscheinlich unsere große Herausforderung sein, jeden Einzelnen als Individuum zu betrachten, zu akzeptieren und zu tolerieren und ihn gleichzeitig als Bestandteil einer Gemeinschaft zu partnerschaftlichem Handeln zu bewegen.

Weitere Informationen zu EKS und Clienting erhalten Sie auf unserer Homepage www.geffroy.de. Wir freuen uns über Ihren Besuch!

LITERATUR

Cole, Tim: *Erfolgsfaktor Internet. Warum kein Unternehmen ohne Vernetzung überleben wird.* Düsseldorf 1999

Geffroy, Edgar: *Clienting – Kundenerfolg auf Abruf jenseits des Egoismus.* Landsberg am Lech 1996

Mewes, Wolfgang / Friedrich, Kerstin: *Die Engpasskonzentrierte Strategie (EKS). Fernkurs in 20 Lehrheften.* Pfungstadt: EKS Die Strategie 1998

Seiwert, Lothar J.: *Wenn Du es eilig hast, gehe langsam.* Frankfurt am Main und New York 1999

Sabine Hübner
berät Unternehmen im Hinblick auf Servicestrategien und Präsentationskonzepte. Sie kommt direkt aus der unternehmerischen Praxis und setzte die von ihr trainierten Strategien als Prokuristin und Gesellschafterin eines mittelständischen Druckunternehmens (35 Mitarbeiter, 8 Mio. Umsatz) selbst erfolgreich ein. Deutlich über dem Branchenschnitt liegende Wachstumsraten und Erlössteigerungen ihres Unternehmens sind unzweifelhafter Beleg für den hohen Nutzwert dieser Strategien. Sie hält eine der größten Datenbanken über Servicebeispiele und Marktforschungen aus serviceorientierten Ländern. Unternehmen rufen sie, um ihre Serviceperformance aufzubauen. Zu ihren Kunden zählen namhafte Firmen und Institutionen – u. a. FORUM, Genion, THI, Flughafen München, Siemens, Bezirk Niederbayern, NOKIA, ADLON, OPTA Massivhaus, Kieser Druck, BMW Group, Deutsche BA, Degussa Dental und viele andere.

Sabine Hübner
Surpriservice
Der Kunde im Fokus

Service ist das Zauberwort des Erfolgs. Vorgestern schluckten die Großen die Kleinen, gestern die Schnellen die Langsamen und heute die Serviceorientierten alle anderen. Überragender Service bringt einen uneinholbaren Wettbewerbsvorteil. Denn – Qualität findet im Kundenkopf statt: Welcher Kunde kann heute schon mit Sicherheit behaupten, dass er sich für das beste und »preiswerteste« Produkt entscheidet? Er kauft in der Regel dort, wo er das Gefühl hat, das Beste für sein Geld zu bekommen. Kundenservice macht einen Kauf zum Erlebnis, und dafür sind Kunden sogar bereit, entscheidend mehr auszugeben. Entwickeln Sie Ihre eigene Servicestrategie für die Herausforderungen der Zukunft und profitieren Sie davon. Im Folgenden erfahren Sie, wie Sie Ihre Kunden nicht nur begeistern, sondern verblüffen. Mit Servicestrategien von heute – für die Ansprüche von morgen! Innovativ – transparent – transferierbar.

Zauberwort Service

Servicewüste Deutschland – das ist nicht nur ein Schlagwort, sondern bittere Realität. Die Gründe, warum deutsche Unternehmen ihre Kunden verlieren:

- 2 Prozent   durch Tod
- 10 Prozent   durch Umzug
- 18 Prozent   durch neue Gewohnheiten und
- 70 Prozent   durch mangelnden Service.

Von 100 verlorenen Kunden wechseln 70 aus Servicegründen den Anbieter. Eine erschreckende Zahl – insbesondere, wenn man bedenkt, dass es 600 Prozent Mehrkosten verursacht, für einen verlorenen Kunden einen neuen zu gewinnen. Dass es auch anders geht, beweisen serviceorientierte und dadurch erfolgreiche Unternehmen.

Was macht exzellenten Kundenservice aus? Ist es das freundliche Lächeln des Verkäufers, der leckere Cappuccino beim Friseur, die 24-Stunden-Hotline des Software-Unternehmens ...?

Freundlichkeit Ich erinnere mich noch gut an ein Servicetraining in einer deutschen Kleinstadt. Aufgabe für die Teilnehmer war es, sich zu überlegen, welches ihr Lieblingsgeschäft ist und warum sie gerade dort so gerne hingingen. Eine Teilnehmerin schwärmte geradezu von einem Supermarkt, in dem eine Mitarbeiterin mit einer außergewöhnlich gewinnbringenden Ausstrahlung an der Kasse saß, die für jeden Kunden persönliche Worte fand und den Kunden ein richtig gutes Gefühl gab. Und da passierte etwas Interessantes: Fast alle der 30 Teilnehmer sagten: »Ja genau, da kaufe ich auch ein.«

Dieses Beispiel zeigt, dass Freundlichkeit mit Sicherheit ein wesentlicher Bestandteil der Servicequalität ist. Doch das alleine reicht schon lange nicht mehr aus. Entscheidend ist es heute vielmehr, dass Unternehmen Prozesse entwickeln und Systeme schaffen, die dem Kunden das Leben enorm erleichtern und ihm Arbeiten abnehmen. Dabei geht es einerseits darum, die vorhandenen Abläufe zu optimieren und auszubauen, und andererseits völlig neue Dimensionen des Kundenservice zu kreieren.

Völlig neue Wege gehen

Beispiel Post *Nehmen wir das Beispiel der Post. Die Post befördert Pakete. Sie schuf in den Postämtern Paketschalter, an denen die Kunden ihre Pakete abgeben konnten, vereinfachte die Abwicklung der Paketannahme, weitete die Öffnungszeiten aus, verkürzte die Beförderungszeiten der Pakete, nahm praktische Paketverpackungen in das Verkaufssortiment auf und unter-*

nahm vieles mehr, damit die Paketannahme und das Versenden von Paketen für den Kunden einfacher und somit serviceorientierter wurden. Keine Frage und kein Wunder: Lange Zeit war dies der beste Service im Bereich Paketversand. Bis ein Unternehmen sich nicht die Frage stellte, wie es dem Kunden das Abgeben der Pakete weiter erleichtern könnte, sondern wie es dem Befördern von Paketen eine vollkommen neue Dimension geben könnte. Das Ergebnis war schließlich ein ausgeklügelter, flächendeckender Abholservice, der sich in kürzester Zeit auf dem Markt durchsetzte. Dieses Abholsystem revolutionierte den Bereich Paketbeförderung und stellte eine enorme Erleichterung für alle Kunden und Unternehmen dar, die früher täglich eine Menge von Paketen zur Post schleppen mussten – ein System, das heute schlichtweg nicht mehr wegzudenken ist. Das Nachsehen hatte zunächst die Post, die zwar regelmäßig Verbesserungen einführte, jedoch keinen kreativen neuen Weg einschlug. Erst durch umfangreiche Umstrukturierungsmaßnahmen und viel Engagement entwickelte sie sich zu einem innovativen Logistikkonzern.

Genau das ist der Schlüssel zu überragendem Service – die bestehenden Regeln im Dienste des Kunden zu brechen und völlig neue Wege zu gehen. Wege, die es dem Kunden erlauben, möglichst viel Verantwortung, Abläufe und Arbeiten »outzusourcen«. Wege, die den Kunden überraschen, denn Überraschungen wecken Emotionen im Menschen.

In der Zukunft wird es für den Erfolg eines Unternehmens entscheidend sein, wie sehr es Menschen für sein Produkt oder seine Dienstleistung begeistern und entsprechende Emotionen wecken kann. Was für das Unternehmen gilt, gilt unausweichlich auch für den einzelnen Mitarbeiter. Nur, wenn jeder Einzelne (siehe auch das Beispiel der Kassiererin im Supermarkt) es schafft, sein Gegenüber – ob Händler, Endverbraucher oder Kollege – für sich und seine Ideen zu begeistern, kann der Servicegedanke sich durch das gesamte Unternehmen ziehen.

**Wichtig:
Emotionen wecken**

Aha-Erlebnisse schaffen

Surpriservice Für diese Überraschung steht »*Surpriservice*«. Ziel ist es, im Kundenkopf präsent zu sein und präsent zu bleiben. Surpriservice zieht sich durch alle Etappen der Kundenbeziehung. Es geht darum, die Dinge anders zu machen als andere und ein »*Aha-Erlebnis*« beim Kunden zu bewirken.

Beispiel Deutsche BA *Während die meisten Airlines beim Service an Bord für kühle Perfektion mit einem oft unnahbaren Lächeln stehen, sind zum Beispiel die Mitarbeiter der Deutschen BA unter dem Motto »Sparkling and colourfull« immer wieder spontan für eine Überraschung gut. Die Fluggäste werden mit originellen, amüsanten Ansagen zum Beispiel in einem besonderen Dialekt oder in Gedichtform zum Schmunzeln gebracht. Oder der Kapitän beschreibt während der Warteschleife beim Landeanflug über Mikrofon Entspannungsübungen. Diese zeigt der Flugbegleiter gleichzeitig in der Kabine vor, motiviert die Fluggäste mit einer guten Portion Humor zum Mitmachen und verkürzt ihnen so die Zeit. Oder ein Flugbegleiter spielt Zauberer und jongliert mit Tetra-Packs und lässt Zigaretten in der Serviette verschwinden. Oder unbegleitete Kinder an Bord werden mit in den Service eingebunden und dürfen den Schokoladenkorb herumreichen. Oder ... oder ... oder. Das sind außergewöhnliche Erlebnisse, die sich beim Kunden einprägen. Das ist Surpriservice.*

Merken Sie, worauf das hinausläuft? Ja, genau – andere und ungewöhnliche Mittel anzuwenden, damit der Kunde nicht nur Kunde bleibt, sondern mit anderen über diesen außergewöhnlichen Service spricht. Aus eigener Erfahrung wissen wir, dass eine Weiterempfehlung um vieles höher zu bewerten ist, als wenn zum Beispiel in einer Anzeige behauptet wird (und wer tut das schließlich nicht?), dass dies eine serviceorientierte Fluggesellschaft sei.

Antizyklisch vorgehen Wenn Sie Ihren Kunden bisher zum Geburtstag oder zu Weihnachten Grüße und Geschenke schicken, dann überlegen Sie doch einfach mal, ob Sie ab jetzt nicht lieber antizyklisch vorgehen werden. Ein Brief mit Sonnenöl und Badekappe vor den Sommerferien ist ein Gag; schicken Sie doch zu Ostern einen Frühlingsstrauß oder feiern mit Ihren Kunden sogar einmal

Halloween ... Ideen gibt es unendlich viele. Nehmen Sie sich mit Ihren Mitarbeitern, wenn nötig auch in kleineren Gruppen, einmal zwei Stunden Zeit und schreiben Sie alle Ideen auf, die Ihnen dazu einfallen. Egal, wie »ver-rückt« – im wahrsten Sinne des Wortes – diese auch sind.

Servicestrategien für morgen

Die Extrameile von gestern ist der Standard von morgen. Als die meisten Hotelzimmer noch gar keine Waschmöglichkeit im Zimmer boten, hatten die Hotels mit Zimmern mit fließendem Warm- und Kaltwasser in Sachen Kundenservice ganz klar die Nase vorn. Aber nicht lange – denn nur kurze Zeit später statteten die ersten Hotels ihre Zimmer mit Duschen aus, und die Dusche wurde schnell von der Badewanne abgelöst, und heute ist auch eine normale Badewanne nichts Besonderes mehr, sondern es muss schon mindestens die edle Eckwanne oder ein rauschender Whirlpool sein, wenn es um Luxus geht. Was wird es morgen sein?

Machen Sie sich bitte nichts vor. Jede Idee, und sei sie auch noch so sensationell, wird schneller als Sie denken von einem Mitbewerber nachgemacht oder sogar noch verbessert. Sie müssen hier einfach einen gewaltigen Schritt voraus sein und vorausdenken.

Erfolgreiche Unternehmen brauchen schon heute die Servicestrategien für die Ansprüche von morgen. Sie müssen sich die Frage stellen und beantworten: »Wohin geht die Welt?«

Nur, wie finden Sie diese Strategien? Sie können das Rad ganz neu erfinden – wenn Sie genug Zeit haben ... Oder Sie drehen den Spieß einfach um. Suchen Sie sich Vorbilder, und zwar nicht irgendwelche, sondern die Besten mit den besten Systemen für den Bereich, den Sie verbessern wollen. Schauen Sie sich an, was genau diese Unternehmen so erfolgreich macht, welche Strategien und Prinzipien dahinterstecken, und übertragen Sie diese

Vorbilder suchen

Ideen auf Ihre Bedürfnisse und Bereiche und – das ist der ausschlaggebende Punkt – verbessern Sie diese Systeme.

Werden Sie Marktführer in einem ganz bestimmten Bereich. Statt einer von vielen Anbietern oder der zehnte Metzger in der Straße zu sein, entwickeln Sie eine völlig neue Strategie. Suchen Sie sich eine Nische, und sei sie noch so klein, wenn Sie damit Ihren (potenziellen) Kunden ungewöhnlichen Service bieten, werden Sie erfolgreich agieren. Überlegen Sie sich zum Beispiel, in welchem Bereich Sie die Marktführerschaft übernehmen wollen, Beispiele dafür sind:

1. Preisführer
2. Innovationsführer
3. Serviceführer
4. Qualitätsführer
5. ...

Preisführer Aldi ist Beispiel für einen Preisführer, dessen Erfolg im niedrigen Preis mit einem Minimum an Aufwand begründet ist. Kundenservice bei Aldi muss auf diese Erfolgsstrategie abgestimmt sein und ist dementsprechend niedrig. Serviceverbesserungen dürfen sich nicht auf den Preis der Produkte niederschlagen, um die Preismarktführerschaft zu gewährleisten. Kunden bei Aldi erwarten keine technische Beratung, wenn es zum Beispiel dort günstige Fernseher zu kaufen gibt. Einzig und allein der Preis zählt.

Innovationsführer Sony gilt als Innovationsführer und steht für Entwicklungsvorsprung, Kreativität und moderne Technik. Von einem Innovationsführer erwarten die Kunden originelle und neuartige Servicestrategien, die diesen »technischen Spirit« widerspiegeln.

> **Wenn Sie unter dem Motto »Von den Besten profitieren« ein Vorbild unter die Lupe nehmen, ordnen Sie das Vorbild in das entsprechende Modell ein und vergleichen Sie dann, wofür Sie stehen.**

Serviceideen und Maßnahmen müssen immer zur Marktführerschaft passen, damit sie authentisch wirken und erfolgreich sind.

Das heißt nicht, dass Sie die Ideen verwerfen sollen, wenn Ihr Unternehmen in einem anderen Modell ist als Ihr Vorbild. Sie müssen die Ideen nur Ihrer Botschaft anpassen.

Daraus können Sie sogar einen Sport machen. Wann immer Sie unterwegs sind und sich denken: »Das ist eine pfiffige Idee!«, fragen Sie sich, wie Sie diese Idee für Ihre Kunden und Ihr Unternehmen sinnvoll und gewinnbringend verwerten können, und ändern Sie sie so ab, dass sie zu Ihnen passt. Wir haben zum Beispiel einmal eine ungewöhnliche Präsentation von IKEA gesehen, und daraus ist die Idee zu unserer Powerpoint-Präsentation von Unternehmen Erfolg® entstanden. Wenn uns heute ein Neu-Kunde anruft, mailen wir ihm innerhalb weniger Minuten die Datei zu, damit die Phase des Nicht-Blickkontaktes in den Blickkontakt übergeht. Schließlich kann man dem Kunden am Telefon viel erzählen. Welcher Prozentsatz davon nach einer gewissen Zeit noch präsent ist, ist eine zweite Frage. Die Präsentation bietet dem Kunden jedoch die Möglichkeit, mit eigenen Augen – und vor allen Dingen auf genauso informative wie unterhaltsame Art und Weise – die wichtigsten Punkte nachzuvollziehen.

Ideen suchen

Eine Einkaufsreise in sieben Etappen

Unseren Untersuchungen zufolge durchläuft jeder Kunde während seiner »Einkaufsreise« sieben Stufen, die wir nachfolgend in Etappen dargestellt haben.

7 Stufen des Einkaufs

AUFMERKSAMKEIT VERSCHAFFEN
BEZIEHUNGSAUFBAU GESTALTEN
KAUFENTSCHEIDUNG STÜTZEN
ENTSCHEIDUNGEN RECHTFERTIGEN
ERFOLGREICHES REKLAMATIONSMANAGEMENT
AUSSERGEWÖHNLICHER AFTER-SALES-SERVICE
VON DER EMPFEHLUNG ZUM NETWORKING

1. Aufmerksamkeit verschaffen

Mehrqualität vermitteln

Qualität ist heute nicht mehr der Hauptpunkt, mit dem sich ein Unternehmen im Kundenkopf verankert, es ist vielmehr entscheidend, dass der Kunde eine Mehrqualität und einen Zusatznutzen feststellt und wahrnimmt. Diese Mehrqualität spiegelt sich vor allem in den Serviceleistungen eines Unternehmens wider.

Beispiel Taxi

Sie kennen das: Manche Unternehmen haben ständig Aufträge und andere nicht, obwohl sie scheinbar die gleichen Leistungen wie ihre Mitbewerber erbringen. Seit Jahren klagen viele Taxiunternehmen über den enormen Wettbewerb und rückläufige Umsätze. Trotzdem ist es einem Taxiunternehmen gelungen, viel Staub aufzuwirbeln und die volle Aufmerksamkeit der Kunden auf sich zu ziehen – denn 8 x 8 in Dresden hat alle Regeln gebrochen. So fahren die Mitarbeiter von 8 x 8 keine quietschenden, übel riechenden und ausgemergelten elfenbeinfarbenen Fahrzeuge, sondern ausschließlich schwarze, moderne, komfortable und sehr gepflegte Limousinen. Die Taxifahrer überzeugen schon beim ersten Eindruck – sie tragen Anzug und Krawatte, denn schließlich tragen wir unsere inneren Werte und Qualitäten auch nach außen.

Es werden dem Kunden nur effektiv gefahrene Kilometer berechnet und nicht irgendwelche verkehrsbedingten Stau- oder Standzeiten. Die rauschenden Funkanlagen wurden durch innovative geräuschlose Technik ersetzt, der Gast kann in Ruhe in den neuesten Zeitschriften und Magazinen blättern. Wann immer Sie in Dresden das Wort »Taxi« in den Mund nehmen, hören Sie 8 x 8 – das ist der Erfolg einer ganz außergewöhnlichen Servicestrategie.

2. Beziehungsaufbau gestalten

Entscheidungen auf der Beziehungsebene

Kaufentscheidungen wurden früher zu sechs Siebteln auf der Sachebene und zu einem Siebtel auf der Beziehungsebene gefällt. Dieses Verhältnis ist heute genau umgekehrt, denn es gibt eine Vielzahl an ähnlichen Produkten und Anbietern, die häufig gar nicht mehr überschaubar ist. Dazu kommt, dass sich für viele Kunden heute nicht die Frage stellt, für welches Auto sie sich entscheiden, sondern ob sie dieses Jahr überhaupt ein Auto oder eher eine Küche kaufen. Das heißt, dass nicht nur Mitbewerber einer Branche im Verdrängungswettbewerb stehen, sondern auch Unternehmen unterschiedlicher Branchen um einen Kunden »kämpfen«. Hier liegt ganz klar derjenige im Vorteil, der am schnellsten das Vertrauen zum Kunden aufbauen kann.

Während Beziehungsaufbau früher mit Freundlichkeit und Nettigkeit gleichgesetzt wurde, reicht dies heute nicht mehr aus. So fällt es uns wesentlich leichter, Kontakte zu knüpfen, wenn wir Sympathie empfinden, und das nicht erst im Gespräch, sondern schon vorher. Denn – Beziehung wird bereits dann aufgebaut, wenn noch gar keine Beziehung stattfindet. Und Beziehung ist ganz maßgeblich von äußerlichen Gegebenheiten bestimmt, wie auch folgender Test in einem Restaurant belegt: **Beziehung vor der Beziehung**

Die Servicemitarbeiter eines Restaurants wurden schick mit »Corporate Fashion« ausgestattet. Gleich beim Betreten des Restaurants wurden die Gäste gefragt, warum sie dieses Restaurant gewählt hätten und welchen Eindruck sie hätten. Die Antworten waren: »Hier ist sicher die Küche gut ...«, »Die Bedienung wirkt freundlich und sehr serviceorientiert ...« oder »Der Laden ist top geführt ...«. Am nächsten Tag wurden die Mitarbeiter des gleichen Restaurants zwar ordentlich, aber sehr unterschiedlich gekleidet, und eine neuerliche Befragung der Gäste ergab Folgendes: »Wir werden sehen ...«, »Sieht ganz nett aus ...« oder »Können wir erst nach dem Essen beurteilen ...«. **Beispiel Restaurant**

Dieses Beispiel zeigt, dass wir vom äußeren Erscheinungsbild subjektiv auf Dinge schließen, die wir zu diesem Zeitpunkt noch gar nicht objektiv beurteilen können. So sagt Corporate Fashion definitiv nichts über die Qualität der Küche, die Güte der Weine oder die Servicequalität im Restaurant aus, und doch lassen wir diesen Schluss zu.

Durch ein überzeugendes Erscheinungsbild können Sie nicht nur Aufmerksamkeit erzielen, sondern Beziehung aufbauen und sogar ein positives Vorurteil auf hohe Service- und Produktqualität bewirken.

3. Kaufentscheidung stützen

Vielzahl an Kaufkriterien kontraproduktiv

Früher gab es *Muss-Kaufkriterien* wie Leistung, Qualität und Quantität. Diese Kriterien gelten selbstverständlich immer noch, und es wäre ein Frevel, diese nicht zu beachten. Dennoch hat der Markt einen enormen Wandel vom Wettbewerb zum Verdrängungswettbewerb vollzogen, und Muss-Kaufkriterien reichen nicht mehr aus, um entsprechende Kundenzufriedenheit zu erreichen. Ganz im Gegenteil, gerade aufgrund der Vielzahl von solchen Kaufkriterien, die erfüllt werden, wird der Kunde in unserem Informationszeitalter mit Reizen überschüttet. Diese Reizüberflutung bewirkt eine kürzere Aufenthaltsdauer im Kundenkopf und damit einen kürzeren Impuls zur Kaufentscheidung.

Entscheidungsunsicherheit

Gleichzeitig hat diese Reizüberflutung auch eine so genannte Entscheidungsunsicherheit zur Folge. Hier ist es ausschlaggebend, die Qualität – die mittlerweile viele Unternehmen haben – nicht nur positiv darzustellen, sondern auch dementsprechend zu kommunizieren. Leistung ist wie ein Konsumprodukt, sie muss nicht nur erbracht, sondern auch attraktiv verpackt, gut platziert und professionell vermarktet werden. Diejenigen, die sich durch besseren Service und Zusatzkaufkriterien abheben, werden eine Entscheidungssicherheit im Kundenkopf bewirken und damit auf positiven Vorurteilen aufbauen, die Sicherheit zur Entscheidung geben, und mehr Kaufabschlüsse erzielen.

Beispiel Kaufhaus

So verzeichnet zum Beispiel das Kaufhaus Breuninger in Stuttgart mit seinem »Special Service« enorme Erfolge. Was ist Special Service? Schon bei der telefonischen Einkaufsterminvereinbarung teilen Sie als Kunde dem Special-Service-Team mit, welche besonderen Wünsche Sie haben. Bei Ihrem persönlichen Einkaufstermin finden Sie bereits Ihre individuelle Vorauswahl (Zeitersparnis!), und ein Mitarbeiter steht ausschließlich für Sie und Ihre Wünsche bereit. In exklusiven Räumen können Sie bei einem Erfrischungsgetränk in entspannter Atmosphäre alles ganz in Ruhe anprobieren und Ihre Entscheidung treffen. Sie genießen ein unvergleichliches Kauferlebnis und Sie haben das Gefühl, eine gute Entscheidung getroffen zu haben. Ein besonderer Service, der sich lohnt – für den Kunden und für Breuninger –, die Umsätze pro Einkauf im Spe-

cial Service sind um ein Vielfaches höher als in den anderen Abteilungen des Kaufhauses.

4. Entscheidungen rechtfertigen

Entscheidungssicherheit wird heute immer mehr zum Elementarbereich, um den Kunden langfristig an das Unternehmen zu binden. Aufgrund der vielen Entscheidungen, die Menschen heute zu treffen haben, ist es tatsächlich so, dass nach jeder Entscheidung das Prinzip der Entscheidungsrechtfertigung eintritt. Der Kunde überlegt unmittelbar nach einem Kauf, ob er mit dem Kauf überhaupt zufrieden ist. Er sucht Begründungen und Argumente, warum seine Entscheidung die richtige ist, und erst wenn er sich selbst alle Fragen zufrieden stellend beantworten kann, hat er sich seinen Entschluss positiv gerechtfertigt, steht hinter seiner Entscheidung und verteidigt diese sogar.

Hier ist es nach dem Prinzip »Die Schnellen fressen die Langsamen« heute notwendig, sofort nach einer Entscheidung des Kunden eine positive Rechtfertigung herbeizuführen. Beispiel: Eine Frau kauft sich ein schönes Kleid für einen besonderen Anlass. Was macht sie, wenn sie nach Hause kommt? Sie packt es aus und hängt es in den Schrank? Nein – in den meisten Fällen wird sie es noch einmal anziehen und sogar ihrem Partner vorführen, obwohl sie sich ja schon entschieden hat. Sie hat ihre Entscheidung jedoch noch nicht gerechtfertigt und kann erst nach der Bestätigung durch den Partner Kauffreude empfinden. Nicht auszudenken, was passiert, wenn diese Bestätigung ausbleibt ...

Positive Rechtfertigung

Wie können wir als Verkäufer hier unsere Kunden unterstützen? Ein schlechter Verkäufer drückt dem Kunden die Tüte in die Hand und sagt: »Danke und auf Wiedersehen«. Ein guter Verkäufer sagt: »Sie haben eine gute Wahl getroffen«, und ein ausgezeichneter Verkäufer sagt zum Beispiel: »Dieses Kleid steht Ihnen farblich wirklich ausgezeichnet, Sie werden bei Ihrem Geburtstagsfest umwerfend aussehen.«

Den Kunden unterstützen

Ich gehe hier noch weiter:

Es reicht nicht mehr aus, die Entscheidung vor sich selbst zu rechtfertigen, sondern es gilt die 4fach-Rechtfertigung vor sich, vor dem Partner, vor dem Verkäufer und vor dem sozialen Umfeld.

So gibt es zahlreiche Praxisfälle, in denen Kunden in ihrer Sportrunde oder beim wöchentlichen Stammtisch mit frei erfundenen Kaufargumenten und vollkommen übertriebenen Verhandlungsergebnissen prahlen, um die Anerkennung ihrer Freunde zu gewinnen. So geben zum Beispiel gute Autoverkäufer heute von vornherein ihren Kunden eine Menge stichhaltige Kaufargumente mit auf den Weg, mit denen diese dann in ihrem sozialen Umfeld zum Gewinner werden.

5. Erfolgreiches Reklamationsmanagement

Als meine Freundin kürzlich nach einer Messe von Frankfurt nach München flog, wartete sie in München an der Gepäckausgabe, während das Band x-mal rundherum lief, bis sie schließlich feststellte, dass ihr Gepäck nicht mit dabei war. »Na bravo!«, dachte sie und stellte sich beim entsprechenden Schalter an, wartete wieder eine ganze Weile, bis sie an der Reihe war und ein freundlicher Mitarbeiter schließlich alle nötigen Formalitäten erledigte. Ihr Büro liegt ganz in der Nähe des Flughafens, und die Fluggesellschaft wollte ihr am nächsten Vormittag den Koffer zustellen. »Ist ja nicht so schlimm!«, dachte sie und fuhr nach Hause. Zu Hause fand sie es dann doch schlimm: Sie hatte am nächsten Tag einen wichtigen Termin und hatte weder einen Fön noch einen Waschbeutel oder Wecker. Als sie dann am nächsten Morgen ziemlich verstrubbelt zu spät ins Büro kam und eine Kollegin sie mit den Worten empfing: »Bist ja knapp dran. Was hast denn du heute für eine Frisur?«, war ihre Stimmung unter null. Es änderte auch nichts daran, dass der Koffer dann wirklich am Vormittag zugestellt wurde. Als der Fahrer kam und sie die Gelegenheit ergreifen wollte, ihre Geschichte lebhaft darzustellen, brummelte er nur unverständlich vor sich hin. Es gab nicht einmal ein kleines Trostpflaster, ein paar verständnisvolle Worte oder irgendeine Geste der Entschuldigung. Der negative Nachgeschmack blieb haften. Und das ist der entscheidende Punkt: Wie schaffen wir es, dass der Stimmungsbogen unserer Kunden bei einer Reklamation wieder nach oben geht?

Einer unserer Kunden führte eine Lebensmittel-Handelskette, und im Sommer, wenn es besonders heiß war, kam es hin und wieder vor, dass Milchprodukte, insbesondere Sahne, schon vor dem Verfallsdatum verdorben waren. Die verärgerten Kunden kamen am nächsten Tag, steuerten direkt die Kasse an und beschwerten sich entsprechend lautstark. Sie zogen natürlich die volle Aufmerksamkeit aller umstehenden Kunden auf sich, so dass der eine oder andere Kunde seine Sahne wieder aus dem Einkaufswagen nahm und verstohlen in den Warenkorb vor der Kasse legte. Unser Kunde überlegte sich einen besonderen Reklamationsservice – er gab folgende Anweisung an seine Mitarbeiter: »Wann immer ein Kunde eine Ware reklamiert, zieht ihr innerhalb von zehn Sekunden den Gutschriftenblock, schreibt den Betrag gut, gebt ihm eine neue Ware und schenkt ihm einen Piccolo-Sekt.« Ein Spitzen-Service! Die Kunden waren begeistert, denken Sie? Nein, genau das Gegenteil war der Fall, die Kunden waren hoch unzufrieden. Warum? Sie wollten zuerst einmal erzählen, dass die verdorbene Sahne ein Drama war, weil sie die Schwiegermutter am Wochenende zum Essen eingeladen hatten und der Rahmhackbraten nicht so köstlich geworden war wie sonst, und das alles wegen der Sahne, eine Blamage ... Genauso wie meine Freundin beim Fahrer der Fluggesellschaft loswerden wollte, dass sie verschlafen hatte, sich die Haare nicht fönen konnte und keinen Waschbeutel hatte.

Beispiel Lebensmittelgeschäft

Das heißt, wann immer ein Kunde eine Beschwerde vorbringt, ist es das A und O, dass Sie ihm die Möglichkeit verschaffen, erst einmal all seinen Ärger abzuladen, dass Sie ihm zuhören und Verständnis für den misslungenen Rahmhackbraten oder die verstrubbelten Haare aufbringen. Wir nennen das »Puffer« verschaffen. Unser Kunde mit der Lebensmittel-Handelskette führte diesen »Puffer« ebenfalls ein und ließ Kunden mit Reklamationen sofort zum Marktleiter bringen. Dieser nahm sich Zeit, die Beschwerde des Kunden und die damit verbundenen schlechten Erfahrungen anzuhören. Die Kunden fühlten sich dadurch nicht nur entsprechend hoch bewertet – der Marktleiter persönlich nimmt sich für mich und meine Reklamation Zeit, die Sache ist ihm wichtig und die Zufriedenheit seiner Kunden liegt ihm offensichtlich am Herzen – sondern auch erleichtert, weil sie einfach alles loswerden konnten. Anschließend erhielt der Kunde,

Reklamieren heißt Ärger abladen

der sich inzwischen beruhigt hatte und die ganze Geschichte meist selbst gar nicht mehr so tragisch fand, dann an der Kasse neben der neuen Ware von der Kassiererin trotzdem noch einen Piccolo. Und auch die anderen Kunden an der Kasse staunten oftmals nicht schlecht über diese Art der Reklamationsbearbeitung.

Beispiel Hotel *Ein weiteres Beispiel aus dem Hotelsektor zeigt, wie man mit Reklamationen ebenfalls herausragend umgehen kann und unter anderem dafür sogar noch eine Auszeichnung erhält. 1998 wurde der European Quality Award das erste Mal an ein deutsches Unternehmen – den Schindlerhof – verliehen. Die Mitarbeiter des Schindlerhofs reagieren nicht später, nicht morgen, sondern immer sofort auch auf die kleinste Beschwerde. Jede Beanstandung wird sehr großzügig behandelt. Im Restaurant gibt es je nach Umfang der Reklamation einen leckeren Aperitif, Essensgutscheine oder pfiffige Give-aways als Wiedergutmachung. Und – eine Hand weiß, was die andere tut: Die Mitarbeiter des Restaurants wissen genau, wenn ein Gast zum Beispiel mit seinem Zimmer nicht zufrieden war, und sorgen dafür, dass dieser überaus zuvorkommend bedient wird und sich besonders wohl fühlt. Der Schindlerhof beweist es: Aus unzufriedenen Gästen können treue Stammkunden werden.*

Garantiebeschränkung servicefeindlich Ich gebe zu bedenken: Leider ist das deutsche Gesetz noch nicht auf Service und auf Wettbewerbsfähigkeit eingestellt. In Deutschland haben wir die einzige Gesetzgebung weltweit, die Service zum Teil verbietet. Ich halte das für ein Vergehen und einen Frevel am Kunden. Während mittlerweile einige amerikanische Unternehmen, wie zum Beispiel Tupperware und Lands End, als Vorreiter eine Garantie auf Lebenszeit auf die Produkte geben, verpflichtet der deutsche Gesetzgeber dazu, dass Produkte nur eine maximale Garantiezeit von 30 Jahren haben dürfen. Ich stelle hier ganz provokativ und anklagend die Frage: Warum? Warum gibt es Gesetze, die Unternehmen dabei behindern, dem Kunden außergewöhnlichen Nutzen zu bieten?

6. Außergewöhnlicher After-Sales-Service

»Nach dem Spiel ist vor dem Spiel«, sagte schon Sepp Herberger. Während in den vergangenen Servicezeiten viele Verkäufer und

Unternehmer gesagt haben: »So, der Auftrag ist gebongt!«, haben die meisten längst vergessen, dass das bereits die Stufe für den neuen Verkauf war. Das ist übrigens mit ein Grund, warum so viele Unternehmen Pleite gehen, denn kaum ist ein Verkauf erledigt, ruhen sie sich auf ihren Lorbeeren aus und kennen Leitsätze und Kundennutzen nur noch von den bunten Papierbildchen in der Chefetage.

Heute ist das anders – heute gibt es »After-Sales-Service«. Und schon ist der Begriff auch wieder überholt, denn Verkaufen ist kein Ereignis, es gibt also auch kein »davor« und »danach«, sondern ein Prozess.

Verkaufen ist ein Prozess

Begleiten wir einen Kunden bei seiner Einkaufsreise. Hochzeitstag. Alle Jahre wieder rennt Mann los – in den nächsten Blumenladen, in letzter Minute, um für seine Liebste einen wunderschönen Blumenstrauß zu holen. Die Floristin kennt das schon, lächelt und denkt: »Wieder einer in letzter Minute …« Rosen sollen es sein – dunkelrote Rosen und viele. Zu dumm – es gibt nur noch wenige, und die sind nicht dunkelrot. Es wird ein »bunter« Frühlingsstrauß … Mann fährt nach Hause, nicht wirklich zufrieden, überreicht Frau mit einem zaghaften Lächeln die Blumen. Sie denkt: »Die dunkelroten Rosen hatte wohl ein frisch Verliebter schon aufgekauft …«

Eine After-Sales-Strategie für den Blumenladen wäre, sich alle Daten des Kunden, seine Jahrestage und Jubiläen zu notieren, zu verwalten und ihn mit einem kurzen Anruf, einer E-Mail oder SMS rechtzeitig zu erinnern und den Lieblings-Blumenstrauß entsprechend vorzubereiten. Eine optimale »*Win-win-win-Situation*«: Der Blumenladen hat immer einen zufriedenen Kunden und macht regelmäßig sicheren Umsatz, Mann hinterlässt einen guten Eindruck bei seiner Liebsten und erspart sich den Einkaufsstress, und Frau fühlt sich geliebt.

Sich optimal auf den Kunden einstellen

Der Kunde denkt heute um ein Vielfaches vernetzter als in der Vergangenheit. Während früher in bestimmten Bereichen keine Rückschlüsse in Bezug auf die Servicequalität gezogen wurden, wird der Kunde heute immer empfindlicher. Zum Beispiel im Restaurant können das Kleinigkeiten sein, wie der Digestif nach dem Essen, das In-die-Jacke-Helfen, das Auf-Wiedersehen-Sagen, die Bonbons, die am Ausgang warten oder die Visitenkarten, die für die nächste Reservierung bereitstehen. Wir stellen immer mehr fest, dass genau dieser After-Sales-Service wie das »Auf Wiedersehen« an der Lebensmittelkasse die letzte Visitenkarte ist und damit den letzten Eindruck hinterlässt, der oft dauerhaft haften bleibt.

7. Von der Empfehlung zum Networking

Früher haben diejenigen am meisten Aufträge erhalten, die »mutig« genug waren, um Weiterempfehlungen und Adressen zu betteln. Glauben Sie wirklich, dass wir heute noch Adressen weitergeben, nur weil danach gefragt wird?

Verkauf als dreifacher Gewinn

Menschen werden oft nach dem Motto »Die helfen sowieso nicht gern weiter« in eine Schublade gesteckt. Machen wir eine Probe aufs Exempel: Stellen Sie sich bitte einmal auf die Straße und fragen zum Beispiel nach dem Weg zur Kirche. Selbst diejenigen, die den Weg nicht kennen, werden sich zumindest darum bemühen, ansatzweise eine richtige oder so weit wie möglich richtige Aussage zu machen. Fazit: Menschen sind sehr wohl bereit, Empfehlungen auszusprechen, vor allen Dingen dann, wenn Empfehlungen ein positives Erlebnis darstellen. Es gibt für Menschen nichts Schöneres, als darüber zu berichten, dass sie etwas Besonderes erlebt oder erreicht haben. So ist es auch nicht verwunderlich, dass wir heute im Verkauf von einer Win-win-win-Strategie für den Kunden, das Unternehmen und das soziale Umfeld des Kunden sprechen.

Der Erlebnisfaktor

Was heißt das? Wir Menschen sind stolz darauf, wenn wir schöne Dinge erleben durften. Darum heißen ja die meisten Kaufaktionen nicht mehr Kaufaktionen, sondern »Erlebnisgastronomie«, »Erlebniskauf«, »Erlebnisurlaub«, »Erlebniswelt«. Das heißt, je höher der Erlebnisfaktor eines Kunden ist, umso höher ist meist auch die Chance, dass Empfehlungen ausgesprochen werden.

Die Zeiten, in denen wir nach Empfehlungen betteln, sind vorbei – unser Ziel muss es sein, dass wir Empfehlungen bekommen, weil die Erlebniswelt unseres Unternehmens, unserer Mitarbeiter und unserer gesamten Philosophie so stark war, dass der Kunde als stolzer »Erlebnis-Inhaber« gerne davon weiterberichten will.

Je größer das Erlebnis des Kunden ist, umso größer die Aufmerksamkeit, und hier schließt sich der Kreis wieder zu unserem ersten Baustein, der da heißt »Aufmerksamkeit verschaffen«. Das muss Ihr Ziel sein: noch mehr Aufmerksamkeit im Markt zu erreichen. Denn die, die Aufmerksamkeit haben, werden die Größeren und die Schnelleren fressen.

Kundenpotenzial und Marktanteile

Der Markt ist heute heißer umkämpft denn je. Viele vergleichbare Anbieter und eine wachsende Konkurrenz im Internet machen Kunden zu einem überaus wertvollen Potenzial. Wer als Unternehmen nicht in der Lage ist, diesem Potenzial Außergewöhnliches zu bieten, wird schnell Marktanteile verlieren. Marktanteile, die sich dann die Mitbewerber aufteilen.

Nehmen wir abschließend das Beispiel eines Fernsehkaufs. Wie gehen Sie vor, wenn Sie einen relativ hochwertigen Fernseher kaufen wollen? Keine Frage, Sie werden sich zunächst nach dem Preis erkundigen. Sie werden, sofern vorhanden, vielleicht im Internet surfen oder sich eine Ausgabe der Stiftung Warentest besorgen oder Sie werden zum Händler um die Ecke gehen und dort mit einem Mitarbeiter sprechen, welchen Fernseher Ihnen dieser empfehlen kann. Wenn Sie sich nicht gleich entscheiden, werden Sie zu Hause nochmals überlegen, sich weitere Vergleichsmöglichkeiten zu dem genannten Fernseher besorgen und und und. Sie merken, wie schwierig so eine Entscheidung werden kann. **Beispiel Fernsehkauf**

Dabei wäre es doch so einfach für den Händler vor Ort, der normalerweise immer darüber klagt, dass Kunden sich zwar bei ihm die Informationen besorgen, um die Ware dann aber für ein paar Mark günstiger zum Beispiel bei einer Elektrokette zu kaufen.

Anstatt sich über dieses verständliche Vorgehen zu beklagen, sollte er besser eine neue Strategie wählen. Erinnern Sie sich an die Marktführerschaft – die hat er nun einmal nicht im Sektor Preis, also muss er sie in einem anderen Bereich suchen. Wenn schon nicht über den Preis, kann er seinem Kunden den Fernseher zum Beispiel über einen außergewöhnlichen Service verkaufen. Nichts einfacher als das – er (oder noch besser ein anderer zufriedener Kunde) muss dem Neukunden nur klarmachen, dass er für die paar Mark mehr ein Vielfaches an Leistungen erhält. Regelmäßige persönliche Informationen zu besonderen Schnäppchen (Aufmerksamkeit verschaffen) sind selbstverständlich. Nicht nur die ausführliche Beratung (Beziehungsaufbau) ist darin eingeschlossen, sondern auch ein Special Service, wie zum Beispiel die kostenlose Lieferung und die Aufstellung des Gerätes inklusive Einstellung aller Sender und Bedienungserklärung (Mal ehrlich, wie viele Menschen können mit diesen Bedienungsanleitungen etwas anfangen?). Und vergessen Sie nicht, dass auch die Entsorgung des Altgerätes für viele Menschen ein Problem darstellt, das der Händler sicher lösen kann. Darüber hinaus gibt es eine Service-Hotline, die auch in den Abendstunden, wenn man vor dem Fernseher sitzt und wirklich noch ein Problem auftauchen sollte, für alle Fragen eine Lösung bietet. Viele Einzelhändler gewähren ihren Stammkunden auch eine Art Bonusprogramm oder einen Reparaturservice über die normale Garantieleistung hinaus. Oder wie wäre es mit einem kostenlosen Check-up der anderen im Haus befindlichen Elektrogeräte, wobei der Kunde genau sehen kann, bei welchen Geräten er gut beraten worden ist und welche Energiefresser den Kauf eines neuen Produktes schnell rechtfertigen?

Unendliche Möglichkeiten Möglichkeiten gibt es unendlich viele. Und wenn Sie aus den sieben Stufen unserer Einkaufsetappen nur jeweils eine Kleinigkeit für sich und Ihr Unternehmen als Anregung aufgreifen, werden Sie ein gutes Stück Wachstum erreichen. Sie werden merken, wie Sie Ihre Kunden plötzlich mit anderen Augen betrachten. Und Stück für Stück werden auch Sie bei Ihren Kunden ein anderes Bild hinterlassen. Das Bild eines außergewöhnlichen Unternehmens, das immer für eine Überraschung im positiven Sinne gut ist.

Die Kette des Surpriservice ist unendlich lang und jede Perle eine neue Möglichkeit, Kunden nicht nur zufrieden zu stellen, sondern sie zu begeistern. Ziehen Sie alle Register und Sie werden Spaß daran haben, gemeinsam mit dem Kunden die wertvolle Kette einer langfristigen Partnerschaft Perle um Perle zu verlängern.

LITERATUR

Blanchard, Kenneth / Bowles, Sheldon: *Wie man Kunden begeistert.* Reinbek 1994
Ederer, Günther / Seiwert, Lothar J.: *Der Kunde ist König.* 3. Auflage Offenbach 2000
Geffroy, Edgar K.: *Clienting – Kundenerfolg auf Abruf jenseits des Egoismus.* Landsberg am Lech 1996
Derselbe: *Das einzige, was immer noch stört, ist der Kunde.* Landsberg am Lech 1999
Gross, T. Scott: *Wovon Kunden träumen.* Landsberg am Lech 1999
Wiersima, Fred (Hrsg.): *Nur der Service zählt.* Landsberg am Lech 1999
Zemke, Ron / Anderson, Kerstin: *Umwerfender Service.* Frankfurt am Main, New York 1997

**Dr. rer. biol. hum. Dipl. Psych.
Stephan Lermer**
Der Kommunikations-Psychologe gründete 1977 in München das »Institut für Persönlichkeit und Kommunikation« – Bereiche, auf die er sich bereits während seines Studiums der Psychologie und Philosophie spezialisiert hatte. Als Unternehmensberater, Trainer und Coach ist er seit über zwanzig Jahren vertraut mit dem beruflichen Alltag von professionellen Entscheidern in der Politik und in renommierten Unternehmen. Zu seinen Auftraggebern zählen unter anderem Bosch, Volvo und die LBS. Expertenauftritte und eigene Sendungen im Rundfunk und im Fernsehen haben Lermer einem breiten Publikum bekannt gemacht. Seine Veröffentlichungen, darunter »Gemeinsam bin ich besser« oder »Geheimnisse des Unterbewussten«, betonen den praktischen Nutzen für Beruf und Privatleben.

Stephan Lermer
Future-Skills*

Kommunikationskompetenz, Win-win-Strategien & Co.

*Egotrips und Single-Mentalität bringen uns nicht weiter.
Nur gemeinsam bin ich stark.*

Kommunikationskompetenz: Der Paragraph 1 der Future-Skills

Das Unterbewusstsein »hört« immer mit – dieser Umstand ist vielen Menschen nicht klar. In der alltäglichen Kommunikation, mit unseren Nachbarn, Freunden oder Geschäftspartnern, beachten wir eines viel zu selten: Neben dem von uns beabsichtigten Informationsfluss vermitteln wir unserem Gegenüber – nonverbal – Informationen, die unsere eigentliche Absicht unterstreichen oder ihr möglicherweise sogar entgegenlaufen.

Nonverbale Informationen

Beispiel:
Ihr Kollege schlägt Ihnen vor: »Lass uns das Projekt gemeinsam anschieben«. Sie lehnen sich zurück, verschränken die Arme, und sagen mit Blick nach unten: »Ja, ich glaube, wir sollten das Projekt zusammen durchziehen.« Eigentlich wollten Sie Ihrem Arbeitskollegen beipflichten: »Ja, wir machen das.« Ihre Gestik – Arme verschränken, Blick nach unten – sowie Ihre Wortwahl – »glaube«, »sollten« – verraten jedoch ein von Ihrem Unterbewusstsein gespeistes Zögern.

Hier tut sich eine Schere auf – zwischen dem, was Ihr Zuhörer hört, und dem, was er wahrnehmen könnte. Ziel muss es sein,

* www.future-skills.de

diese Schere zu schließen. Denn nicht das, *was* Sie sagen, ist entscheidend, sondern *wie es Ihr Gegenüber versteht.*

Bilder sagen mehr als tausend Worte – die Körpersprache verrät fast alles über Ihre (wahre) Einstellung. Nur mit der »richtigen« Einstellung können Sie erfolgreich Win-win-Strategien in die Tat umsetzen.

Auf das Unterbewusste hören: authentisch werden

Das Unterbewusstsein zeigt sich in Intuition

Das Unterbewusstsein irrt nie. Sie kennen das aus schwierigen Lebenssituationen, in denen Sie nach langem Hin und Her Entscheidungen zu treffen haben. Am Ende zählt immer die Intuition, und die kommt aus unserem Unterbewusstsein.

Nicht alle Entscheidungen können wir nach dem Prinzip der Logik treffen. Es gibt keine mathematische Formel, nach der sich unsere Probleme lösen lassen. Vielmehr stehen wir in unserem Leben tagtäglich vor einer Unmenge Optionen, die wir wahrnehmen können. Das Unterbewusstsein hilft uns, die richtige Entscheidung zu treffen.

»Bewusst« nehmen wir die Existenz des Unterbewusstseins in der Nacht wahr: wenn wir träumen. Unser Tagesablauf, unsere Erfahrungen, all die Informationen, die uns während des Wachzustands durchfluten, werden nachts aufgearbeitet. Eindrücke, die wir möglicherweise nur oberflächlich wahrgenommen, die aber unser Unterbewusstsein beschäftigt haben, kommen nun im Schlaf »störungsfrei« zur Geltung. Unser Unterbewusstsein arbeitet immer, aber tagsüber wird es »übertönt« von den vielen Eindrücken, die auf uns einprasseln. Oder wie C. G. Jung sagte: *»Die Sterne leuchten auch am Tag, nur, da sehen wir sie nicht.«*

Das Gewissen als Schiedsrichter

Bei wichtigen, wegweisenden Fragestellungen befragen wir immer unser Gewissen. Genauer gesagt, handelt es sich dabei um das Unterbewusstsein. Dieses hat die Rolle des parteiischen Schiedsrichters: Es »weiß« den für uns richtigen Weg. Wollen wir uns tatsächlich diese Ressource zunutze machen, müssen wir tief in uns gehen. Wir müssen die vielen Störgeräusche, die durch die falschen Verlockungen, durch die schiere Menge an von uns nicht mehr handhabbaren Informationen erzeugt werden, ausblenden.

Beispiel:
Sie müssen sich zwischen zwei Jobangeboten entscheiden. Der Chef, die Sekretärin und die Mitarbeiter in Firma x waren sehr freundlich, das Aufgabengebiet ist wie maßgeschneidert für Ihre Qualifikation. Firma y lockt jedoch mit mehr Gehalt und einem schnelleren Aufstieg, der Job ist eine große Herausforderung, er ginge an die Grenzen Ihrer Leistungsfähigkeit. Obwohl die bloßen »Fakten« (Geld, Aufstieg, neue Erfahrungen) für Firma y sprechen, gibt es noch eine Menge Dinge, die Ihnen gar nicht gefallen haben. Zwischentöne, die Ihnen im Rückblick merkwürdig vorkommen. Eine ungewöhnliche Klausel zum Thema Probezeit, laut Personalchef aber kein Anlass zur Besorgnis. Nachfragen zum Vorgänger wurden auf seltsame Art abgeblockt. Sie können die Ursache des Unbehagens in aller Regel zunächst nicht richtig verorten.
Ihr Unterbewusstsein spürt, dass mit dem vermeintlich lukrativeren Job etwas nicht stimmt. Es hat sicher den in Zwischentönen, Gestik, Mimik des Personalchefs verborgenen »Haken« bemerkt. Die Kunst besteht darin, in aller Ruhe die Angebote auch jenseits der bewusst erfassbaren Informationen zu prüfen. Wer in sich geht, wem es gelingt, die verführerischen und Verwirrung stiftenden Nebengeräusche zu dämpfen, der kann sein Unterbewusstsein »sprechen« hören.

Vom Informations- zum Bewusstseinszeitalter

Die Stimme des Unterbewusstseins droht in der heutigen Zeit in einer Flut von Informationen und Sinnesreizen unterzugehen. Unsere Wahrnehmungsfähigkeit ist überstrapaziert, gerät schnell an ihre Grenzen. Jede Entwicklungsstufe unserer Zivilisation verlangte uns eine Erweiterung unseres Bewusstseins ab. Die zunehmende Mobilität und der immer stärkere internationale Transfer haben jegliche Grenzen von Zeit und Raum gesprengt, mit enormen Auswirkungen auf unser Privat- wie auch unser Berufsleben. Das Internet ermöglicht uns rund um die Uhr Konsum und Information, Firmen können neue Produkte durch weltumspannende Arbeitsteilung im 24-Stunden-Rhythmus entwickeln lassen. Kurz: Der Übergang von der Industrie- über die Dienstleistungs- hin zur Informationsgesellschaft hat das Volu-

Problem Reizüberflutung

men der möglichen Optionen ins Unendliche gesteigert. Wir werden mit Information regelrecht »zugemüllt«.

Es genügt nicht, nur sein Wissen über den Zugang zu Medien und neuen Technologien zu vermehren. Denn es besteht die Gefahr, lediglich Meister im Anhäufen von Wissen zu werden. Verstopfte Festplatten und rund um die Uhr flimmernde Bildschirme alleine bringen uns nicht voran.

Die Zukunft gehört denen, die aus der Flut an verfügbaren Erkenntnissen die für sie wichtigen herausziehen und nutzbar machen können. Es kommt auf den richtigen Filter an.

Wenn wir im Internet zu einem für uns wichtigen Thema eine Information suchen, bedienen wir uns auch bestimmter Suchtechniken. Denn es ist schlicht nicht möglich, das gesamte Web einfach mal so durchzublättern. Wir steuern daher gezielt bestimmte Seiten an in der Hoffnung, einen wichtigen Link zu finden. Oder wir ziehen eine spezielle Suchmaschine zur Rate. Auch das Abonnement bestimmter – und nicht irgendwelcher – Newsletter oder Fachzeitschriften erhöht die »Trefferquote«. Das sind einfache Beispiele, wie wir täglich Informationsfilter benutzen.

Problem »Fehlende Vorbilder«

Die Informationsflut, mit der wir heute umgehen müssen, ist nicht vergleichbar mit dem, was die Generationen vor uns zu bewältigen hatten. Daher sind wir Pioniere einer neuen Zeit: des Bewusstseinszeitalters. In dieser Ära gibt es keine Vorbilder. Die typisch deutsche Phrase »ich will meine Arbeit richtig tun« findet hier keine Anwendung mehr, weil es in der neuen Unübersichtlichkeit eine klare Definition von »richtig« nicht mehr gibt. In den Jobs der »new economy« gibt es keine Fußstapfen, in die wir treten könnten. Wir bewegen uns vielmehr auf absolutem Neuland. Und dort haben wir nur eine Überlebenschance, wenn es uns gelingt, »authentisch«, also »wir selbst« zu sein.

Sich selbst kennen und managen zu können – das sind die effektivsten Future-Skills.

Vom »man« zum »ich«

Wir müssen lernen, »ich« zu sagen, wo wir früher »man« gesagt haben. Eine Sache hat verschiedene Seiten, lässt verschiedene Perspektiven zu. Ein Glas ist halb voll oder halb leer – beides ist richtig. Ein Kegel ist, je nach Betrachtungswinkel, ein Kreis oder ein Dreieck, ein Zylinder ein Kreis oder ein Quadrat. Zeugen ein- und desselben Auffahrunfalls haben unterschiedliche Dinge gesehen: Der kleine Junge liefert eine exakte und lebendige Beschreibung des Aufpralls; ein Mann wiederum hat beobachtet, dass der Unfallverursacher zu wenig Abstand hielt. Einer Frau ist aufgefallen, dass die Bremslichter des vorderen Wagens defekt waren. In diesen Beispielen gilt wie in unserem Alltag: Es gibt in den seltensten Fällen eine allgemein gültige Regel, wie »man« etwas zu sehen hat. Jede Sichtweise hat ihre Berechtigung. Alle zusammen ergänzen sich – Voraussetzung für eine Win-win-Situation, von der alle profitieren. Dazu später mehr.

Vom »ich« zum »wir«

In der Geschichte hat die Entwicklung des Individuums das alte Gemeinschaftsdenken abgelöst, wie wir es aus den Gruppenzusammenschlüssen der frühzeitlichen Stammeskulturen kennen. Die »Ich-Werdung« ist sozusagen ein Akt der Emanzipation. Jedoch steigerte sich das Ich-Bewusstsein bis zum Machbarkeitswahn, Egoismus wurde zur Egomanie. Dessen schlimmste Exzesse haben wir in unserer jüngeren deutschen Geschichte, in der Person von Adolf Hitler, erfahren müssen.

Entwicklung des Individualismus

In den modernen Industriegesellschaften hat das Streben nach Selbstverwirklichung einen hemmungslosen und rücksichtslosen Individualismus hervorgerufen. Die Kehrseite ist in Gestalt von Umweltzerstörung, Scheidungen oder Kriminalität zu besichtigen.

> **Single-Mentalität und Egotrips bringen uns nicht weiter. Wer »ich« sagt, muss auch »wir« sagen. Der einsame Cowboy, der sich durchs Leben schlägt, ist heute nur noch ein Mythos. Stattdessen spielen in der sich auflösenden Gesellschaft Vernetzungen eine immer größere Rolle.**

In dem Maße, wie zum Beispiel die Familie oder andere tradierte Formen des Miteinanders verschwinden, treten an ihre Stelle Freundschaften. Das vernetzte Leben der Zukunft wird die Grundlage einer Gesellschaft sein, die nach dem Prinzip der Nächstenliebe und nicht des Fremdenhasses funktioniert. In einer solchen Gemeinschaft könnte sich ein Bewusstsein durchsetzen, in dem das Ich seine innere und äußere Selbstverwirklichung im Wir findet: In dem Begriff »*Selbstver-WIR-klichung*« ist dies doch schon angelegt.

Die Zukunft heißt »Netzwerke«

In vielen Bereichen von Wirtschaft, Wissenschaft und Kultur ist mittlerweile ein globales Netzwerk vorhanden. Die Werbung, die ja oft als Trendsetter fungiert, hat die Zeichen der Zeit längst erkannt. So wirbt Stuyvesant mit einer groß angelegten *»Come together«*-Kampagne, die DG-Bank mit dem Wir-Prinzip (*»Der Weg, gemeinsam zu gewinnen«*), und der Modehersteller Esprit prägte den Satz *»auch für andere da sein, nicht nur für sich selbst«*. Der als Zeitgeist-Vorreiter angefeindete Luciano Benetton fordert seine Kunden sogar auf, gebrauchte Kleider in den Filialen seines Strickwaren-Imperiums abzugeben, damit sie an Arme und Bedürftige weitergereicht werden können. Dem neuen Bedürfnis nach partnerschaftlichen Lösungen trägt ein Prinzip Rechnung. Es nennt sich *»Win-win-Strategie«*.

Was ist die Win-win-Strategie?

Partnerschaftlicher Ausgleich

Im partnerschaftlichen Ausgleich liegt die Basis für ein erfolgreiches und friedliches Zusammenleben. Die Win-win-Strategie überträgt dieses partnerschaftliche Prinzip auch auf das Wirtschaftsleben. Statt des unzeitgemäßen »Entweder-oder« muss das Motto bei Verhandlungen lauten: »Sowohl als auch«. Beide Partner sind sich des gegenseitigen Vorteils, den ihnen ihr Zusammenwirken bringen wird, bewusst.

Der Respekt vor dem anderen fällt Ihnen umso leichter,
- je selbstsicherer Sie sind
- je weniger Sie sich in Abgrenzung zu anderen, sondern vielmehr durch Ihre selbstbewusste Identität definieren

- wenn Sie Ihren Geschäftspartner als Bereicherung ansehen.

Win-win bedeutet: Beide Seiten gewinnen, es gibt keine Verlierer.

Beispiel:
Sichtbar wird das Prinzip am berühmten Beispiel des Gefangenendilemmas: Zwei mutmaßliche Straftäter werden nach ihrer Verhaftung getrennt voneinander verhört. Man ist sich sicher, dass die beiden eine Bank ausgeraubt haben, aber es fehlen die Beweise. Da beide Waffen bei sich trugen, könnten sie aber auf jeden Fall wegen unerlaubten Waffenbesitzes angeklagt werden. Beide Verdächtigen haben keine Möglichkeit, miteinander zu sprechen. Nachdem sie nacheinander verhört worden sind, werden ihnen einzeln ihre jeweiligen Chancen eröffnet, das heißt, es wird ihnen erläutert, welches Strafmaß sie bei einer Verurteilung zu erwarten haben, falls sie gestehen oder nicht gestehen.

Gefangenendilemma

- *Gesteht keiner, werden sie nur wegen Waffenbesitzes verurteilt (ein Jahr).*
- *Gestehen beide, bekommen sie eine Strafe von acht Jahren.*
- *Gesteht aber nur einer, so bekommt er als Belohnung für seine Kooperation nur drei Monate, während der andere mit zehn Jahren Gefängnis zu rechnen hat.*

Wenn also beide beichten, so erhalten sie jeweils eine Strafe, die fast so hoch ist wie die Strafe für denjenigen, der nicht gestanden hat, aber vom anderen belastet wurde. Da die Gefangenen nicht miteinander sprechen können, müssen sie darüber nachdenken, was der jeweils andere wohl tun wird. Verrät der eine den anderen, so kommt er mit drei Monaten davon, würde seinen Kollegen aber für zehn Jahre hinter Gitter bringen. Die Win-win-Lösung, die beiden nur ein Jahr Zuchthaus einbringen würde, ergibt sich, wenn beide dichthalten. Sie müssten dazu aber erkannt haben, dass man sein egozentrisches Wesen überwinden kann, um sich dem Gewinn für ein Team, dessen Teil man ist, zu öffnen.

Die Spielregeln für unseren Alltag basieren aber leider noch viel zu oft auf der falschen Prämisse, dass es Gewinner und Verlierer geben muss. Mit Win-win gewinnen jedoch beide Seiten.

Nur gemeinsam bin ich stark – Voraussetzungen für Win-win-Strategien

Was sind die Grundlagen für eine erfolgreiche Win-win-Strategie?

Selbsterkenntnis
Am Anfang steht die Selbstfindung des Einzelnen. Dazu gehört:
- das Ausloten eigener Bedürfnisse
- das Auswerten eigener Erfahrungen
- die Berücksichtigung eigener Erfolgsfaktoren (Talente, Stärken, Interessen).

3 Aspekte der Selbsterkenntnis

Diese Selbstbefragung sollte auf jeden Fall drei Aspekte beinhalten:
- Was machen Sie am liebsten?
- Was können Sie am besten?
- Womit können Sie anderen den größtmöglichen Nutzen bieten?

Es entsteht nun ein dreifaches Win-win, weil
- die eigene Motivation gewinnt, da man das tut, was man am liebsten machen will
- die eigenen Talente gewinnen, weil man das macht, womit man sich am besten entfalten kann
- die anderen gewinnen, weil ihnen von Ihrer Seite Nutzen geboten wird.

Das Team sollte also nicht von Menschen gesucht werden, die sich von ihm die Lösung privater Probleme erhoffen (auch wenn dies nicht selten der Fall ist). Vielmehr sollten reife Persönlichkeiten die Vorteile eines Teams nutzen. Menschen, die erkannt haben, dass sich ein Leben ohne Niederlagen führen lässt; ein Leben, in dem jeder gewinnt, der den Mut hat, das »Andere« mit dem »Eigenen« zu verbinden und jedes »Andere« als Bereicherung aufzufassen.

Kommunikative Kompetenz
Erfolgreiche Kommunikation zeigt sich in der Fähigkeit, sowohl den verbalen als auch den nichtverbalen Aspekt einer Aussage

wahrzunehmen und einzuordnen. Wortwahl, Form, Tonlage, Mimik, Körperhaltung etc. dringen so stärker in unser Bewusstsein.

Zuhören können

Ein wichtiges Kriterium kommunikativer Kompetenz ist das Zuhören-Können beziehungsweise die Fähigkeit, sich in die Lage anderer hineinzuversetzen. In unserer Kultur pflegen wir Beziehungen zu wenig. Zudem haben viele Menschen Angst vor dem Zuhören. Viele Menschen neigen zu Monologen, weil sie Angst davor haben, die Position des anderen wahrzunehmen – sie könnte ja von der eigenen Meinung abweichen und so zum Konflikt führen. Man verschließt sich dem anderen und sagt ihm lieber, welche Wege er einschlagen sollte. Diese einseitige Kommunikation macht Win-win-Annäherungen von vornherein unmöglich und führt dazu, dass weder Konflikte geklärt noch konkrete Lösungen für echte Gemeinsamkeiten gefunden werden.

Für einen zukünftig nachhaltigen Erfolg in Wirtschaft und Beruf bedarf es – wie im Privatleben auch – einer ausgefeilten Kunst des Zuhörens. Um ein Win-win-Partner zu werden, ist es nötig, folgende Techniken zu beherzigen:

- Hören Sie genau auf das, was der andere zu sagen hat. Dies erfordert zunächst eine entspannte Haltung. Zudem müssen Sie nicht sofort auf das Gesagte reagieren, das bloße Zuhören reicht für den Anfang.
- Gleichzeitig üben Sie sich darin, das Gehörte nicht mit Vorurteilen zu filtern (»Das habe ich mir schon gedacht!«); besser öffnen Sie sich den neuen Informationen, von denen Sie profitieren können.
- Achten Sie auf die Körpersprache des Gegenübers. Gerade die symmetrische oder auch spiegelbildliche Körpersprache zeigt nicht nur Ihrem Unterbewusstsein, sondern auch Ihrem Gegenüber, wie viel Win-win-Harmonie in diesem Dialog praktiziert wird.
- Schweigen Sie, es sei denn, Sie stellen Fragen. Dies bedeutet natürlich nicht, dass Sie gänzlich stumm sein sollen. Vermeiden Sie allerdings Monologe! Durch geschickte Fragetechnik (*»Wer fragt, der führt«*) können Sie Ihr Gegenüber gezielt zu der Informationsweitergabe

veranlassen, die Sie gerade benötigen. Da dies Ihrem Gegenüber aber Befriedigung und Anerkennung bringt, haben Sie ohne viel Aufwand eine Win-win-Beziehung hergestellt.

Klare Artikulation Schließlich muss sich, wer Win-win-Strategien kommunikativ kompetent umsetzen will, eine klare und unmissverständliche Artikulation angewöhnen.

Um sich nicht festlegen zu müssen, werden häufig vernebelte Informationen vermittelt. Mit Wendungen wie »wir werden sehen« oder »es wäre schön« soll versucht werden, sich der Notwendigkeit zu entziehen, eine Position einzunehmen, die als Basis für einen Win-win-Abschluss nötig ist. Wer echte Lösungen erreichen will, für den ist es unerlässlich, den Mut aufzubringen, über den Weg der offenen Auseinandersetzung Win-win-Positionen gezielt anzustreben.

Der bewusste Umgang mit dem Wortschatz ist unendlich wichtig für Ihre eigene unterbewusste Wahrnehmung beziehungsweise die Ihres Gegenübers – schließlich soll der andere ja zum Partner werden. Im beruflichen wie privaten Alltag gehen Menschen oft gedankenlos mit ihren Worten um. Sie benutzen Wörter wie »ein bisschen«, »zumindest«, »mühsam« etc. und vermitteln damit ihrem eigenen Unterbewusstsein und dem ihres Gegenübers, dass sie sich keine großen Ziele setzen. Sie machen sich damit selbst kleiner, als sie sind, statt auf das von ihnen Erreichte stolz zu sein. Die daraus resultierende Unzufriedenheit bleibt so lange bestehen, bis sie sich trauen, mehr von sich und von ihrem Leben zu fordern.

Positive Selbstdarstellung ohne Negativworte und ohne Konjunktive wirkt auf zweifache Weise: Nach innen erzeugt sie eine Win-win-Einstellung, nach außen ein Win-win-Image. Innere und äußere Einstellung bedingen sich dabei gegenseitig.

Powertalking

Sagen Sie (sich) statt:	jetzt:
»man«	»ich«
»Ich möchte«	»Ich werde, ich will«
»Es wäre schön«	»Wir werden«
»Ich glaube (nicht)«	»Ich denke (nicht)«
»Ich suche«	»Ich finde«
»Ich versuche«	»Ich mache«
»Ich kann nicht«	»Ich will nicht«
»Ich behaupte«	»Ich betone«
»Krise«	»Chance«
»Problem«	»Herausforderung«
»Möchten Sie ...?«	»Ich empfehle Ihnen ...«
»Es geht nicht«	»Es ist nicht einfach, aber«
»Das war Glück«	»Das ist mir gelungen«
»Ich hatte Pech«	»Anders ist es besser«
»Ich kann noch nicht«	»Ich erarbeite mir gerade«
»Sie sollten mal«	»Ich wünsche mir von Ihnen«

In einer Verhandlung ist kommunikative Kompetenz auf beiden Seiten erreicht, wenn
- beide sagen: »Gut, dass wir zusammenarbeiten«
- beide miteinander ins Geschäft kommen, sodass beide »ein Geschäft machen«
- beide nach einem Geschäft mehr Energie verspüren als vorher.

Win-win-Ziele gemeinsam festlegen
Auf einer solchen partnerschaftlichen Basis ist es bei einer Win-win-Verhandlung entscheidend, gemeinsam eine Zielsetzung festzulegen. Notwendig ist,
- das gemeinsame Win-win-Ziel zu finden
- den dazu gehörenden Win-win-Weg zu finden
- die entsprechende Energie und Geduld aufzubringen, um den Weg tatsächlich zu gehen und damit das Ziel auch wirklich zu erreichen.

Wenn die Energie zielgerichtet eingesetzt wird, werden Schritt für Schritt die Etappen-Leistungsziele erreicht, wobei man sich vor Augen halten sollte, dass der beiderseitige Gewinn nur ein Nebenprodukt ist. Der Erfolg, das Geld, die Anerkennung – alle Formen von Belohnung – kommen automatisch, wenn das richtige, weil angemessene Ziel erreicht ist, wenn »es passt«.

Verhandlungsgrundlagen bei Win-win-Gesprächen

5 Aspekte einer Win-win-Verhandlung

Das Prozedere einer Win-win-Verhandlung beinhaltet fünf wesentliche Aspekte:

– Verständnis herstellen. Auch bei Differenzen müssen Sie Ihrem Geschäftspartner das Gefühl vermitteln, dass Sie ihn akzeptieren.
– Beziehung herstellen. Die Beziehung sollte wohlwollend, aber zurückhaltend professionell gestaltet werden.
– Höflichkeit pflegen. Den anderen ausreden zu lassen, auf seine Fragen, Befürchtungen, Vorschläge, Ideen einzugehen ist ebenso wichtig wie Blickkontakt zu halten sowie durch Körpersprache Zuwendung zu zeigen.
– Betonung von Gemeinsamkeiten. Trotz aller Gegensätze: Arbeiten Sie Gemeinsamkeiten und Übereinstimmungen heraus, denn das Verbindende stärkt beide. Und je mehr positive Gemeinsamkeiten Sie mit Ihrem Geschäftspartner teilen, umso sympathischer wird er Sie finden.
– Ein gutes Ende finden. Was klingt in Ihrem Verhandlungspartner nach, wenn er Ihr Büro verlassen hat? Mit Sicherheit Ihre letzten Sätze und der Tenor Ihrer Abschiedsworte!

Gesundheit

Damit Sie auf Dauer Win-win-Erfahrungen machen können, brauchen Sie eine stabile Gesundheit – sowohl körperlich als auch seelisch und geistig. Leben Sie so, dass Ihr Körper und Ihre Psyche gewinnen.

Sich öffnen

Öffnen Sie Ihre Wahrnehmung nach außen und nach innen. Ihre innere Wahrnehmung erschließt intuitiv Informationsquellen für Ihre Entscheidungen.

Partnerschaft und Freundschaft
Ihre innere Balance, also das dynamische Gleichgewicht typischer innerer Ambivalenzen, bleibt dann stabil, wenn sowohl Ihr emotionales als auch Ihr soziales Selbst entfaltet wird. Nach dem Motto »beruflich Profi – privat Amateur« besteht die Gefahr darin, dass die leistungsfreien Persönlichkeitsbereiche nicht adäquat entwickelt werden.

Innere Balance

Die Win-win-Strategie in der Praxis:
Vier Eckpunkte für Ihre persönliche Verhandlungsstrategie

In den meisten Berufen werden täglich Verhandlungen geführt – ob mit Ihren Vorgesetzten, mit Kollegen oder in anderen Situationen. Egal, ob man ein Anliegen oder ein Interesse verfolgt oder sich umgekehrt jemand von sich aus um Kooperation mit uns bemüht. Das »Harvard Negotiation Project« beschreibt, wie es möglich ist, fairen Umgang und für beide Seiten zufrieden stellende Ergebnisse zu entwickeln – auf der Grundlage von Vorteilen, die faires und sachgerechtes Verhandeln mit sich bringt. Das Konzept beinhaltet vier wesentliche Kernaspekte, die es sowohl Ihnen wie Ihrem Gegenüber ermöglichen, zu Gewinnern werden.

Fairness

1. Menschen und Probleme getrennt voneinander behandeln
Bei jeder Verhandlung muss man sich im Klaren darüber sein, dass jeder Verhandlungspartner zwei Grundfragen hat
– Mit wem verhandle ich?
   Was kann ich tun, um den anderen zum Zuhören zu bewegen? Welche Beweggründe hat er, was habe ich von ihm zu erwarten, welches Angebot könnte ihm verlockend erscheinen?
– Um welche Sache wird verhandelt?
   Welcher Aufwand lohnt sich, was ist mir die Sache wert, was erwarte ich vom Angebot der Gegenseite?

2. Nicht Positionen, sondern Interessen in den Mittelpunkt stellen
»Position« ist im Sinne von »Wer ist stärker?« gemeint. Dabei geht es egobezogen darum, dem anderen die eigene Macht zu demonstrieren, ihn »weich zu klopfen«. Ein solches Vorgehen kann

Machtkämpfe vermeiden

zeitraubend und ineffektiv sein, da es die eigentlichen Beweggründe und Interessen verdeckt und eher beiderseitiges Unverständnis fördert, als der Lösung des Problems dienlich zu sein.

Beide Parteien sind von ihren speziellen Interessen geleitet; beide haben den Wunsch, diesem Interesse so gut wie möglich gerecht zu werden. Ist nun eine der Parteien (oder sind beide) zu sehr auf ihre Interessen fixiert, kann dieser Umstand dazu führen, dass sich jede auf ihre Position versteift. Man kann sich nicht einigen – Misstrauen und Frustration sind die Folge. Unweigerlich wird der Punkt erreicht, an dem keiner mehr nachgeben und so das Gesicht verlieren möchte. Dies lässt sich vermeiden, indem man sich schon vor den Verhandlungen klar darüber wird, dass es darauf ankommt, einen Weg zu finden, der die Interessen beider Seiten befriedigt.

Sind die Interessen der Gegenpartei verdeckt, muss man nach den Beweggründen fragen. Der Versuch, sich in den anderen hineinzuversetzen, kann zu einem größeren Verständnis für die Einstellung der Gegenseite führen. Es fällt dann leichter, Lösungsvorschläge zu entwickeln, mit denen beide konform gehen können. Bei verdeckten Interessen kann es sich schlichtweg um menschliche Grundbedürfnisse handeln, die bei Verhandlungen leicht außer Acht gelassen werden: Sicherheit, wirtschaftliches Überleben, Zugehörigkeitsgefühl, das Bedürfnis nach Anerkennung oder Selbstbestimmung.

3. Entwickeln Sie Entscheidungsmöglichkeiten zum beiderseitigen Vorteil
Bei der Entwicklung von Optionen stellen sich oft vier Haupthindernisse ein:

- *Vorschnelles Urteilen*
  Herrscht Spannung oder können Uneinigkeiten nicht bereinigt werden, lassen sich die Verhandlungspartner zu raschen und wenig überdachten Einschätzungen eines Problems hinreißen. Entwickeln Sie stattdessen kreative Wahlmöglichkeiten und ermöglichen Sie deren Diskussion, bevor es zu unbefriedigenden Entscheidungen kommt. Dabei empfiehlt es sich, das Optionen-Fin-

den von dem eigentlichen Verhandlungsprozess selbst abzukoppeln. Auf diese Weise wirkt man bereits dem zweiten Hindernis einer gemeinsamen Lösung entgegen: der

- *Annahme, der zu verteilende Kuchen sei endlich* **Optionen offen halten**
  Die Sorge, dass man als Verhandler nicht genügend »rausholen« könnte, führt oft dazu, dass man viele Möglichkeiten außer Acht lässt. Deswegen sollte man versuchen, die Zahl der Optionen zu vermehren. Dazu bietet sich ein umfangreiches Brainstorming an: Dies kann nach folgenden Kriterien durchgeführt werden:
  • Wo liegt das Problem?
  • Analyse des Problems, Auflistung der möglichen Ursachen, Feststellung, welche Hindernisse einer Problemlösung entgegenstehen
  • Strategien und Rezepte entwickeln, theoretische Abhilfe durchdenken, Pool an Ideen zu den Konsequenzen kreieren
  • Welche Ideen sind am sinnvollsten, welche am effektivsten? Einzelne Schritte zur Problemlösung entwickeln.
  Mit diesem Brainstorming wappnen Sie sich gegen ein weiteres Hindernis auf der Suche nach Lösungen: der Vorstellung, es gebe nur »eine« Lösung.

- *Die Suche nach dem Königsweg*
  Halten Sie nach Vorteilen für beide Seiten Ausschau. Eine Verhandlung verläuft am kreativsten und man kann sich der Unterstützung der Gegenseite sicher sein, wenn man sich dazu bereit erklärt, der anderen Seite die größten Vorteile einzuräumen, sie in den Lösungsprozess zu integrieren, ihren Standpunkt mit einzubeziehen und ihr dieselben Möglichkeiten für einen zufrieden stellenden Verhandlungsanspruch einzuräumen, die man sich selbst zubilligt. Für den anderen mitdenken zu können bedeutet auch immer, für sich selbst den Anspruch erheben zu dürfen, dass die Gegenseite nicht auf ihrem Standpunkt beharrt. Dies ist auch das beste Mittel gegen Haupthindernis vier:

- *Die Vorstellung, dass die anderen ihre Probleme alleine lösen können*
  Vor allem in Stresssituationen neigt man dazu, zu sagen: »Ich selbst muss meine Probleme lösen, weshalb soll ich dem anderen dabei behilflich sein?« Dabei gerät oft in den Hintergrund, dass man sich ja gerade deswegen zu Verhandlungen getroffen hat, um ein Problem zu lösen, das man gemeinsam hat. Deshalb sollte man die Lage auch immer aus dem Blickwinkel des anderen betrachten können.

Zu guter Letzt gilt in Verhandlungssituationen:

4. Bestehen Sie auf der Anwendung neutraler Beurteilungskriterien!

Konzentration auf die Sache

Wie bereits beschrieben, kommt man zu unbefriedigenden Lösungen, wenn jeder nur auf seinem Willen besteht. Um objektive Kriterien zu finden, konzentriert man sich am besten auf die Sachlage. So findet man Entscheidungskriterien, die den geringsten Druck auf eine oder beide Parteien ausüben. Beispiele für solche Objektivkriterien sind Gegebenheiten wie aktueller Marktwert, Statistiken, wissenschaftliche Gutachten, frühere Vergleichsfälle, Kosten, mögliche Gerichtsurteile, moralische Vorgaben, Tradition, die Gebote der Gleichbehandlung und Gegenseitigkeit. Beim Verhandeln mit objektiven Kriterien gibt es drei Grundprinzipien:

- Funktionieren Sie jeden Streitfall zur gemeinsamen Suche nach objektiven Kriterien um.
- Argumentieren Sie vernünftig – und seien Sie selber offen gegenüber solchen Argumenten, die auf einsichtigen Kriterien beruhen.
- Geben Sie niemals irgendwelchem Druck nach, beugen Sie ich nur sinnvollen Prinzipien!

Verhandlungsjudo

Und was, wenn die Gegenseite auf ihren Verhandlungspositionen beharrt? Dann wenden Sie das so genannte *»Verhandlungsjudo«* an: Bei Angriffen nicht zu Gegenangriffen übergehen, weil Sie sonst selbst beim Feilschen um Positionen enden. Wenn die anderen ihre Position bekräftigen oder Sie persönlich angreifen, dann reagieren Sie nicht darauf. Weigern Sie sich, diese Kränkungen zur Kenntnis zu nehmen, gehen Sie einen Schritt zur Seite und lenken Sie die Aufmerksamkeit wieder auf das Problem.

Wir-Gefühl im Beruf erzeugen

»*Behandle deinen Mitarbeiter so, wie du möchtest, dass er deine Kunden behandelt*« – so lautet ein bewährter Win-win-Grundsatz von mir für Führungskräfte. Auf diese Weise wird die Identifikation mit der Firma erhöht, und das führt erwiesenermaßen zu mehr Umsatz.

Obwohl die Bindungen am Arbeitsplatz heute kurzlebiger werden, ist es nötig, gerade an dem Ort, an dem man die meiste Zeit des Tages verbringt, Integration und Akzeptanz anzustreben. Dabei ist es wichtig, drei Aspekte besonders zu beachten:

- die räumlich-zeitliche Überschaubarkeit der Arbeitsstätte samt ihrer Mitarbeiter
- die persönliche Beziehung der Kollegen untereinander und zu den Führenden
- eine klare Rollenverteilung auf die einzelnen Mitglieder des Unternehmens.

3 Aspekte der Mitarbeiterintegration

Es ist sinnvoll, ein Wir-Gefühl im Unternehmen zu entwickeln, auch wenn man nicht mit jedem Kollegen gleich die Freizeit verbringen möchte. Denn ein gutes Betriebsklima wirkt sich direkt positiv auf Ihr Privatleben aus. Auf der anderen Seite kann man der Unzufriedenheit durch mangelnde Integration entgegenwirken, indem man versucht, sich auf folgende Punkte hin zu überprüfen:

- Fragen Sie sich, welche Bindungen wirklich wichtig sind.
- Werden Sie sich im Klaren darüber, dass jeder in der Masse schwimmt und das Bedürfnis nach Integration und Angst vor dem Ausgeschlossenwerden hat.
- Nehmen Sie sich die Zeit für das Gespräch mit anderen, um sich über die eigene Kompromissfähigkeit und die (Nicht-)Übereinstimmung klar zu werden.

- Bedenken Sie die Ziele, die sich in einer Gruppe besser verfolgen lassen als allein.
- Versuchen Sie, Ideen, Gedanken und Bedürfnisse nicht aus Angst vor Ablehnung für sich selbst zu behalten, sondern lernen Sie, diese einem anderen so vor Augen zu führen, dass er oder sie die möglichen Gemeinsamkeiten erkennt.
- Finden Sie Kompromisse für sich selbst und mit anderen, um ein verstärktes Zusammenwirken zu ermöglichen.
- Loten Sie aus, welche Art des Zusammenwirkens Ihnen selbst Freude bereitet und wie negative Aspekte in den Hintergrund treten können, weil die gemeinsamen Erfolgserlebnisse überwiegen.
- Bauen Sie mit den Menschen, von denen Sie anerkannt werden möchten, ganz bewusst ein Wir-Gefühl auf.

Future-Skills

Mentale Energie Für die Bewältigung zukünftiger Entscheidungen brauchen wir mehr denn je mentale Energie und Konzentration. Da darf kein einziges Glied der Entscheidungskette blockiert werden durch Ängste oder Verantwortungsscheu. Selbstverständlich gibt kein Manager gerne zu, Angst zu haben, sondern sagt lieber laut, er sei Realist, in dessen Leben Angst keinen Platz habe. Tatsache aber ist, dass

- »Ängste vor morgen« die Industrie jährlich Milliarden kosten, weil wichtige Entscheidungen verschoben werden
- Ängste in unseren Zeiten der Fusionen und anderen ständigen Marktveränderungen eine ganz natürliche Reaktion auf die damit ausgelöste Verunsicherung darstellen
- die Geschwindigkeit, die Informationsfülle und die Konsequenzen der Globalisierung für jeden noch zunehmen werden.

Hier können die für jeden Motivierten erlernbaren *Future-Skills* in Form von *Selbsterkenntnis, Menschenkenntnis, Entfaltung der eigenen Persönlichkeit, Optimierung der kommunikativen Kompetenz* etc. nicht nur subjektiv ein Gefühl von persönlicher Sicherheit vermitteln, sondern die Wettbewerbsfähigkeit am Markt tatsächlich nachhaltig absichern: *Zukunftskompetenz ist lernbar.**

Zukunftskompetenz

LITERATUR

Lermer, Stephan: *Runter von der Couch, rüber zum Coach.* Bonn 1991
Derselbe: *Ihr Lebenserfolg von A – Z.* In: Die Kunst, Erfolg zu haben. Augsburg 2000
Derselbe: *Die Vision des Erfolges – Mehr Gewinn mit Sinn bei weniger Stress* (Audio-CD). München 2001
Lermer, Stephan / Meiser, Hans Ch.: *Gemeinsam bin ich besser – Win-win-Strategien für Partnerschaft und Beruf.* Frankfurt am Main 1994

* www.future-skills.de
(mit kostenlosem
Persönlichkeits-Test)

Jörg Löhr

Der ehemalige Handball-Nationalspieler und Unternehmensberater gilt heute als einer der profiliertesten deutschen Erfolgs- und Motivationstrainer. Mit seinem Trainingsinstitut JÖRG LÖHR Erfolgstraining betreut er Spitzensportler und Top-Unternehmen wie IBM, Deutsche Telekom, BMW, Karstadt, Mannesmann sowie verschiedene namhafte Banken. Sein Ziel ist eine Verhaltensänderung durch die Aktivierung der eigenen Stärken, mehr Selbstvertrauen, Hingabe und Lebensfreude. Praxisnähe der Inhalte und Professionalität der Präsentation sind seine Geheimrezepte. Schnell findet er einen emotionalen Zugang zu seinen Seminarteilnehmern. Mit seiner positiven Ausstrahlung macht er nur allzu deutlich, was Erfolg wirklich ausmacht: die richtige Einstellung, Optimismus, der Mut zur Grenzüberschreitung. Der WDR beschreibt Jörg Löhr gar als »Superstar der Seminarszene«. 1998 und 2000 wurde er von der Akademie für Führungskräfte zum »Motivationstrainer des Jahres« gewählt.
www.joerg-loehr-erfolgstraining.de

Jörg Löhr
Raus aus der Komfortzone!
Erfolg durch Veränderung

»Leben bedeutet Bewegung. Bewegung bedeutet Veränderung. Und nur, wer bereit ist, etwas zu verändern, wird Dinge bewegen.«

Ständige Veränderung, Bewegung und Wachstum gehören zum Spiel des Lebens. Dieses Naturgesetz erkennen wir am besten bei Pflanzen. Was passiert, wenn eine Pflanze stagniert, nicht mehr wächst? Sie stirbt ab. Das Kapitel Stillstand gibt es im Buch des Lebens nicht. Was für die Pflanze gilt, gilt auch für uns Menschen. Wenn wir aufhören zu wachsen, uns zu entwickeln, dann sterben wir nicht zwangsweise. Doch wir hören auf, das Leben zu erleben, lassen es an uns vorüberziehen, sind Zuschauer statt Akteur im Spiel des Lebens.

Leben heißt Wandel

Dabei ist die Ruhe, der Stillstand doch so angenehm, so bequem, so wunderbar. Handlungsabläufe sind vertraut. Bewegungen eingeübt. Nichts muss überdacht, nichts muss ausprobiert, nichts muss riskiert werden. Ruhig, schön, angenehm, einfach komfortabel. Die Komfortzone. Doch wir arbeiten damit gegen die Natur, gegen das Leben.

> **Denn: Wachstum findet nur außerhalb der Komfortzone statt!** Das wirkliche Leben finden Sie nur, wenn Sie Ihre Komfortzone verlassen. Den Mantel der Bequemlichkeit abstreifen. Für Lebensglück und Erfolg müssen Sie

das Gaspedal richtig betätigen. Mit viel Mut eingetretene Pfade verlassen. Unsicherheit verspüren und Unsicherheit in Sicherheit verwandeln.

Das Leben ist polar

»*Raus aus der Komfortzone*« ist der Satz, den ich meinen Seminarteilnehmern im Geiste immer und immer wieder zurufe. Klar gehören Entspannung und Erholung ebenfalls zu einem erfüllten Leben. Das Leben ist nun einmal polar aufgebaut. Wo es Sonne gibt, gibt es auch Schatten. Wo Tag, da Nacht. Wo Anspannung, da muss auch Entspannung sein. Doch wenn Sie zu lange in Ihrer Komfortzone verweilen, dann wird daraus eine Komfortfalle und diese verhindert, das Leben bewusst zu erleben, zu genießen. Sie ist der größte Feind des menschlichen Potenzials.

Begnügen Sie sich nicht mit der Mittelmäßigkeit. Leben Sie nicht untertourig. Entfachen Sie das Feuer Ihrer Möglichkeiten und machen Sie aus Ihrem Leben den »*Unterschied*«. Nichts ist spannender und aufregender, als die eigenen Fähigkeiten zu entdecken, zu spüren und zu kultivieren.

Sicherlich, das Leben außerhalb der Komfortzone ist anstrengend, verwirrend, teilweise unangenehm und riskant. Doch es ist das einzige Leben, welches wirklich den Begriff »*Leben*« verdient.

»*Es ist besser, einen Tag als Tiger gelebt
zu haben als hundert Jahre als Schaf.*«
Tibetanischer Sprichwort

Warum verharren so viele Menschen in ihrer Komfortzone?

Freude erfahren statt Schmerz vermeiden

Eine Antwort bekommen wir, wenn wir uns überlegen, was unser Verhalten bestimmt. Freude zu gewinnen und Schmerz zu vermeiden. Was, glauben Sie, bestimmt uns mehr? Freude oder Schmerz? Genau – Schmerz zu vermeiden.

Wenn wir nun echten Fortschritt, große Gefühle, außergewöhnliche Erfolge erzielen wollen, dann muss die ein oder andere ungewohnte Situation, vielleicht ein verwirrendes, schmerzliches Gefühl überwunden werden. Immer und immer wieder müssen wir uns entscheiden. Und wie diese Entscheidung ausgeht, wissen Sie bereits. Der Schmerz überwiegt und die Komfortzone lässt grüßen.

Wenn Sie beispielsweise Ihre Raucherkarriere beenden, dann müssen Sie zunächst unangenehme Gefühle durchleiden, die durch den Verzicht auf die tägliche Nikotinzufuhr ausgelöst werden. Fußballeuropameister kann nur die Mannschaft werden, die sich auch quälen kann. Das Jahr 2000 hat dies wieder einmal mehr als deutlich bewiesen. Eine neue Geschmackserfahrung kann nur der gewinnen, der nicht immer beim gleichen Italiener essen geht, sondern auch einmal das afghanische Restaurant im Nachbarort ausprobiert – selbst wenn er nicht weiß, ob der Inhalt der kleinen blauen Schale nur als Tischverzierung dient oder als Gemüsebeilage gedacht ist.

Kurzum: Außerhalb der Komfortzone gilt es Abenteuer zu bestehen. Außerhalb der Komfortzone ist es unbequem. Außerhalb der Komfortzone müssen schwierige, zum Teil auch unangenehme Situationen bewältigt werden. Der Trost: Jede erfolgreich bewältigte Exkursion außerhalb der Komfortzone erweitert diese. Die Belohnung: Abwechslung, Wachstum, Abenteuer, neue Gefühle, Spaß, besser noch »wilder Spaß«, Erfolg. Die wunderbaren Dinge, die das Leben lebenswert machen.

Abenteuer außerhalb der Komfortzone

Wer einmal in einem afghanischen Restaurant gegessen hat, den kann ein zweiter Besuch dort nicht mehr in Aufregung versetzen – aber vielleicht konnte dadurch eine völlig neue Geschmacksintensität erschlossen werden!

Die Herausforderung des Lebens: Veränderung

Veränderungen sind die Keimzellen des Erfolgs. Denn Veränderungen lösen fast immer weitere Veränderungen aus. So können aus kleinen Anfängen große Erfolge entstehen. Die Frage lautet also: Wie funktionieren solche Veränderungsprozesse? Wie setze ich Veränderungsprozesse in Gang, die mein Leben positiv beeinflussen?

Veränderung als Keimzelle des Erfolgs

1. Erhöhen Sie Ihre Ansprüche!

Wer immer nur kleine Brötchen backen möchte, wird auch immer nur kleine Brötchen backen. Die Verinnerlichung eines ehrgeizigen Zieles beeinflusst unser Denken und unser Handeln – macht stark und hilft uns insbesondere auch dabei, die unweigerlich auftauchenden Probleme und kritischen Phasen zu bewältigen.

Kann Michael Jordan Basketball spielen?

Die Karriere des Michael Jordan

Heute würde sich niemand mehr diese Frage stellen – schließlich gilt Michael Jordan als einer der »Götter« des US-amerikanischen Basketballs. Doch früher stellte sich diese Frage in der Tat! Schließlich schaffte Michael Jordan zu Beginn seiner Karriere nicht einmal den Sprung ins »College-Team«. »Kein überdurchschnittliches Talent«, lautete damals das Urteil. Doch einer zweifelte nie an sich: Michael Jordan. Er war von Anfang an überzeugt, »es« schaffen zu können. Und mehr als das. Michael Jordan formulierte für sich seit frühester Jugend den Anspruch, bester Basketballspieler der Welt zu werden. Was ihm wohl – trotz aller anders lautenden Einschätzungen zu Beginn seiner Karriere – tatsächlich gelungen ist.

Der Mensch ist ein adaptives Wesen. Unser Körper, unser System, stellt uns für die zu bewältigenden Aufgaben eine bestimmte Energiemenge zur Verfügung. Diese passt er den entsprechenden Ansprüchen an. Kleine Ansprüche ziehen also unweigerlich eine kleine Energiemenge an, große, erreichbare Ansprüche und Ziele sorgen also auch für ein außergewöhnliches Maß an Energie. Diesen Effekt gilt es zu nutzen!

*»Du musst es erst von dir selbst erwarten,
nur dann wirst du es auch tun und schaffen.«*
Michael Jordan

2. Wechseln Sie Ihre Überzeugungen!

»Ich bin zu jung.« » Ich bin zu alt.« »Früher war alles viel einfacher.« »Ich finde nie den richtigen Partner.« »Ich komme nie aus den Miesen bei meiner Bank.« – Negative Überzeugungen.

Negative Überzeugungen

Überzeugungen sind gewissermaßen persönliche Spielregeln des Lebens. Manche erleichtern uns das Leben, andere wiederum blockieren uns. Objektiv betrachtet sind sie nichts anderes als abgekürzte Bewertungsprozesse unseres Gehirns. Sie helfen uns, schnellere Entscheidungen zu treffen. Hin zur Freude – weg vom Schmerz.

Wie können Sie negative Überzeugungen verändern?

1. Schritt: Bestimmen Sie Ihre negativen Überzeugungen.

Überzeugungen schrittweise ändern

2. Schritt: Hinterfragen Sie Ihre Überzeugungen (»Wie sieht meine Zukunft aus, wenn ich nichts daran verändere?«)

3. Schritt: Ersetzen Sie Ihre negativen durch positive und ermutigende Überzeugungen.

4. Schritt: Suchen Sie nach Beweisen und Erfahrungen für Ihre neuen Überzeugungen. Sie können diese bei sich selbst oder bei anderen Personen finden.

5. Schritt: Visualisieren Sie, wie Sie Ihre neuen Überzeugungen zu Ihren Zielen führen. Visualisieren bedeutet das Umsetzen von Ideen und Zielen in sinnliche Bilder. Sie nutzen dabei das Phänomen, dass Ihr Unterbewusstsein nicht zwischen einer gemachten und einer intensiv vorgestellten Erfahrung unterscheiden kann.

Denken Sie immer wieder daran: Wenn Sie von etwas überzeugt sind, dann haben Sie den ersten Schritt zur Realisierung Ihres Traums getan.

3. Finden Sie eine Strategie!

Entwickeln Sie einen Aktionsplan!

Ansprüche erhöhen und Überzeugungen wechseln – beides ist wichtig, kann aber noch keine Veränderung bewirken. Sie müssen zudem wissen, wie Sie zu neuen Ufern aufbrechen. Entscheidend ist es deshalb, eine Strategie zu entwickeln, einen Aktionsplan, der Punkt für Punkt festlegt, wann und wie die einzelnen Stufen auf dem Weg zu Ihrem Ziel zu erklimmen sind.

Suchen Sie Vorbilder!

Doch was ist zu tun, wenn Sie keine Strategie finden? Halten Sie dann nach Menschen Ausschau, die bereits erreicht haben, was Sie noch erreichen wollen. Beobachten Sie genau, was diese Menschen wie, in welcher Reihenfolge machen. Tun Sie es dann auf die gleiche Art und Weise. Modellieren Sie. Schaffen Sie ein Modell von dem, was Sie gerade mitbekommen haben. Sie werden dadurch schnellere Resultate für sich erzielen.

Und was sollte geschehen, wenn die Strategie nicht zum Erfolg führt? Finden Sie eine neue Strategie oder verändern Sie die bestehende. Falls auch diese nicht fruchtet, dann verändern Sie sie eben erneut. So lange, bis Sie Ihr Ziel erreichen, Ihre Ansprüche befriedigen. Die meisten unserer lieben Mitbürger gehen, wenn eine Strategie nicht funktioniert, den angenehmen, komfortablen Weg. Sie reduzieren ihre Ansprüche. Da ist sie wieder – die Komfortzone.

Zwei Schritte vor – und drei zurück ...?

Stellen Sie sich Herausforderungen!

Wer die Komfortzone verlässt, wird unweigerlich auf Probleme stoßen. Unter Umständen werden sich bestimmte Wege sogar als nicht gangbar herausstellen. Der Wind des Lebens bläst Ihnen zumeist frontal ins Gesicht. Vielleicht sogar unangenehmer, garstiger und rauer, als Sie es sich jemals vorgestellt haben. Nur all zu gerne flüchtet man nun wieder in die windstille Komfortzone. Das Problem dabei: Vorwärts kommen Sie an diesem geschützten Eckchen nicht! Lassen Sie sich durch den Wind motivieren und inspirieren. Denn jetzt können Sie zeigen, was wirklich in Ihnen steckt. Probleme sind Ihre Chance zu wachsen. An der Aufgabe. Mit Ihrer Persönlichkeit.

Probleme sind intelligente Möglichkeiten, um zu wachsen.

Zustand – Verhalten – Resultate

Haben Sie schon einmal jemanden angeschrien, obwohl Sie es gar nicht wollten? Ja? Dann haben Sie erlebt, dass Ihr Zustand Ihr Verhalten bestimmt.

Es ist eigentlich ganz einfach. Sind Sie in einem guten, kraftvollen Zustand, dann treffen Sie bessere Entscheidungen, und das wirkt sich positiv auf Ihre Ergebnisse und Resultate aus. Diese beeinflussen wiederum Ihre Umwelt. Und über das *Lebensgesetz der Resonanz* prägt das wiederum Sie. Ein magischer Kreislauf.

Das Lebensgesetz der Resonanz

Wo müssen Sie also ansetzen?

Natürlich bei Ihrem Zustand. Klar. Guter Zustand. Gute Entscheidung. Gutes Verhalten. Gutes Ergebnis. Leuchtet ein. Sofort fallen uns die destruktiven Methoden zur Zustandsveränderung ein. Alkohol, Nikotin, illegale Drogen. Doch es gibt zwei natürliche Bausteine, die sich gegenseitig und zudem immer unseren Zustand beeinflussen: Die Physiologie. Damit ist der Gesamteindruck gemeint, den wir durch unseren Körper, unsere Atmung, unsere Stimme selbst erzeugen. Im Besonderen die Körperhaltung. Der Blickwinkel. Gemeint ist dabei die Art der Betrachtung, die Bewertung von Sinneseindrücken, die Einstellung, der Fokus.

Die Körperhaltung

Sie können in einem Herzschlag, dem Bruchteil einer Sekunde, Ihre Körperhaltung verändern. Einfach, aber wahr. Wenn Sie sich anders bewegen, eine andere, kraftvolle Körperhaltung einnehmen, ändern Sie Ihren Zustand. Das Gefühl der Mutlosigkeit und Frustration kann sich bei einer energiegeladenen Körperhaltung nicht breit machen.

Positive Beeinflussung über die Körperhaltung

Bewegungsmuster Überlegen Sie deshalb, welche Bewegungsmuster Ihnen Kraft, Mut und Selbstvertrauen geben. Das Ballen der Faust, das Hochreißen der Arme, ein Schlag an die Brust oder das Hüpfen auf der Stelle. Benötigen Sie zukünftig einen guten Zustand, um besondere Aktionen einzuleiten, dann nutzen Sie die Kraft Ihres Körpers, die Kraft der Bewegung.

Der Blickwinkel

Milliarden von Reizen prasseln tagtäglich auf Sie hernieder. Sie nehmen diese Informationen mit Ihren fünf Wahrnehmungskanälen (sehen, hören, fühlen, riechen, schmecken) auf. Was folgt? Ihr Gehirn bewertet die eingehenden Informationen. Gute Bewertung – guter Zustand. Schlechte Bewertung – schlechter Zustand.

> **Sie haben immer die Wahl. Das Leben ist, wie schon erwähnt, polar. Jede Medaille hat zwei Seiten. Die Frage ist nur, welche Seite betrachten Sie? Welche findet Ihren Fokus?**

Das Positive betonen Wenn Sie das Positive suchen und betonen, verändern Sie Ihren Zustand, Ihr Verhalten, Ihre Ergebnisse, Ihre Umwelt und Ihre Körperhaltung. Denken Sie nur an eine vergangene Situation, bei der alles schief ging. Stellen Sie sich diese Situation intensiv vor. Was machen dabei Ihre Mundwinkel, Ihre Schultern, Ihr Kopf, Ihre Körperspannung. Spüren Sie es? Und jetzt switchen Sie um. Holen Sie sich nun eine Situation vor Ihr inneres Auge, bei der Ihnen alles gelang. Sie unaufhaltsam waren. Merken Sie den Unterschied, die Veränderungen?

Nutzen Sie zukünftig die einfachen Möglichkeiten der Körperhaltung und des Blickwinkels zur Veränderung Ihres Zustandes.

Erfolg – welch Zauberwort!

Wer möchte nicht gerne erfolgreich sein? Wen faszinieren sie nicht, die Erfolgreichen? Die, die ihr Leben meistern. Souverän, glücklich, selbstbewusst, harmonisch und doch voller Spannung.

Faszination Erfolg

Erfolg, besser noch Lebenserfolg, fällt Ihnen nicht in den Schoß. Weder durch einen Lottotreffer noch durch eine Erbschaft oder Heirat. Erfolg ist weder Glückssache noch Hexerei. Erfolg muss man wollen und kann man planen. Erfolg ist die Fähigkeit,

- selbst Verantwortung zu übernehmen
- seine Chancen zu erkennen
- Ziele zu bestimmen
- bewährte Strategien und Faktoren zu nutzen
- den Weg zum Ziel zu genießen
- das Beste aus seinen Möglichkeiten zu machen.

Betrachten und nutzen Sie die Faktoren, die für ein erfolgreiches Leben unabdingbar sind. Faktoren, die die Zahlenkombination Ihres Tresors darstellen, der all Ihre Träume und Wünsche beinhaltet.

Erfolgsfaktor Begeisterung

»Wer selbst nicht brennt, kann andere nicht entzünden.« Diesen Satz, der mir noch heute in den Ohren klingt, formulierte unser ehemaliger Außenminister Hans-Dietrich Genscher in einer gemeinsamen Seminarveranstaltung.

Das Feuer der Begeisterung

> **Dieses Brennen, dieses Feuer, diese Begeisterung ist der Unterschied zwischen Verlierern und Gewinnern. Eine Emotion, die dem Herzen entspringt und Außergewöhnliches bewegt. Sie ist das Geheimnis der Erfolgreichen.**

Ob Boris Becker, Michael Schumacher oder Michael Jackson. Sie haben es verstanden, dass nur die absolute Hingabe und Begeisterung ungeahnte Kräfte und Energien freisetzen.

Begeisterung ist das Leuchten im Auge, die Vorfreude und Lust auf eine Sache, die wir für wichtig halten. Begeisterung ist die positive Kraft der Zuversicht, für ein Ziel, für das wir alles geben.

Was begeisternde Menschen auszeichnet

Begeisternde Menschen erkennen Sie auch daran, dass sie selbst das Gewöhnliche mit ungewöhnlicher Begeisterung tun. Begeisternde Menschen entscheiden sich für vollen Einsatz. Ganz oder gar nicht. In ihrer Gegenwart spüren Sie jederzeit diese Hingabe in den Worten, den Gedanken, der Körperhaltung. Diese Menschen setzen sich attraktive Ziele, die sie mit Elan und Enthusiasmus aus der Komfortzone katapultieren. Sie haben verstanden, dass Begeisterung der Vorbote des Erfolges ist. So wie im Alphabet B vor E kommt, so kommt im Leben Begeisterung vor Erfolg.

> »Wenn du begeisterungsfähig bist, kannst du alles schaffen. Begeisterung ist die Hefe, die deine Hoffnungen himmelwärts treibt.
> Begeisterung ist das Blitzen in deinen Augen, der Schwung deines Schrittes, der Griff deiner Hand, die unwiderstehliche Willenskraft und Energie zur Ausführung deiner Ideen. Begeisterte sind Kämpfer. Sie haben Seelenkräfte. Sie besitzen Standfestigkeit.
> Begeisterung ist die Grundlage allen Fortschritts. Mit ihr gelingen Leistungen, ohne sie höchstens Ausreden.«
> Henry Ford

Erfolgsfaktor Mensch

Probleme gemeinsam lösen

Menschen sind Ihre größte Kraftquelle. Wer ganz ohne fremde Hilfe erfolgreich sein möchte, macht es sich nur unnötig schwer. Gemeinsam können Widerstände viel einfacher überwunden, Probleme wesentlich leichter gelöst und oft Erfolge überhaupt erst erzielt werden. Wie im Radsport können sich die Mitglieder eines eingespielten Teams bei der so genannten »Führungsarbeit« abwechseln, Kraft sparen und sich dadurch die Arbeit ganz wesentlich erleichtern. Siege überhaupt erst erringen.

Es gibt immer Menschen, die Ihnen helfen können, Ihre Ziele schneller und einfacher zu erreichen.

Der Autor Kevin Kelly hat ein sehr schönes Symbol für das 20. Jahrhundert gefunden. Das Atom. Das Atom schwirrt allein umher. Es ist eine Metapher für Individualität. Doch das Atom gehört der Vergangenheit an. Das Symbol des jetzigen Jahrhunderts ist das Netz. Das Netz Ihrer Beziehungen, Ihres Teams entscheidet heute und in Zukunft über Erfolg oder Misserfolg. Mehr denn je wird man spüren:

Wer alleine arbeitet, addiert, wer gemeinsam arbeitet, multipliziert.

Bauen Sie sich ein Team von Mitspielern auf. Schaffen Sie ein Netzwerk der Beziehungen. Die Gestaltung Ihres Netzes muss ein aktiver Prozess sein. Denn das Leben ist ein Prozess gegenseitiger Beeinflussung, und die Menschen in Ihrem Umfeld beeinflussen und prägen Sie. Übernehmen Sie also die Verantwortung für Ihr persönliches »Dream-Team« und gestalten Sie Ihre Umgebung nach Ihren Vorstellungen. Gehen Sie in sieben Schritten zu Ihrem »Power-Team«.

Bauen Sie ein Team auf!

1. **Bestimmen Sie Ihr Ziel.** Verdeutlichen Sie sich, wohin die Reise geht. Beantworten Sie sich die Frage: Wo will ich hin?

2. **Machen Sie eine Standortanalyse.** Werden Sie sich klar, mit wem Sie sich zurzeit umgeben. Helfen Ihnen diese Menschen auf dem Weg zu Ihrem Ziel?

3. **Ziehen Sie Konsequenzen.** Überlegen Sie, wie Sie sich nach dem Treffen mit den einzelnen Teamspielern fühlen. Wenn dies auf Dauer negativ ist, dann entwickeln Sie den Mut, sich von Menschen zu trennen, die Sie in Ihrer Entwicklung behindern. Diese Menschen sind oft die Quelle Ihrer Probleme.

4. **Stellen Sie sich Ihr »Dream-Team« zusammen.** Verdeutlichen Sie sich, wen Sie gerne im Team hätten. Wer Sie voranbringt und wer Ihnen neue Ideen, Energien und Sichtweisen gibt.

7 Schritte zum Power-Team

5. **Nehmen Sie Kontakt auf.** Finden Sie Antworten auf die Fragen: Wer kennt die entsprechende Person? Wie kann ich sie kennen lernen?

6. **Erbringen Sie Vorleistung.** Ihre erste Frage darf nicht lauten: Was gibt mir diese Person? Sondern vielmehr: Was kann ich für diesen Menschen tun? Um besonderen Menschen etwas bieten zu können, müssen Sie selbst in einer Sache außergewöhnlich sein. Deshalb ist es so elementar, dass Sie Ihre Stärken verstärken.

7. **Pflegen Sie Ihre Teamspieler.** Das Kunststück besteht nun darin, die gewonnenen Kontakte zu pflegen und dafür zu sorgen, dass die Menschen sich in Ihrem Team wohl fühlen. Wenn Sie die Beziehung zu Ihren Teamspielern verbessern wollen, müssen Sie entweder mehr Zeit mit den Menschen verbringen oder die emotionale Intensität zu ihnen steigern.

Wenn Sie diese sieben Schritte konsequent gehen, wird sich Ihr Erfolg vervielfachen.

Erfolgsfaktor Optimismus

> »Optimisten wandern auf den Wolken, unter denen die Pessimisten Trübsal blasen.«

Lassen Sie uns an dieser Stelle nicht über die heile Welt, den Alles-wird-gut-Fatalismus oder das nett gemeinte »Ich bin okay – du bist okay« reden. Lenken Sie Ihre Konzentration vielmehr auf produktives Denken. Auf eine positive Lebenseinstellung. Eine Lebensauffassung, die es schafft, die Situation, das Leben von der besten Seite zu betrachten. Die Kunst, in negativen Momenten das Positive zu suchen, zu erkennen und zu nutzen.

Optimismus ist die Fähigkeit, durch einen aufbauenden Blickwinkel seine Chancen zu sehen, Krisen zu nutzen, an Herausforderungen zu wachsen und vor allen Dingen: ins Handeln zu kommen.

Die Psychoimmunologie hat mittlerweile eine Vielzahl von Beweisen dafür erbracht, dass Optimismus auch zu einer Stärkung der Immunabwehr führt. In einer australischen Studie wurde gezeigt, dass Personen, die einen lustigen Film gesehen hatten, danach ihre subjektive Lebenszufriedenheit höher einschätzten als Personen, die einen traurigen und aggressiven Film gesehen hatten.

Optimismus stärkt die Immunabwehr

Welchen Film des Lebens schauen Sie sich an? *Werden Sie zum Drehbuchautor Ihres Lebens.* Kultivieren Sie ein positives Auftreten und begeistern Sie Ihre Umwelt durch Ihre lebensbejahende, positive Einstellung. Ziehen Sie einen Schlussstrich. Was war, war. Zerbrechen Sie sich nicht den Kopf über das Gestern. Das vergiftet nur. Denken Sie an die Chancen von morgen. Beschließen Sie zukünftig, aus jeder Situation das Beste zu machen. Egal, was geschehen wird.

Halten Sie nach positiven und optimistischen Menschen Ausschau. Das färbt ab. Werden Sie zu dem Menschen, der Sie am liebsten sein würden.

Erfolgsfaktor Selbstdisziplin

Selbstdisziplin ist der Schlüssel zur Selbstkontrolle. Selbstdisziplin verleiht einem Macht über sich selbst. Selbstdisziplin ist die Fähigkeit, den eigenen Willen, die Gedanken und das Verhalten zu kontrollieren. Selbstdisziplin schärft die Konzentration auf das Ziel. Nur mit hinreichender Selbstdisziplin tun wir alles, was für den Erfolg zu tun ist – und tun es dann auch, wenn wir uns nicht danach fühlen. Wie bemerkte es Steffi Graf so treffend: »Viele Mädchen haben das Zeug zu einer großen Tenniskarriere, aber nur wenige haben die Selbstdisziplin, die dazu nötig ist.«

Macht durch Selbstdisziplin

Alles braucht nun einmal seine Zeit. Den richtigen Zeitpunkt abwarten können, auf das richtige Timing setzen – in diesen schnelllebigen Zeiten wird das gerne vergessen. Ungeduld – sie gehört zu den beliebtesten menschlichen Schwächen. Ungeduld kann durchaus eine wichtige und positive Triebfeder zum Erfolg sein. Doch Lebenserfolg verlangt Beharrlichkeit, Ausdauer und Diszi-

Alles braucht Zeit

plin. Jetzt etwas tun und sofort das Ergebnis genießen. Das funktioniert nicht. Ob Walt Disney für seinen ersten Kredit 302 Banken besuchen durfte oder Stefan Raab zwei Jahre warten musste, um die Zustimmung eines Senders für seine erfolgreiche Fernsehproduktion »TV Total« zu erhalten – Geduld und Selbstdisziplin waren immer gefordert.

Der Weg zum Lebenserfolg ist nun einmal kein Fahrstuhl, sondern eine Treppe. Alles braucht seine Zeit. Dies ist ein Naturgesetz, und wie Sie wissen, wachsen Blumen auch nicht schneller, wenn man daran zieht.

Also geben Sie Ihrem Erfolg eine Chance, geben Sie ihm auch Zeit. Ein Diamant ist auch nichts anderes als ein Stück Kohlenstoff, das unter nötigem Druck sein Stehvermögen bewiesen hat.

Erfolgsfaktor Selbstverantwortung

Immer sind die anderen schuld. Der Chef, die Mitarbeiter, das Gebiet oder die Politik. Das Wetter, die Wirtschaftsflaute oder die Eltern, sprich die Erziehung, die Erbanlagen. Wer immer anderen und den unglücklichen Umständen die Schuld zuweist, macht es sich leicht, zu leicht. Er schiebt die Verantwortung ab. Er verschafft sich ein Alibi, er muss sich nicht ändern. Also wird sich nichts ändern – alles bleibt beim Alten.

Doch Ausreden sind beliebt, bequem – und sicher auch menschlich. Denn oft helfen sie, halbwegs das Gesicht zu wahren. »Eigentlich müsste ich ...«, »ich könnte ja mal ...«, »ich sollte vielleicht ... .« Könnte, hätte, müsste, sollte. Bei einem Lebensrückblick können das die traurigen Worte verpasster Chancen sein. Wenn ich genügend Geld hätte, ja dann ... Wenn ich doch mehr Zeit hätte, dann ... Wenn mein Chef nicht so wäre, dann ... Wenn, wenn, wenn ...

Verantwortungs-Abschieberitis Die »*Verantwortungs-Abschieberitis*« ist eine weit verbreitete Krankheit. Wir geben damit das Werkzeug aus der Hand, wirklich etwas zu verändern. Ausflüchte sind bequeme Hintertürchen, aber auch ganz gemeine Fallen, in denen Sie sich selbst gefangen halten. Es ist oft unbequem, selbst Verantwortung zu übernehmen. Doch es ist die einzige Möglichkeit, sein eigenes Leben zu leben – und nicht gelebt zu werden.

Schmeißen Sie alle Ausreden über Bord. Übernehmen Sie die Verantwortung, denn Verantwortung bedeutet Macht. Macht im positiven Sinn. Macht, sein eigenes Leben so zu gestalten, dass wir die Latte unserer persönlichen Ansprüche überspringen. Packen Sie es an. Machen Sie Schluss mit den Ausreden. Machen Sie sich bewusst, dass im Wort Selbstver-antwort-ung das Wort Antwort steckt.

Die erfolgreiche Reise zu Ihren Zielen beginnt an dem Tag, an dem Sie die volle Verantwortung für Ihr Handeln übernehmen.

Erfolgsfaktor Zielklarheit

Ein faszinierendes Wort. *Motivation*. Immer wieder werde ich gefragt: Wie kann ich meine Motivation steigern? Die Frage ist nur zu verständlich, denn Motivation ist diese phantastische Kraft, die unsere Gefühle und Handlungen antreibt, erfolgreich zu sein.

Motivation

Der Ursprung des Wortes Motivation kommt aus dem Lateinischen und bedeutet »sich bewegen«. Die Kraft, die uns in Bewegung bringt. Und dann finden wir noch das Wort »Motiv« darin.

Motivation ist das Motiv für Aktion. Das Motiv, es ist entscheidend – also ein klares Ziel.

Christian Morgenstern brachte es treffend auf den Punkt: *»Wer das Ziel nicht kennt, wird den Weg nicht finden.«*

Orientierungslosigkeit. Mittelmäßigkeit. Unlust. Langeweile und, und, und. All diese frustrierenden Zustände lassen sich nur mit einer klaren Zieldefinition besiegen. Der Persönlichkeitstrainer Brian Tracy drückt dies in Zahlen aus: *»Zielklarheit sind 80 Prozent des Erfolgs.«*

Definition: Erfolg

Erfolg. Im Lexikon heißt es dazu: Erfolg bedeutet das Erreichen von persönlichen Zielen. Somit kann jeder erfolgreich sein, wenn er ein klar definiertes Ziel hat. Kurios, nur 3 bis 4 Prozent der Bevölkerung haben klare schriftlich fixierte Ziele. Über 99 Prozent aber träumen davon, erfolgreich zu sein. Ohne Ziele ist nun einmal der Übergang zwischen Vision und Halluzination fließend.

Ziele sind Erfolgsmagnete.

Kraft durch Ziele

Ziele geben uns die Kraft, um loszulaufen. Ziele zeigen uns in kritischen Situationen des Lebens, wo es langgeht. Ziele signalisieren uns, wann wir etwas erreicht haben. Und das steigert ja bekanntlich das Selbstvertrauen.

Sie können diese Kraft tagtäglich im Alltag erkennen: Wie war es, als Sie die große Liebe erblickten? Ein wunderbares Ziel hatten. Was setzten Sie nicht für Energie frei! Waren immer gut drauf, kreativ, witzig – keine Spur von Müdigkeit. Als das erste Haus gebaut wurde: Was hat man nicht für Reserven mobilisiert. 40 Stunden gearbeitet – na und – und nochmals die selbe Zeit auf dem Bauplatz verbracht. Denken Sie an den ersten Job, vielleicht den Eintritt in die Selbstständigkeit. Was hat man nicht alles bewegt! Welche Kräfte mobilisiert. Aber Sie wussten immer, warum. Sie hatten ein Ziel.

Sie merken unschwer, was ich Ihnen zurufen möchte: *»Ohne klare Ziele läuft nichts.«* Zumindest nichts Außergewöhnliches.

5 Zielbereiche

Wenn Sie nun sagen, okay, ich setze mir klare Ziele, dann denken Sie bitte an alle fünf Zielbereiche. *Persönliche Ziele. Berufliche* und *wirtschaftliche Ziele. Zwischenmenschliche Ziele. Freizeit-* und *luxusorientierte Ziele.* Und *soziale* beziehungsweise *ökologische Ziele.* Vernachlässigen Sie bei der Verfolgung Ihres Zielszenarios keinen dieser Bereiche. Vergleichen Sie Ihr Leben mit einem Fass, welches aus fünf Holzplanken (= Zielbereiche) besteht. Das Fass läuft an der niedrigsten Stelle aus. Achten Sie deshalb auf jeden Ihrer Zielbereiche im Sinne einer ganzheitlichen Persönlichkeit.

Um Ihre Ziele mit Durchschlagskraft zu gestalten, verdeutlichen Sie sich die fünf Voraussetzungen für wirkungsvolle Ziele.

1. Machen Sie Ihre Ziele motivierend und herausfordernd. (Raus aus der Komfortzone!)
2. Formulieren Sie Ihre Ziele positiv.
3. Werden Sie konkret.
4. Legen Sie Ihre Ziele schriftlich fest.
5. Gestalten Sie Ihre Ziele glaubhaft und erreichbar.

Das Gefühl der Gewissheit, dass Sie Ihr Ziel erreichen, sollte bei ca. 50 Prozent liegen. Liegt der Prozentsatz weit darüber, geht von den Zielen keine positive, stimulierende Wirkung aus. Das Ziel ist zu einfach, zu wenig motivierend. Wenn die Prozentzahl zu niedrig ist, ist das Ziel oft zu hoch gesteckt, und das frustriert nur unnötig.

Was ist nun zu tun?

Schaffen Sie die Voraussetzungen für Ihren Erfolg. Entwickeln Sie die Bereitschaft, das Verlangen und den Glauben, dass Sie alles schaffen können, was Sie für denkbar halten. — **Selbstverantwortung**

Berücksichtigen Sie die Voraussetzungen für wirkungsvolle Ziele und schreiben Sie aus einer positiven Stimmung heraus Ihre Ziele entsprechend Ihrer Zielbereiche auf. — **Zieldefinition**

Legen Sie nun fest, bis wann Sie jedes Ziel erreicht haben. Nun fokussieren Sie sich. Nehmen Sie die fünf größten Ziele heraus, die Sie in den nächsten zwei bis drei Jahren zwingend realisieren werden. — **Zeitplan und Fokussierung**

Verdeutlichen Sie sich dann, welche Probleme und Herausforderungen Ihnen auf dem Weg begegnen können und wie Sie damit umgehen. Welche Kenntnisse, welches Wissen, welche Fähigkeiten und welche Menschen können Sie auf Ihrem Weg unterstützen. — **Herausforderungen und Fähigkeiten**

Nun heißt es konkret werden. Legen Sie die genauen Aktionsschritte, Termine und Prioritäten fest. — **Aktionsplan**

Besiegeln Sie Ihr Zielszenario, indem Sie mit sich eine Vereinbarung treffen. Niemals – wirklich niemals – aufzugeben.

Ziele visualisieren

Wenn Sie sich auf dem Weg zu Ihrer Zielerreichung noch Flügel verleihen wollen, dann visualisieren Sie täglich. Vergegenwärtigen Sie sich, wie Sie Ihr Ziel erreichen. Sehen Sie in sinnlichen und emotionalen Bildern, wie Sie es schaffen. Sie aktivieren damit Ihre größte Energiequelle – Ihr Unterbewusstsein.

Denken Sie immer daran: Das Leben stellt seine Ampeln nur für die auf Grün, die wissen, wohin sie wollen.

Erfolgsfaktor T-U-N

All die geschilderten Erfolgsfaktoren können Sie entscheidend unterstützen, um wahren Lebenserfolg zu erzielen. Doch das Zünglein an der Waage stellt der letzte Faktor, das TUN. Die Entscheidung, ob Sie aktiv werden, etwas bewegen – oder nicht. Nichts in diesem Leben wird sich verändern, wenn Sie nicht selbst etwas verändern. Treffen Sie eine Entscheidung. Die Entscheidung, den ersten Schritt zu tun. Ins Handeln zu kommen.

Die Kraft des Momentums

Entwickeln Sie am Anfang sofort ein hohes Maß an Momentum, an Engagement, Kraft und Einsatz. Es geht darum, Halbherzigkeit zu verbannen. Geben Sie Vollgas. Versuchen Sie einmal, einen Wagen im Leerlauf anzuschieben. Zu Beginn brauchen Sie eine große Kraftmenge, um den Wagen ins Rollen zu bringen. Ist das Auto dann in Bewegung, reicht verhältnismäßig wenig Kraft aus, um ihn am Rollen zu halten.

Ein Fehler, dem die meisten Menschen erliegen: Sie gehen gerade am Anfang mit verminderter Energie an die Sache heran. »Man ist sich ja nicht sicher.« Klar, denn bei großen Zielen gibt es keine Sicherheit. Doch:

Halbe Kraft bedeutet nicht halben Erfolg.
Halbe Kraft bedeutet keinen Erfolg.

Die 72-Stunden-Regel

Die Wissenschaft hat festgestellt, dass Menschen bei der Umsetzung von Plänen nur eine relativ kurze Zeit Hingabe und Begeisterung haben, die Ideen anzupacken. Danach sinkt das Interesse an einem solchen Plan so rapide ab, dass er nur noch selten umgesetzt wird.

Deshalb nutzen Sie eine Zahl, die sich in vielen Seminaren und in der Alltagspraxis als magisch erwiesen hat. Die »72«. Alles, was Sie innerhalb von 72 Stunden nach einem Ereignis, zum Beispiel einer Besprechung, einem Seminar oder einer Selbstverpflichtung ins Handeln bringen, hat eine nahezu 99%ige Erfolgsaussicht.

Wenn Sie also Ihre Ziele definiert haben, dann stellen Sie sich die konkrete Frage: Was bringe ich innerhalb von 72 Stunden ins Handeln?

An dem Tag, an dem Sie die volle Verantwortung für sich selbst übernehmen, an dem Sie aufhören, Entschuldigungen zu suchen, an dem Tag beginnt Ihr Weg zum Ziel!

Das Leben als Spiel

Betrachten Sie das Leben als ein Spiel. Und wann sind Sie gut in einem Spiel? Natürlich, wenn Sie Spaß, Freude und Begeisterung verspüren. Beantworten Sie sich die Frage: »Wo will ich hin?« Wenn Sie darauf eine Antwort gefunden haben, dann geben Sie Vollgas. Ohne Wenn und Aber. Leben Sie das Leben so, dass Sie später einmal zufrieden sagen können: »Ich habe das Beste aus meinen Möglichkeiten gemacht. Ich habe richtig gelebt. Verrückt. Spannend. Positiv. Einzigartig. Erfolgreich. Einfach außerhalb der Komfortzone.«

LITERATUR

Löhr, Jörg / Pramann, Ulrich: *So haben Sie Erfolg*. München 1999
Löhr, Jörg / Pramann, Ulrich: *Einfach mehr vom Leben*. München 2000
Löhr, Jörg / Pramann, Ulrich / Dr. Spitzbart, Michael: *Mehr Energie fürs Leben*. München 2000

Sabine Mühlisch,
Jahrgang 1958, Diplom-Sportlehrerin, ist seit 1986 selbstständige Trainerin für Körpersprache und Persönlichkeitsentwicklung mit eigener Firma S.E.S.: Sicherheit – Erfolg – Selbstbewusstsein. Sie war aktive Leistungssportlerin in Rhythmischer Sportgymnastik und entwickelte dabei ein intensives Gefühl für Körperausdruck. An der Deutschen Sporthochschule in Köln studierte sie Sport mit den Schwerpunkten Bewegungsbildung und Psychologie. Erfahrungen im Wirtschaftsleben sammelte sie unter anderem in Verkauf und Organisation beim Sport-Fachhandel, im Telefonmarketing und als Teamleiterin beim Aufbau einer Werbefirma. In der Auseinandersetzung mit der Arbeit von Prof. Samy Molcho hat sie ihre handlungs- und selbsterfahrungsorientierten Trainingsreihen und Seminare entwickelt. Sie lehrt an der FH Konstanz Nonverbale Kommunikation im Kontaktstudium »Master of Business Communication (MBC)«. Ihre Auftraggeber sind Banken und Finanzdienstleister, Industriefirmen, Verbände und Kommunen, Unternehmensberater und Seminaranbieter in Deutschland und der Schweiz.
sabinemuehlisch@gmx.de

Sabine Mühlisch
Die Geheimnisse der Körpersprache
Die Primär- und Seelensprache verstehen und nutzen

Aus dem grafischen Gewerbe stammt der Merksatz, dass die »Form die Information bestimmt«. Das lässt sich so auch direkt auf die Körpersprache übertragen. Die Ergebnisse von A.M. Mehrabian: *Non-verbal Communication Aldine de Gruyter Silent Messages Wadsworth* bestätigen das – demnach haben Worte nur zu 7 Prozent Anteil am Gesamteindruck, den ein Mensch zum Beispiel bei der Begrüßung hinterlässt.

Der erste Eindruck: Gesten wichtiger als Worte

Grundmuster der Begrüßung

Drei typische Grundmuster der Begrüßung machen deutlich, wie sehr uns der körpersprachliche Eindruck beeinflusst.

1. Frisch, forsch, fröhlich … ?

Stellen Sie sich folgendes Szenario vor: Mit festen Schritten geht jemand in betont aufrechter Haltung und mit erhobenem Kopf auf Sie zu. Fest sieht er Ihnen in die Augen. Der Mund ist zu einem gespannten Lächeln geformt. Noch bevor er Sie erreicht hat, schießt seine Hand zur Begrüßung nach vorne – und beschreibt dabei einen leichten Abwärtsbogen in Ihre Richtung.

Ihr Gefühl dabei?

Die dominante Begrüßung

Vermutlich werden Sie eine solche Begrüßung als relativ aggressiv empfinden. Insbesondere die Hand, die eine Abwärtsbewegung beschreibt, wertet das Gegenüber ab und dominiert. Interessant dabei: Selbst freundlichste Begleitworte oder ein objektiv überzeugendes verbales Angebot können an diesem Ersteindruck nur wenig ändern. Ganz instinktiv sehen wir Menschen einen anderen immer als Einheit aus Körper, Stimme und Wort. Stimme macht zwar Stimmung, aber Stimme, sprich ein freundlicher Begrüßungssatz oder ein tolles Angebot, kann ein solch dominierendes, aggressives körperliches Verhalten nicht ausgleichen.

Hinweis:
Dass wir Menschen danach streben, Körper, Wort und Stimme als Einheit wahrzunehmen, zeigt sich unter anderem immer dann, wenn wir mit anderen telefonieren. Instinktiv zeichnen wir von unserem oft unbekannten Gegenüber ein Bild, das zu der gehörten Stimme »passt«. Und sind manchmal sehr enttäuscht (die Täuschung hört auf!), wenn dieses Bild mit der zu einem späteren Zeitpunkt erlebten Realität so gar nichts zu tun hat.

2. Begrüßung mit »Schlabberhändchen«

Die zögerliche Begrüßung

Eine andere Begrüßungssituation ... Stellen Sie sich einmal folgendes Bild vor: Jemand lächelt Sie an, sieht Ihnen auch direkt in die Augen – zugleich zögert er oder sie aber beim Aufeinanderzugehen und überlässt Ihnen die Hand mehr, als dass er oder sie Ihnen diese aktiv gibt. Salopp formuliert hat er oder sie ein »Schlabberhändchen«.

Ihr Eindruck?

Irgendetwas passt da doch nicht zusammen. Das Lächeln und der offene Blick signalisieren: »Ja, ich möchte mit dir kommunizieren.« Die Zögerlichkeit und das »Schlabberhändchen« dagegen bringen zugleich ein relativ deutliches »Nein« zum Ausdruck.

Dieser Mensch ist mit sich selbst nicht im Reinen – oder hat wie viele Menschen ein Problem mit Nähe.

Tipp:
Sie können solch einem Menschen die Begrüßung erleichtern, wenn Sie dabei selbst einen kleinen Schritt zurückgehen. Das gibt Ihrem Gegenüber die Sicherheit, die er oder sie gerne hätte. Re-spekt eben!

3. Hart, aber herzlich?

Eine dritte Variante der Begrüßung: Stellen Sie sich vor, dass jemand, den Sie noch nicht so gut kennen, bei der Begrüßung den Mund öffnet und Sie anlächelt, dann ohne Zögern auf Sie zutritt und Sie kräftig umarmt. Gerade Männer tendieren in solchen Situationen auch dazu, sich »kumpelhaft« auf Schultern oder Arme zu klopfen. Frauen geben mit vorgerecktem Oberkörper »Bussis« auf beide Wangen.

Was empfinden Sie bei einer solchen Begrüßung?

Gerade wenn Sie Ihr Gegenüber noch nicht so gut kennen, werden Sie die vom anderen »erzwungene« körperliche Nähe eher als unangenehm empfinden. Nach Erkenntnis der Verhaltensforschung haben wir Menschen einen engeren Sicherheitsraum von ca. 30 bis 50 cm, in den einzudringen wir Fremden normalerweise nicht gestatten. Wenn dies jemand trotzdem macht, empfinden wir das als »territoriale Überschreitung« – und damit als Aggression. Passend dazu wird die Umarmung auch nicht als Zeichen von Herzlichkeit erlebt, sondern eher als ritualisierte Form des Kräftemessens. Der Schlag auf die Schulter oder auf die Oberarme entstammt dementsprechend auch nicht dem Bedürfnis nach Vertraulichkeit, sondern diente ursprünglich wohl eher dazu, die Kräfte des anderen abzuschätzen, indem die fremden Bizeps oder Schultermuskeln befühlt wurden. Das Bussi-Geben unter Frauen hat ähnliche Funktionen – deutliches Kennzeichen dafür ist der nach hinten verlagerte Po, der den eigenen Schwerpunkt weg von der zu begrüßenden Person rückt. Unter diesen Begleitumständen ist das Lächeln mit offenem Mund übrigens

Die vereinnehmende Begrüßung

nicht als freundliches Begrüßungssignal zu interpretieren, sondern als Signal des Zähnezeigens. Unterschwelliger Tenor: »Ich kann zubeißen, wenn es erforderlich ist!«

Und wie begrüßen Sie andere?

Probieren Sie es doch einmal aus – zum Beispiel im Bekannten- und Freundeskreis. Und beobachten Sie einander. Wer dominiert? Wer zögert? Wer gibt die Hand von oben? Wer gibt ein »Schlabberhändchen«? Wer übertritt die individuelle Schutzzone... ? Sie werden feststellen: Schon bei der Begrüßung bringen wir unbewusst unendlich viel mit unserer Körpersprache zum Ausdruck und stellen Weichen für die folgende Kommunikationsebene.

Unser Körper spricht immer!

Unbewusste Kommunikation

Körper schweigen niemals. Unbewusst kommunizieren wir über die Körpersprache andauernd mit uns selbst und anderen Menschen. Und zwar selbst dann, wenn wir – oder die anderen – das gar nicht wollen. Das trägt ein bestimmtes Risiko in sich, schließlich »verraten« wir anderen über unsere Körpersprache sehr viel von uns, andererseits können auch wir von uns selbst und unseren Gesprächspartnern sehr viel erfahren!

Tipp:
Mit dem Körper zu lügen ist faktisch unmöglich – sollte wohl auch nicht das Ziel der Bemühungen sein, die menschliche Körpersprache zu verstehen. Aber: Durchbrechen Sie doch einmal einzelne, besonders eingefahrene Verhaltensmuster. Und durchkreuzen Sie dadurch die Erwartungshaltung Ihres Gegenübers. Sie werden feststellen, dass Ihnen mit einem Mal (wieder?) die ungeteilte Aufmerksamkeit gilt.

Und wie sieht nun eigentlich eine »neutrale« Begrüßung aus?

Nachdem Sie drei sehr typische, zugleich stark ausgeprägte Begrüßungsrituale kennen gelernt haben, stellen Sie sich wahrscheinlich folgende Frage: Wie sieht nun eigentlich eine »neutrale« Begrüßung aus, die einerseits keine Aggressivität zum Ausdruck bringt, andererseits aber auch nicht zu schüchtern, also unsicher wirkt?

Rufen Sie sich doch dazu folgendes Bild vor Augen: Jemand kommt in einem angemessenen, also nicht zu langsamen, aber auch nicht zu schnellen Tempo auf Sie zu. Stellt sich in ausreichendem Abstand (ca. eine halbe Armlänge = rechter Winkel von Unter- und Oberarm) vor Sie hin. Steht dabei auf beiden Beinen – Schwerpunkt exakt über den eigenen Füßen (»Ich steh zu mir!«). Lächelt Sie an, ohne dabei die Zähne zu entblößen. Schaut Ihnen – nicht zu lange – in die Augen. Ergreift Ihre Hand. Drückt diese – nicht zu schwach, nicht zu kräftig. Zieht Ihre Hand nicht zu sich. Und entblößt damit auch nicht Ihre »Flanke« (was heißt, den Arm des Gegenübers zu sich heranzuziehen, was als äußerst unangenehm empfunden wird). Und mit Sicherheit verstehen Sie sofort, was mit einer solchen Begrüßung zum Ausdruck gebracht wird: Selbstsicherheit ohne Aggressivität, Freundlichkeit ohne Zudringlichkeit, Kontaktbereitschaft, ohne die Tendenz, den anderen zu vereinnahmen.

Die freundliche, selbstsichere Begrüßung

Gerade bei einer Begrüßung werden Sie mit großer Wahrscheinlichkeit alle diese Signale sehr gut »verstehen« – ohne jemals bewusst Körpersprache erlernt zu haben. Stellt sich die Frage:

Sprechen Sie Körpersprache?

Das Erlernen der Körpersprache, also die Verwendung entsprechender nonverbaler Signale, vor allem aber das Verstehen derselben, ist kein aktiver Vorgang. Niemand setzt sich als Kind in eine Schulbank und paukt sich die Vokabeln der Körpersprache ein. Kinder »können« die ersten Körpersprachsignale schon als Säuglinge und lernen alle anderen innerhalb kürzester Zeit unbewusst hinzu. Psychologen und Verhaltensforscher haben festgestellt, dass danach bis zum Ende der Pubertät die Fähigkeit zur nonverbalen Kommunikation (also zum »Sprechen«, aber auch zum »Verstehen« von Körpersprachensignalen) umgekehrt proportional verläuft.

Kinder »können« Körpersprache

In dem Maße, wie die verbale Sprache in den Vordergrund tritt, weicht die nonverbale zurück. Im Laufe der Zeit nimmt diese Fähigkeit des nonverbalen Verständnisses ab – sinkt dadurch auf eine sekundäre Ebene.

Und zwar überwiegend durch die erzieherischen Einflüsse der Erwachsenen. »Zappel nicht so rum« oder »Gib der Tante mal ein Küsschen« oder »Schau mich an, wenn ich mit dir rede« – diese und viele andere Aufforderungen, Wünsche, Befehle und Bitten sorgen dafür, dass die so wichtige Fähigkeit zur nonverbalen Kommunikation verkümmert. In vielen Fällen führt diese Erziehung dazu, dass wir die Körpersprache anderer nicht mehr bewusst, intuitiv verstehen wie Kinder – oder im Laufe der Zeit Widersprüche zwischen unserem Handeln und Sprechen entwickeln.

Hinweis:

Entlarvung durch Körpersprache

Ist Ihnen auch schon aufgefallen, dass kleine Kinder einen siebten Sinn dafür zu haben scheinen, wenn Erwachsene etwas anderes sagen, als sie denken? Dieses Phänomen lässt sich ganz einfach erklären: Da Kinder die Körpersprache noch wesentlich besser wahrnehmen, »hören« sie den inneren Widerspruch aus der Körpersprache der Erwachsenen sehr deutlich heraus. Wer als Erwachsener – zum Beispiel wegen irgendwelcher selbst nicht verinnerlichter Konventionen – zu einem Kind »Nein« sagt, innerlich aber »Könnte mir auch egal sein« denkt, muss sich nicht wundern, wenn sich der kleine Mensch nicht so verhält, wie das verbal von ihm gefordert wurde.

Von alten Vorurteilen und neuen Wahrheiten

Vorsicht vor Pauschalurteilen!

Die Körpersprache anderer Menschen zu verstehen ist gar nicht so schwer, wie vielleicht vermutet. Nur sollten Sie sich dabei mehr von Ihren spontanen Gefühlen leiten lassen – und weniger auf scheinbare »Volkswahrheiten« verlassen. Diese greifen in vielen Fällen deutlich zu kurz. Ein Beispiel:

Die Sprache der verschränkten Arme und Beine

Es gibt wohl kaum jemanden, der nicht zu wissen meint, was vor dem Körper verschränkte Arme oder übereinander geschlagene Beine zum Ausdruck bringen: Ablehnung (Ihres Vorschlags, Ihrer Meinung oder Ihrer Person). Doch das ist falsch! Zumindest in dieser vereinfachten Form. Verschränkte Arme bedeuten nur, dass sich Ihr Gegenüber zurücknimmt (die eigene Hand-lung aktiv zurücknimmt). Deswegen muss er Ihre Position oder Person noch lange nicht ablehnen. Im Gegenteil: Dadurch, dass sich Ihr Gegenüber zurücknimmt, kann er – oder sie – sogar besonders gut zuhören. Verschränkte Arme und übereinander geschlagene Beine sollten Ihnen erst dann zu denken geben, wenn Sie feststellen, dass die Gließmaßen »unter Druck geraten«, mit- und gegeneinander zu »kämpfen« scheinen. Die innere Ablehnung kommt dann in so einem Fall durch den Kampf mit sich selbst zum Ausdruck (der andere möchte/kann etwas sagen = handeln, will aber zum Beispiel nicht unhöflich sein und unterbrechen).

Körpersprache verstehen

Körpersprachensignale sind also nicht eigentlich schwer zu verstehen – sie müssen allerdings schon einigermaßen intensiv beobachtet, also bewusst wahrgenommen und analysiert werden. Hilfreich dabei kann es sein, sich zuerst einmal mit den »Vokabeln der Körpersprache« zu beschäftigen – und auf diese Weise die im Laufe des Erwachsenwerdens verloren gegangene Fähigkeit zum spontanen Verständnis der Körpersprache peu à peu wieder zu erlangen.

Intensiv beobachten

Die Vokabeln der Körpersprache

Die Körpersprache ist ein System einander ergänzender und miteinander in Verbindung stehender Einzelelemente. Körpersprache setzt sich aus insgesamt sechs solchen Subsystemen zusammen:

- Haltung
- Gang
- Sitzhaltung
- Mimik
- Gestik
- Territoriales Verhalten

Die ersten beiden Subsysteme sind dabei als eher statisch einzustufen. Sie können auch als Persönlichkeitsmerkmale bezeichnet werden. Sitzhaltung, Mimik und Gestik dagegen sind wesentlich stärker kommunikativ ausgerichtet – mit diesen Subsystemen wird hauptsächlich mit anderen Menschen »geredet«.

Haltung

Persönliche »Neigung« Fast jeder Mensch ist ein wenig ver-rückt. Kaum jemand nimmt eine Haltung ein, die ein Orthopäde oder Anatom als ausgeglichen bezeichnen würde. Jeder Mensch hat eine bestimmte »Neigung«. Einige sind seitlich ver-rückt, andere haben eine Neigung nach vorne – oder hinten. Wer diese individuelle Neigung erkennt, kann sie sich zunutze machen.

Interessanterweise lässt sich feststellen, dass eine Körper»neigung«, die der eigenen ähnelt, uns andere sympathisch werden lässt.

Antipathie – innere wie äußere – lässt sich daher leichter erkennen und benennen: Hier lebt jemand den Teil, den ich selbst »abgelehnt« habe.

Tipp:
Das Bemühen, eine möglichst gerade und aufrechte Haltung einzunehmen, freut im Übrigen nicht nur die Orthopäden – es sorgt auch dafür, dass man von anderen als »harmonisch, im Gleichgewicht« eingestuft wird. Die gerade Haltung wirkt weder aggressiv noch zurückhaltend. Vorteil: Mit einer solchen Körperhaltung wird die Kontaktaufnahme zu jedem Ver-rücktem möglich.

Gang

Oberflächlich betrachtet, könnte man meinen, dass der Gang eines Menschen nur wenig »körpersprachliche« Aussagekraft hat. Schließlich scheinen die meisten Menschen doch einen sehr ähnlichen Gang zu haben. Das ist allerdings ganz und gar nicht so! Probieren Sie es doch einmal aus: Lassen Sie einen guten Freund oder Bekannten in eine größere Menschenmenge hineinlaufen – und dann still stehen. Im Stillstand wird der Bekannte kaum auszumachen sein – erst wenn er sich wieder bewegt, werden Sie ihn wieder entdecken können. Grund:

Der individuelle Gang

Jeder Mensch hat einen absolut individuellen, nicht zu verwechselnden Gang, der ihn charakterisiert und ganz klar verdeutlicht: »Hier komme ich – und niemand sonst!«

Dieser individuelle Gang ist uns selbst meist überhaupt nicht bekannt – außer wir sind es gewohnt, von anderen gefilmt zu werden. Wir kennen uns allenfalls aus dem statischen Blick in den Spiegel – also anhand unserer Haltung. Das lässt sich zum Beispiel bei Fernsehfachgeschäften beobachten, die eine Videokamera nach außen gerichtet haben und die Bilder auf einen Bildschirm im Schaufenster übertragen. Beim ersten Vorbeigehen brauchen die Passanten – das haben Untersuchungen bestätigt – erstaunlich lange, bis sie sich selbst erkennen. Im Durchschnitt vergehen zwei bis drei Sekunden, ehe realisiert wird, dass es sich bei dem Menschen auf dem Bildschirm um die eigene Person handelt. Zu ungewohnt ist der Blick auf den eigenen Gang.

Sitzhaltung

Die Sitzhaltung ist interessanterweise ganz entscheidend von der jeweiligen Geschlechtszugehörigkeit geprägt. Während es bei einem Mann eher akzeptiert wird, dass er einem Gesprächspartner mit weit gespreizten Beinen gegenüber sitzt, wird ein solches Verhalten bei einer Frau auch heute noch von vielen als vulgär oder gewöhnlich empfunden. In beiden Fällen steckt übrigens das gleiche Empfinden dahinter – das Gefühl, dass in dieser Sitzhaltung die primären Geschlechtmerkmale »präsentiert« wer-

Männer sitzen anders als Frauen

den. Bei Männern wird dies unterschwellig als Machtbeweis (noch?) akzeptiert, bei Frauen hat sich im Laufe der menschlichen Entwicklung dagegen eine Sitzhaltung mit geschlossenen und hin und wieder leicht schräg geneigten Beinen als »Normalhaltung« eingebürgert, bei der das Gesäß deutlicher zur Geltung kommt – was wohl in den Frühzeiten der Menschwerdung als Zeichen guter Aufzuchtqualitäten verstanden wurde. Deutlich wird dieser Ursprung einer solch geschlechtsgeprägten Verhaltensweise unter anderem bei sehr jungen Männern, die zwar auch schon gerne mit breit gespreizten Beinen auf einem Stuhl sitzen – dies aus einem unterbewussten Schutzbedürfnis heraus aber eher rittlings tun, so dass ihnen die Lehne des Stuhls dabei »Deckung« gibt.

Mimik

Die Mimik bringt am deutlichsten zur Geltung, wie und auf welche Weise wir die uns angebotenen Kommunikationsbeiträge anderer Menschen aufnehmen. Ganz genauso wie bei einem richtigen Essen spielen dabei Augen, Hände, Nase, Lippen, Kiefer und Gaumen die Hauptrolle, wenn es darum geht, die uns dargereichten Informationen aufzunehmen – besser: zu »verspeisen«.

Wie werden Informationen »verspeist«?

Informationen »verspeisen« Stellen Sie sich vor, wie ein Mensch einen Apfel isst – und Sie können seine Mimik, teilweise auch Gestik vorausahnen, wenn Sie ihm Ihre Informationshappen zur Aufnahme anbieten.

Zuerst einmal möchte Ihr Gegenüber den »Apfel« (Ihren Informationshappen) anschauen und begreifen. Geben Sie ihm also etwas in die Hand – zum Beispiel ein Bild, ein Chart oder ein Angebotsschreiben. Danach wird er sich mit großer Wahrscheinlichkeit die Nase reiben, um diese für den Geruch des angebotenen Happens zu sensibilisieren und zu prüfen: Verdaulich oder unverdaulich? Wenn er »ein Näschen dafür hat«, wird er Ihren Happen verspeisen und den Mund infolgedessen leicht öffnen – oder die Aufnahme verweigern (also die Lippen aufeinander pressen). Es kann auch sein, dass dann die Lippen zucken – er sich also überlegt, ob er den Happen nicht doch noch ausspucken soll. Dann sollten Sie ihm das Schlucken argumentativ versüßen. Hat er geschluckt und der Informationshappen hat geschmeckt, wird er sich voraussichtlich die Lippen lecken. Aufgepasst, wenn Ihr Gegenüber so aussieht, als wenn er jeden Moment die Zunge herausstrecken wollte – damit signalisiert er, dass er diesen Informationshappen am liebsten wieder aus dem Mund hinauswerfen würde.

Und wenn Sie nun meinen, dass Körpersprache in Form von Mimik doch wohl nicht so einfach funktionieren kann, dann seien Sie versichert:

Der menschliche Körper kennt keine Ironie und kann sich auch nur mit Hilfe größter Willensanstrengung verstellen.

Der beschriebene Vorgang entspricht also in aller Regel Ihrer erlebten Realität – achten Sie doch einmal bewusst darauf!

Gestik

Die Ausdrucksvielfalt der Gestik von Menschen wird von zwei Prozessen entscheidend beeinflusst. Der erste Prozess ist die Erziehung durch die Welt der Erwachsenen, die den Kindern das »Reden mit Armen und Beinen« abgewöhnen will, weil dies von anderen als aggressiv empfunden wird, wenn die Gliedmaßen dabei über das jedem Menschen zugestandene schulterbreite Persönlichkeitsterritorium hinausreichen. Der zweite Einfluss nehmende Prozess ist die kulturelle Prägung, die von Region zu Region ganz unterschiedlich ausfallen kann – weshalb Menschen ganz ähnliche Gesten in verschiedenen Kulturkreisen ganz unterschiedlich deuten. Denken Sie zum Beispiel nur einmal an den aus Daumen und Zeigefinger gebildeten Kreis!

Erziehung und kulturelle Prägung

Während der Heranwachsende also einerseits dazu gezwungen wird, seine sich ganz natürlich ausprägende Gestik einzudämmen, wird er auf der anderen Seite dazu angeregt, neue, im natürlichen Sprachschatz teilweise gar nicht »vorgesehene« Zeichen zu erlernen. Das Endergebnis ist in jedem Fall eine Mi-

Neualphabetisierung

schung aus konditionierter Minimalisierung der Gestik, weshalb gerade auch kleine Gesten oft sehr viel ausdrücken können, und kulturkreisabhängiger »Neualphabetisierung«. Letzteres führt dazu, dass vereinbarte Gesten mit den Fingern kulturkreisabhängig eine ganz eigene Übersetzungsgeschichte erzählen.

Territoriales Verhalten

Das territoriale Verhalten von Menschen ist oft sehr subtil, wird aber von anderen Menschen als besonders wirksam empfunden – ohne dies dem Verhalten des Gesprächspartners immer direkt zuordnen zu können.

Beispiel:

Reviermarkierung
Jeder Mensch hat die Tendenz, sein Revier zu markieren oder abzugrenzen. Wenn also ein Salzstreuer in Richtung Tischnachbarn verrückt oder eine Tasche auf dem Nebenstuhl abgestellt wird, ein Arm die gesamte Lehne zwischen zwei Stühlen im Flugzeug belegt – dann ist das keineswegs ein Zeichen von Zerstreutheit, sondern in aller Regel der Versuch, das persönliche Revier zu Lasten eines anderen Menschen zu vergrößern. Als besonders unangenehm wird so ein territorialer Besitzanspruch immer dann empfunden, wenn ein solcher »Angriff« aus der Luft erfolgt – zum Beispiel durch das raumgreifende Umblättern einer großformatigen Tageszeitungsseite. Achtung: Ein solcher Fauxpas kann in engen Räumen durchaus zum so genannten »Tötungsblick« führen; das heißt, die Person wird zur »Nicht-Person« degradiert (nicht respektiert).

Gibt es eine richtige oder eine falsche Körpersprache?

Körpersprache ist weder gut noch schlecht
Manchmal wird ja versucht, körpersprachliches Verhalten in »*gut*« und »*schlecht*« zu unterteilen. Also zu unterscheiden in körpersprachliche Signale, die positiv auf andere wirken, und in solche, die negativ auf andere wirken. Meiner Ansicht nach ist Wertung eine falsche Herangehensweise an die Thematik »Körpersprache«. Für mich ist Körpersprache nicht »gut« oder »schlecht«. Sie ist vielmehr Ausdruck unseres menschlichen Seins – letztlich unbewusst ausgelebte Körperreflexion dessen,

was unseren Geist beschäftigt, unsere Seele umtreibt. Deshalb sollten wir gar nicht erst versuchen, uns oder andere mit Hilfe einer gesteuerten Körpersprache zu manipulieren. Wir sollten uns besser darauf konzentrieren, eigene und fremde Körpersprachensignale so gut wie möglich verbal zu beschreiben und mit Hilfe dieser Beschreibung zu verstehen. Oder umgekehrt – aus der sorgfältigen Analyse unserer Sprache lösungsorientierte Verhaltensweisen für unsere Körper entwickeln. Sprache beschreibt Körpersprache.

Beispiel:
Wenn in einer Besprechung der viel sagende Satz fällt, »Jetzt sitzen wir aber fest!«, dann kann es sehr wohl hilfreich sein, alle Teilnehmer aufstehen und umhergehen oder sogar neue Positionen einnehmen zu lassen. Körper und Geist bilden eine Einheit, die uns in unserer heutigen Gesellschaft immer seltener bewusst wird – nichtsdestotrotz aber immer wirksam geblieben ist.

Kleine Selbstanalyse

Beobachten Sie einmal ganz bewusst andere Menschen. Wie sie gehen. Wie sie sich bewegen. Vor allem auch, wie sie stehen. Welche Positionen die einzelnen Körperteile dabei einnehmen. Und versuchen Sie dann als Quintessenz dieser Beobachtung einen Durchschnitt zu bilden – beschreiben Sie für sich einfach eine ganz »normale« (im Sinne von durchschnittliche) Körperhaltung. Dann stellen Sie sich vor einen Spiegel und vergleichen dieses Durchschnittsbild mit Ihrem eigenen Bild im Spiegel. Bemühen Sie sich dabei nicht darum, Ihre als natürlich empfundene Grundstellung zu variieren.

Ein Selbstbild erstellen

Tipp:
Diesen Vergleich zwischen einer »normalen« (= durchschnittlichen) und einer individuellen Körperhaltung können Sie selbstverständlich auch mit anderen Menschen durchführen. Sie werden dadurch zu überaus interessanten Wahrnehmungen von anderen Menschen gelangen, jenseits von eigenen Werten und Wunsch-Vor-Stellungen.

Haltungsanalyse – Details

Füße

Fußstellung als Zielnäherung

Die Füße zeigen an, wie sich ein Mensch seinem Ziel oder seinen Zielen nähert. Genauer: die Fußstellung. Eine leichte Auswärtsdrehung der Füße kann als »normal« (im Sinne von durchschnittlich) gelten – ein Mensch mit einer solchen Fußstellung wird rationale und emotionale Aspekte gut koordinieren und aufeinander abstimmen. Wer seine Füße genau parallel stellt, beschleunigt – so wie beim Skifahren – zwar besonders schnell, neigt aber andererseits auch zur Vernachlässigung der Rand- und Umgebungsbedingungen. Stark nach innen gedrehte Fußspitzen weisen dagegen auf einen eher vorsichtigen Charakter hin, auf einen Menschen, der zuerst einmal bremst, bevor er eine schwierige Lebenspassage durchfährt. Der im übertragenen Sinne eine Schneepflugstellung gegenüber dem Leben einnimmt. Stark nach außen gedrehte Fußspitzen zeigen an, dass sich ein Mensch schlecht entscheiden kann, zuerst alle Möglichkeiten kennen lernen, die ganze Bandbreite des Lebensangebotes erfahren möchte, bevor er sich dazu entschließt, sein Ziel anzusteuern (seine Kraft für die *Kon-zen-tration* einsetzen muss).

Beine

Der Standpunkt eines Menschen

Die Stellung der Beine sagt viel über den »Standpunkt« eines Menschen aus. Als »natürlich« und ausgewogen gilt dabei die Breite der Hüften. Wer hüftbreit steht, ist sich seines eigenen Standpunktes bewusst – ohne deswegen anderen den eigenen Standpunkt aufdrängen zu wollen. Wer seine Beine enger zusammennimmt, gibt geistigen wie äußerlichen Raum seines Standpunktes für andere frei – kann daher leichter aus dem Gleichgewicht gebracht werden und fällt auch einmal um. Eine überhüftbreite Beinstellung dagegen deutet auf einen sehr stabilen, durch nichts zu erschütternden Standpunkt, Starrheit und Dominanz inklusive. Gleichzeitig aber auch darauf, dass sich ein solcher Mensch selbst vernünftigen Argumenten nur schwer zuwenden kann. Dazu müsste er seinen Anspruch auf Raum und Standpunkt teilweise aufgeben und sich beweglich zeigen.

Knie

Auch die Kniestellung sagt sehr viel über den Standpunkt und die Beweglichkeit eines Menschen aus. Leicht gebeugte Kniegelenke lassen auf körperliche, vor allem aber geistige Beweglichkeit und Flexibilität schließen. Mit vollständig durchgedrückten Kniegelenken lässt es sich dagegen nur schwer weitergehen – und die Position verändern.

Körperliche und geistige Beweglichkeit

Tipp:
Zuvor nicht erkannte Schwierigkeiten mit der körperlichen (und geistigen) Flexibilität können unter Umständen durch Probleme mit dem Meniskus angezeigt werden.

Becken

Das Becken eines Menschen schützt wichtige Organe – die Geschlechtsorgane genauso wie die Verdauungsorgane. Die Stellung des Beckens drückt deshalb sehr viel über die Einstellung zum *Nehmen* und *Geben* aus. Hier wird behalten, was wichtig erscheint, ausgeschieden, was als unnötig oder verdaut eingestuft wird.

Einstellung zum Nehmen und Geben

Ein vorgeschobenes Becken – gegebenenfalls mit deutlichem »Ernährungsanteil« – spricht von materieller Forderung, behalten und besitzen wollen bis, je nach Grad, hin zur Gier. Ein zurückgenommenes Becken mit straffer Bauchdecke lässt auf das Zurücknehmen der eigenen ursprünglichen Wünsche und Bedürfnisse schließen (eher bei Frauen zu erkennen!). Bei einer ausgeglichenen Haltung dagegen weiß der Mensch um seine Bedürfnisse und hat gelernt, sie bewusst und sprachlich zu »äußern«.

Oberkörper / Lunge

Der Oberkörper sagt sehr viel über den Energiezustand eines Menschen aus. In diesem Bereich befindet sich der zentrale Energielieferant des Menschen – die Lunge. Damit diese optimal

Der Energiezustand

funktionieren kann, muss sie beweglich sein, muss möglichst unbeschwert ein-, aber auch ausatmen können. Beide Bewegungen sollten im Gleichgewicht zueinander stehen. Eine stark vornüber gebeugte Haltung deutet also darauf hin, dass ein Mensch Schwierigkeiten mit der Energieaufnahme hat (eher passiv ist, da die »aktive« Einatmung unterdrückt wird). Umgekehrt weist eine übermäßig betonte (eingeatmete) Brusthaltung darauf hin, dass Schwierigkeiten mit dem Ausatmen im Sinne einer Abgabe oder Weitergabe von Energie (einem passiven Geschehenlassen) vorhanden sind.

Arme und Hände

Handlungs-bereitschaft Die Arm- beziehungsweise Handstellung kann signifikante Hinweise auf die »*Hand*«lungsbereitschaft eines Menschen liefern. Wer bereits in lockerer Grundstellung die Unterarme nach vorne nimmt, der ist offensichtlich überdurchschnittlich handlungsbereit. Ganz entscheidend auch: die Position der Handinnenflächen. Diese werden, da sehr sensibel und verletzbar, von im emotionalen Bereich zurückhaltenden Menschen (in Deutschland sehr oft zu beobachten!) »versteckt« – mit der Konsequenz, dass der Eindruck entsteht, diese Menschen hätten immer noch etwas in der »Hinterhand«.

»Wieso fällt es uns eigentlich so schwer, die Hände ruhig hängen zu lassen – und uns in dieser Position wohl zu fühlen?«

Problem »Sein-Zustand« Psychologen haben festgestellt, dass wir Menschen ein Problem mit so genannten »Sein-Zuständen« haben. Kaum ein Mensch denkt von sich in Form eines »Sein-Zustandes« – also: »Ich bin!« Wir alle definieren uns in erster Linie über Handlungen, also über Aktivitäten. Im Unterbewusstsein löst eine herabhängende Hand deshalb das Bedürfnis nach einer Handlung aus, um sich über diese gegenüber den anderen Menschen zu profilieren und dadurch wertig zu sein. Wer nichts tut, ist nichts wert – er »ist« nur.

Flanke, Hals und Rücken

Menschen haben ein ganz natürliches Schutzbedürfnis für ihre sensiblen, früher von Wildtieren und Gegnern gefährdeten Körperbereiche. Immer dann, wenn sich ein Mensch bedroht, unsicher fühlt, möchte er solche Körperstellen aus diesem Grund abdecken. Oberarme werden deshalb nur ungern vom Oberkörper entfernt. Denn dadurch würde dem Gegenüber ja die offene Flanke angeboten. Wer sich anderen gegenüber öffnet, Hals oder Flanke entblößt, bringt damit auf der anderen Seite Vertrauen zum Ausdruck, macht deutlich: »Vor dir habe ich keine Angst! Ich traue dir und mir, und so kannst du mir trauen.«

Schutzbedürfnis

Ein typisches Beispiel dafür findet sich auch im so genannten Paarbindungsverhalten von Menschen. Wenn eine Frau einen Mann attraktiv findet und mit ihm flirten will, bietet sie ihm ihren ungeschützten Hals (mit der Schlagader) dar, indem sie den Kopf leicht neigt. Sie »unterwirft« sich unbewusst seinem Schutz und signalisiert, dass sie ihm als Mann vertraut (»Da ich mich freiwillig ungeschützt zeige, brauchst du nicht zu ›beißen‹«).

Schultern

Die Schulterhaltung ist das Sinnbild für die Belastbarkeit eines Menschen – sie zeigt an, wie tragfähig, wie belastbar jemand ist. Ob ein Mensch schwere Lasten »auf die leichte Schulter« nimmt oder ob er von den Lasten des Lebens gebeugt wird. Gerade letztere Menschen tendieren übrigens dazu, sich immer noch mehr aufladen zu lassen – um dann irgendwann unter dieser Last zusammenzubrechen. Interessanterweise geht diese geistige Überlastung auch sehr häufig mit körperlichen Problemen einher. Viele chronische Rücken-, Nacken- und Schulterschmerzen lassen sich durch solch psychosomatische Ursachen erklären.

Belastbarkeit

Nicht ohne Grund waren vor einigen Jahren für Frauen stark auftragende Schulterpolster sehr in Mode. Schließlich mussten die Frauen in dieser Zeit noch mehr als heute unter Beweis stellen, dass sie ja wesentlich belastbarer sind als Männer in einer vergleichbaren Position. Dabei sind sie es von Natur aus ...

Kopf

Sichtweise Die Haltung des Kopfes sagt etwas über die Sichtweise (An-Sichten und Ein-Sichten) von Menschen aus. Ein stark nach vorn ausgerichteter Kopf lässt auf ein ausgeprägtes Spezialistentum schließen. Wenn jemand Experte in einem bestimmten Fachgebiet ist, lässt er – oder sie – sich nicht von anderen Themen ablenken. Die Nase weist direkt auf das Ziel, das anvisiert wird. Der Blick geht in die Tiefe und schweift nicht ab. Ein mehr zurückgenommener Kopf lässt dagegen auf ein breiter gestreutes Interesse schließen – der Blick ist nicht nur nach vorne ausgerichtet, schweift auch einmal ab, nimmt Eindrücke von außerhalb mit auf.

Tipp:
Wer sich und andere in der dargestellten Weise analysiert, hat die Chance, wertvolle Erkenntnisse zu gewinnen. Und die Möglichkeit, entsprechend an sich zu arbeiten – also Einstellungen und Denkweisen gegebenenfalls zu überdenken und zu revidieren, unerwünschte »Haltungen« und »Neigungen« zu korrigieren. Logischerweise wird das direkte Auswirkungen auf die Körperhaltung haben. So wie es umgekehrt möglich ist, durch eine aktive Korrektur der Körperhaltung Einfluss auf die Einstellung und Denkweise zu gewinnen.

> **Wer sich einmal etwas intensiver mit den Phänomenen der Körpersprache auseinander setzt, wird feststellen, dass alles miteinander in Beziehung steht: Körper, Geist, unsere Bewegungen genauso wie unsere Gedankengänge und Verhaltensweisen.**

Kann ich mich selbst oder andere mit den Mitteln der Körpersprache beeinflussen?

Ja, aber nur bis zu einem gewissen Grad. Körpersprache lässt sich nur insoweit beeinflussen oder nutzen, solange keine absoluten inneren Widerstände überwunden werden müssen.

> **Wird Körpersprache gegen die innere Einstellung eingesetzt, verrät sich das durch den Ausdruck der Augen und die überhöhte Spannung in den Muskeln.**

Übrigens lässt sich so ein willentlicher Akt nur eine sehr kurze Zeit aufrechterhalten; ein unerwartetes, neues Ereignis – und Sie fallen aus der unpassenden Rolle!

Möglichkeiten ...

Sich selbst in eine positivere Stimmung zu versetzen ist beispielsweise sehr wohl möglich.

Übung:

Gehen Sie im Kreis, zuerst mit sehr kleinen Schritten, bewegen Sie dabei die Arme nicht oder nur sehr wenig und senken Sie Ihren Kopf. Denken Sie an etwas Negatives, etwas, das Ihnen nicht gelungen ist. Sie werden feststellen, dass Ihre momentanen Bewegungen sehr gut zu diesen negativen Gedanken passen. Negative Gedanken und kleine Schritte sowie zurückgenommene Bewegungsabläufe ergänzen einander. Nun probieren Sie, Ihre Bewegungen exakt so beizubehalten – denken aber an etwas Positives, an etwas, das Ihnen besonders gut gelungen ist, an etwas, das Ihnen große Freude bereitet hat. Sie werden feststellen, dass sich Ihre Schritte fast automatisch vergrößern werden, dass Ihre Arme zu schwingen beginnen und Ihr Kopf sich hebt. Dann testen Sie einmal genau das Gegenteil: Denken Sie etwas Positives, machen Sie große Schritte, weit ausholende Armbewegungen und heben Sie dabei den Kopf. Wieder entsteht ein Gefühl von Harmonie zwischen Bewegung und Gedanken. Wenn Sie jetzt versuchen, diese Bewegungsabläufe beizubehalten und zugleich etwas Negatives zu denken, werden Sie feststellen, dass das kaum möglich ist. Negative Gedanken und große, raumgreifende Bewegungen – das geht einfach nicht zusammen!

Bewegungen, also Körpersprachensignale, können Einfluss auf Ihre Gedanken nehmen (auf die Gedanken anderer Menschen sowieso). Die FORM bestimmt die In-FORM-ation. Nutzen Sie diese Möglichkeiten!

Damit sich ein Problem nicht festsetzt ...

Die Körperhaltung – ein Spiegel des Inneren

Wenn Menschen ein Problem haben, das sich nicht so einfach lösen lässt, tendieren sie dazu, sich hinzusetzen. In leicht nach vorn gebeugter Haltung nehmen sie Platz und ihr imaginäres »Kummertöpfchen« auf den Schoß, um darin zu rühren. Was können Sie dagegen tun, wenn es Ihnen oder einer Ihnen nahe stehenden Person einmal ganz genauso geht? Lassen Sie die betreffende Person aufstehen und herumgehen – oder, wenn Sie selbst gerade ein Problem haben, stehen Sie auf und fangen Sie an zu gehen! Nicht umsonst gibt es die Redewendung, dass man »*etwas ins Laufen bringen*« kann.

Aus gutem Grund heißt es auch: »*Etwas ist schief gelaufen.*« Achten Sie, wenn Sie diesen Satz das nächste Mal aussprechen, auf Ihre Körperhaltung. Sie werden feststellen, dass Sie die Tatsache, dass etwas schief gelaufen ist, auch durch Ihre Körperhaltung zum Ausdruck bringen. Lassen Sie nicht zu, dass sich das Problem festsetzt. Richten Sie sich auf. Rücken Sie sich und damit das Problem zurecht, sprich gerade!

»Formen« können helfen

Bewegungsabläufe ändern

Wenn Sie mit bestimmten Verhaltensweisen, Einstellungen oder Lösungsstrategien von sich oder Ihrer näheren Umgebung in Beruf und/oder Privatleben nicht zufrieden sind, dann versuchen Sie doch zuerst einmal, die dabei immer wiederkehrenden äußeren Formen, also die zwangsläufig sich wiederholenden Bewegungsabläufe, zu unterbinden. Zum Beispiel, indem Sie sich und den anderen neue Bewegungsabläufe einstudieren – oder die Rahmenbedingungen verändern. Gemäß dem marxistisch inspirierten Motto »Das Sein bestimmt das Bewusstsein« werden Sie schon nach kurzer Zeit feststellen, wie sehr Sie mit solch einer einfachen Maßnahme Einfluss auf das Denken und Handeln von Menschen nehmen können.

Typisch Mann – typisch Frau!

Männer und Frauen denken und handeln nicht nur sehr unterschiedlich. Sie bewegen sich auch anders. Was wiederum in einem engem Zusammenhang steht. In vielen Fällen spielt das zwar keine Rolle (ist »nur« für das Paarbindungsverhalten von Bedeutung). Manchmal aber kann typisch männliches oder typisch weibliches Verhalten in Kombination mit den jeweils geschlechtsspezifischen Ausdruckselementen der menschlichen Körpersprache sehr wohl für Probleme sorgen.

Das Geschlecht bestimmt die Bewegungen

Situation 1:
Die Frau als Vorgesetzte

Noch ist es – leider – viel zu selten Realität, aber immerhin: In immer mehr Betrieben nehmen mittlerweile Frauen leitende Positionen ein. Auffallend dabei: Je höher die Position, desto größer die Wahrscheinlichkeit, dass solche Frauen die Körpersprachensignale der Männerwelt zu verwenden gelernt haben – oder lernen mussten. Oft gar keine so einfache Aufgabe ...

Beobachten Sie bei entsprechender Gelegenheit doch einmal eine Frau, die erst vor kurzem zur Vorgesetzten über Männer geworden ist – und diesen, in ihrer Funktion als Vorgesetzte, nun Anweisungen geben muss. Sehr häufig wird sie ihre »rationale«, also rechte Hand über die »emotionale«, also linke Hand legen, um ihr spontanes Bedürfnis, emotional zu agieren, in den Griff zu bekommen. Außerdem wird sie sich den Männern mit großer Wahrscheinlichkeit von sich aus nähern, diese also nicht heranbitten, sondern selbst auf sie zugehen – zugleich aber einen gewissen Abstand bewahren. Bei großen inneren Spannungen wird sie vielleicht sogar anfangen, mit den Händen zu ringen. Alles das, also die Unsicherheit und ein defensives Raumverhalten, indem sie ihren Anspruch auf das ihr zustehende »Standpunktmaß« leichter aufgibt, werden die Männer instinktiv wahrnehmen und mit großer Wahrscheinlichkeit das durch die Frau frei gemachte Territorium besetzen – ihre eigene körpersprachliche und damit geistige Präsenz und mögliche Dominanz unterstreichen.

Defensives weibliches Raumverhalten

Als Frau lernen, Raum zu beanspruchen

Im Laufe der Zeit wird die weibliche Vorgesetzte lernen, untergebene Männer durch feine Handzeichen in Form eines Angebotes ohne Demutshaltung zu sich zu bitten (Hände nach vorne, Handflächen nach oben!), wird lernen, aufrecht und mit angemessenem Raumanspruch zu stehen und Anweisungen Auge in Auge zu erteilen. Denn wenn sie das nicht lernt, wird sie immer wieder Probleme mit ihren männlichen Untergebenen haben!

Situation 2:
Als Frau einem männlichen Vorgesetzten widersprechen

Weibliche Diskrepanz zwischen Worten und Gesten

In unserer überwiegend von Männern dominierten Gesellschaft ist es immer noch wesentlich wahrscheinlicher, dass ein Mann Vorgesetzter von Frauen ist als umgekehrt. Demzufolge kommt es auch relativ häufig vor, dass ein Mann einer Frau Anweisungen gibt, die diese unter Umständen aus gutem Grund ablehnt. Ein dabei sehr häufig anzutreffendes Phänomen ist, dass Frauen die Anweisungen eines männlichen Vorgesetzten zwar innerlich ablehnen – aber verbal nur extrem vorsichtig, wenn überhaupt, widersprechen. Das Problem dabei: Die Körpersprache der Frauen bringt diesen inneren Widerspruch extrem deutlich zum Ausdruck – und das »versteht« der männliche Vorgesetzte sehr wohl. Deutlicher, als wenn die Frauen ihren Widerspruch in verständlichen und zugleich höflichen Worten zum Ausdruck gebracht hätten. Typisch sind beispielsweise auf den Rücken genommene Hände (»Dafür rühre ich keine Hand«) und ein fordernd nach vorn geschobenes Becken. Konsequenz solcher Körpersprachensignale: Der männliche Vorgesetzte wird eine so handelnde weibliche Untergebene als extrem unaufrichtig und widersprüchlich einstufen.

Tipp:
Wenn Sie als Frau in eine solche Situation kommen, dann bringen Sie Ihre Einwände verbal deutlich zum Ausdruck – und bemühen Sie sich, körperlich angemessen dazu zu stehen!

Vom Thron zum Stuhl

Obwohl wir heute – zumindest in westlichen Ländern – in einer Gesellschaft des Stuhls leben, ist es für uns Menschen durchaus nicht natürlich, auf einem solchen Platz zu nehmen. Unsere Ahnen hockten auf ihren Fersen, so wie heute noch viele Menschen in den so genannten »Entwicklungsländern«. Ein Stuhl, so wie wir ihn heute kennen, war den Menschen der Urzeit nicht bekannt. Im Laufe der Hierarchisierung der menschlichen Gesellschaft entwickelte sich dann aber wohl bei den Herrschern der Sippenverbände und Stämme die Notwendigkeit (Herrschen qua Persönlichkeit war nicht mehr gegeben), sich über die anderen Menschen zu stellen – über ihnen zu »thronen«. Die Idee für die Urform des Stuhls – der Thron – war geboren. Ein Ursprung, der Stühlen und den darauf sitzenden Menschen auch heute noch anzumerken ist!

Sitzposition als Hierarchiestufe

So ist es nur zu verständlich, dass Stühle im Businessbereich immer größer und voluminöser (thronartiger) werden, je höher ein Mitarbeiter in der jeweiligen Unternehmenshierarchie aufsteigt. Kennzeichnend auch, dass viele Entscheidungsträger Untergebene oder Lieferanten vor ihrem Stuhl stehen lassen, während sie selbst – in gehöriger Entfernung – über den Dingen thronen. Mit ihrer Körpersprache bringen sie dadurch zum Ausdruck, dass sie es nicht nötig haben, aufzustehen.

Die extremste Stufe der Ablehnung – von einem Stuhl aus – ist übrigens eine Position, die man auch als »Fernsehhaltung« bezeichnen könnte: Dabei werden die Fußballen vom Boden abgehoben, der Oberkörper zurückgelehnt und die Arme so hinter dem Kopf verschränkt, dass die spitzen Ellenbogen wie Waffen nach vorne weisen. Egal, was für Argumente vom Gegenüber kommen: Es kann und wird keine Stellung dazu bezogen werden; die Distanz führt zu Unnahbarkeit, und jeder »Gegenschlag« durch »in die Seite fallen« wird per »Ellenbogen« erfolgreich retourniert – und oft zum Eigentor.

Tipp:
In allen solchen Fällen eines *Sitz»streiks«* sollten Sie die Zeichen der Körpersprache sehr ernst nehmen – und Ihr Gegenüber aus

seiner ablehnenden Haltung »abholen«. Zum Beispiel dadurch, dass Sie sich auf den anderen zubewegen, ihn zum Handeln (= Positionsveränderung) animieren.

Wenn Finger sprechen (könnten)

Fingersprache   Dass die vereinbarten Gesten eine stark kulturell geprägte Sprache sprechen, wurde bereits erwähnt. Hier nun die Bedeutung der einzelnen Finger, wie sie Mitteleuropäer verstehen:

Der Daumen

Der Ich-Finger   Der Daumen ist der *»Ich«-Finger*, der Finger, der für die ureigensten Interessen und für die eigene Person steht. Wird er »weggesteckt«, bedeutet das, dass sich der Daumenbesitzer von einem soeben geäußerten Argument ausnimmt, dass er persönlich nicht damit einverstanden ist. Die vor allem bei älteren Männern zu beobachtende Geste des Hosenträger-Umfassens, wobei die Daumen nach vorne rücken und dann nach oben weisen, lässt sich als Hinweis darauf verstehen, dass jemand viel Aufmerksamkeit für sein »Ich« und seine Argumente erfahren möchte – nach dem Motto: »Hallo, hier bin ich!«

Der Zeigefinger

Der Wissensfinger   Der Zeigefinger fungiert in Mitteleuropa als »Wissensfinger«. Mit ihm weist das Kleinkind auf die Dinge, die es interessieren, von denen es wissen möchte, was sich dahinter verbirgt – oder wie sie funktionieren. Im Laufe der Konditionierung wird dieser Drang, den Wissensfinger einzusetzen, zwar mehr oder weniger erfolgreich unterdrückt (»Man zeigt nicht mit dem nackten Finger auf angezogene Leute!«). Umso lieber werden aber »Ersatzfinger«, wie Stifte, Zeigestöcke oder Laser-Pointer, angenommen.

> **Der dominante Einsatz des »Wissens«fingers wird beim Gegenüber als Herabsetzung empfunden.**
> **Noch so gut gemeinte Ideen stoßen so auf Widerstand –**
> **das Gleichgewicht muss wiederhergestellt werden.**

Der Mittelfinger
Er ist der *»Selbstwertfinger«*. Betroffenheiten in diesem Bereich werden durch Selbstberührungen oder Exponieren angezeigt. Markierungen (Ringe) zeigen subtile Selbstwertdefizite an.

Der Selbstwertfinger

Der Ringfinger
Dieser gilt als *»Gefühlsfinger«* – aus gutem Grund werden Ehe- und Freundschaftsringe traditionell an diesem Finger getragen.

Der Gefühlsfinger

Der kleine Finger
Der kleine Finger wird auch als *»Gesellschaftsfinger«* bezeichnet – er kommt immer dann zum Einsatz, wenn sich ein Mensch darum bemüht, seine Stellung in der Gesellschaft herauszustellen. Dies wird zum Beispiel deutlich, wenn jemand versucht, besonders »fein« zu trinken – und dabei seinen Gesellschaftsfinger weit abspreizt.

Der Gesellschaftsfinger

Ich will so bleiben, wie ich bin?

Zum Schluss ein Tipp in Sachen Körpersprache: Sich mit Hilfe der Körpersprache total verstellen zu wollen ist unsinnig und funktioniert auch nicht. Interessant aber kann es sein, mit wachem Auge andere zu beobachten – und passender auf andere zu reagieren. Andererseits empfiehlt es sich, die eigene Körpersprache gelegentlich zu hinterfragen – die eigene Gestik, Mimik, Körperhaltung usw. zu variieren und durch dieses Spiel mit den Körpersprachevokabeln zu einem variationsreicheren Selbstverständnis *(Wir sind alle viel mehr, als wir uns (zu)trauen zu leben, das heißt zu zeigen)* und damit langfristig auch zu einer nach eigenem Verständnis harmonischeren, stimmigeren Außenwirkung zu gelangen. Wie innen so außen!

Harmonische Außenwirkung

LITERATUR

Molcho, Samy: *Alles über Körpersprache*. München 1995
Mühlisch, Sabine: *Mit dem Körper sprechen*. Wiesbaden 1997

Rolf H. Ruhleder
Nach erfolgreicher Tätigkeit als Marketingleiter der Bad Harzburger Akademie für Führungskräfte machte sich Rolf H. Ruhleder 1989 als Trainer selbstständig. Er hat in 25 Jahren mehr als 200 000 Teilnehmer in über 1750 Seminaren geschult. Über sein Management Institut Ruhleder (MIR) in Bad Harzburg bietet er Seminare zu folgenden Themen an: Mitarbeiterführung und Motivation · Rhetorik und Kinesik · Dialektik · Verhandlungsführung · Führungspsychologie · Etikette – Takt und Ton · Time-Management · Gedächtnistraining · Verhaltenstraining. Rolf H. Ruhleder gilt als Deutschlands härtester und teuerster Rhetorik-Trainer. Er hat schon viele prominente Politiker, Künstler, Sportler und Top-Manager beraten. Zu seinen Kunden gehören unter anderem Bertelsmann, Canon, Club Mediterranée, Deutsche Bahn, Deutsche Post, Deutsche Telekom, Glaxo-Wellcome, Hapag-Lloyd, Karstadt, Kraft Foods, LTU, Porsche, Robinson Club, Steigenberger, Sun und VW.

Rolf H. Ruhleder
Rhetorik at its best
Die Geheimnisse der Redekunst

Die Kunst der Rede – das ist Rhetorik. Nur wer seine Botschaften überzeugend zu kommunizieren versteht, hat Erfolg und kann Menschen zu Anhängern seiner Ideen machen, sowohl im Beruf als auch im Privatleben.

Wie wichtig das Erlernen effizienter Kommunikation ist, macht eine Überlegung deutlich: Anders als viele Menschen denken, führen wir nicht nur in besonderen Situationen »Verhandlungen«, in denen wir versuchen, andere von etwas zu überzeugen. Also nicht nur, wenn wir eine Gehaltserhöhung beim Chef durchsetzen wollen oder als Verkäufer den Kunden zum Kauf unserer Produkte bewegen möchten. Vielmehr ist der Alltag angefüllt mit Verhandlungen der verschiedensten Art. Das beginnt mit der Diskussion über das richtige Pausenbrot mit den Kindern, geht über das Präsentieren des neuen Projektes am Arbeitsplatz und endet vielleicht mit der Einigung über das Programm für den Abend mit dem Partner.

Verhandlungen gehören zum Alltag

Für all diese Verhandlungen gibt es Regeln und Methoden, die einen positiven Ausgang – für den, der sie anwendet – zwar nicht garantieren, aber sehr wahrscheinlich machen. Nur überschätzen viele Menschen die Bedeutung des Fachwissens und kümmern sich zu wenig um die Entwicklung ihrer kommunikativen Fähigkeiten. Mangelnde Wertschätzung bringen viele außerdem auch Dingen wie der Haltung, der Art des Auftretens, der Kleidung und Ähnlichem entgegen. Ein Fehler, denn 51 Prozent unserer Wirkung auf andere hängen von Äußerlichkeiten ab. Wir alle müssen uns als Person verkaufen können!

Redekunst ist kein angeborenes Talent, sondern lässt sich lernen.

Schritt für Schritt zur Rhetorik

Schritt für Schritt kann jeder Interessierte durch entsprechende Übung die Geheimnisse der Redekunst trainieren – von der perfekten Fragetechnik bis zur optimalen Behandlung von Einwänden.

Einen Vortrag zum Erfolg machen

Kurzer Vortrag – lange Vorbereitung

Wenn ich fünf Minuten sprechen darf, brauche ich zwei Tage Vorbereitung, und bei 20 Minuten Redezeit einen Tag. Stehen mir zwei Stunden für meinen Vortrag zur Verfügung, kann ich sofort beginnen. Je kürzer die Dauer der Rede, desto länger die Zeit der Vorbereitung? Eine nur auf den ersten Blick überraschende Erkenntnis. Denn: Je weniger Zeit mir für die Vermittlung meiner Inhalte zur Verfügung steht, desto gründlicher muss ich jeden Satz meiner Rede überlegen.

Ganz wichtig ist der Beginn jedes Vortrags, da der erste Moment oft über den Gesamteindruck entscheidet. Ein dynamisches Aufstehen spiegelt das innere »Ja« zum Vortrag und zeigt Engagement für das jeweilige Thema. Schon durch das Auftreten macht der Redende so klar, dass er seinen Vortrag nicht halten muss, sondern will. Dass er die Redemöglichkeit als Chance begreift, seine Ideen und sich selbst zu »verkaufen«. Ist ihm dagegen das Redethema unangenehm, sollte er versuchen, es abzulehnen – falls es ihm nicht gelingt, sich doch noch dafür zu motivieren. Eine legitime Verhaltensweise, denn überzeugen, begeistern und motivieren kann nur, wer selbst überzeugt, begeistert und motiviert ist.

»In dir muss brennen, was du in anderen entzünden willst.«
Augustinus

Zu einem guten Vortrag gehört ein gutes Maß Selbstsicherheit. **Selbstsicherheit ausstrahlen**
Um diese auszustrahlen, sollte der Redner erst dann mit dem Reden beginnen, wenn er hinter dem Stehpult beziehungsweise am Mikrofon angelangt ist. Alles andere erweckt den Anschein von Stress und Unsicherheit. Ein weiterer Tipp für einen gelungenen Start: Einen Blick in die Runde werfen und damit die Blicke der Zuhörer »sammeln«. Auch das trägt dazu bei, einen lockeren und souveränen Eindruck zu erzeugen.

Für die ersten Worte gibt es mehrere Möglichkeiten – beispielsweise eine rhetorische Frage, ein humorvoller Einstieg, ein provozierender Beginn oder ein Zitat. Dagegen wirkt es langweilig, eine Rede immer mit den Worten »Mein Name ist ...« zu beginnen, wie es sehr viele Redner tun. Wichtig ist es, die Aufmerksamkeit der Zuhörer zu gewinnen, sie in den Vortrag »hineinzuziehen«. Die ersten Sätze einer Rede lassen sich in ihrer Bedeutung mit der ersten Seite eines Buches vergleichen. Ist diese spannend und weckt sie das Interesse des potenziellen Lesers? Nur dann wird dieser weiterlesen. Ansonsten wandert das Buch schnell ins Regal. Ähnlich beim Vortrag: Der Zuhörer wird nur dann präsent bleiben und mitarbeiten, wenn ihn der Anfang fesselt. **Der richtige Einstieg**

Während des gesamten Vortrags sollte der Redner kurze Sätze bevorzugen und Redepausen machen. Das verringert die Gefahr von Versprechern. Außerdem kann und mag niemand verschachtelten Nebensätzen folgen. Ferner zwingen viele Hauptsätze dazu, langsam zu sprechen. Die Stimme geht gegen Ende eines Satzes nach unten, was beruhigend auf die Zuhörer wirkt. Wer dagegen schnell spricht, vermittelt Desinteresse an den Zuhörern und Scheu vor Fragen. **Kurze Sätze**

Nicht nur der Inhalt der Rede ist wichtig, sondern auch der Blickkontakt mit dem Auditorium. Je mehr Zuhörer sich direkt »angesprochen« fühlen, desto besser. Ein erprobter Praxistipp, wie sich laufender Blickkontakt mit allen Zuhörern herstellen lässt:

Tipp:
- Wählen Sie einen Zuhörer in der hinteren linken Ecke und schauen Sie ihn an.

- In der Umgebung dieser Zielperson werden sich etwa fünf bis acht weitere Zuhörer direkt einbezogen fühlen.
- Nach drei bis fünf Sekunden wählen Sie einen Zuhörer in der Mitte, dann einen in den rechten hinteren Reihen.
- Sie maximieren so die Zahl der Zuhörer, die den Eindruck haben, sie würden direkt angesehen.
- Vermeiden Sie dabei den so genannten »Scheibenwischer-Blick«. Das heißt: Wandern Sie mit den Augen nicht zu schnell hin und her, sondern lassen Sie sie lange genug auf der jeweiligen Zielperson ruhen. Und: Reden Sie von einem festen Platz aus. Wandern Sie nicht unruhig hin und her.

Auch für den Inhalt der Rede gibt es Regeln:

Inhaltliche Regeln

- Tiefstapeln und Übertreiben sind zu vermeiden. Beides führt dazu, dass der Redner vom Publikum nicht akzeptiert wird.
- Besser als Fremdwörter sind passende Ausdrücke der deutschen Sprache – eine Ausnahme besteht bei Fachbegriffen, die dem Auditorium bekannt sind.
- Mode- und Füllwörter sind unnötiger Ballast, der nur ablenkt.
- Wendungen im Konjunktiv (»ich würde sagen«) setzen die Überzeugungskraft des Redners herab.

Reagieren auf Zwischenrufe

Auch der beste Redner muss mit Zwischenrufen und -fragen rechnen. Am besten reagiert er darauf mit einer schlagfertigen Antwort, keinesfalls jedoch aggressiv. Es gilt, das Gleichgewicht zwischen ernst und heiter zu wahren, also auf ernste Zurufe heiter zu antworten und umgekehrt. Die Möglichkeiten der Gestik und Mimik sollten sparsam ausgeschöpft werden, um nicht theatralisch zu wirken. Zur besonderen Betonung einer Aussage können Arme und Hände in Ausnahmefällen eingesetzt werden.

Gebrauch von Folien

Von Folien darf nie exakt abgelesen werden. Ohnehin wird dieses Mittel der Visualisierung von Inhalten oft überstrapaziert. Kein Zuhörer kann mehr als zehn Folien in etwa zwanzig Minuten »aufnehmen« – und auch das nur bei wenigen Sätzen pro

Folie und optimaler Gestaltung. Sinnvoll können dagegen bei längeren Vorträgen Arbeitsunterlagen sein, die jedoch erst ausgeteilt werden sollten, wenn das jeweilige Thema angesprochen wird, um die Zuhörer nicht unnötig abzulenken.

Kreativität statt eines 08/15-Schlusswortes ist am Ende der Rede gefragt. Schließlich bleibt der letzte Eindruck haften. Eine humorvolle Erzählung, eine rhetorische Frage oder eine kleine Demonstration wirken hier Wunder. Der Schluss und der Beginn des Vortrags sind in der Summe für etwa die Hälfte der Wirkung verantwortlich – Grund genug, auf diese beiden Elemente einen großen Teil der Vorbereitung zu verwenden. **Der letzte Eindruck haftet**

Gründliche Vorbereitung ist nicht zuletzt Ausdruck einer Orientierung am Gegenüber. Und: Wer den anderen und nicht sich selbst in den Mittelpunkt stellt, hat schon halb gewonnen.

Zusammengefasst lassen sich 20 Tipps für jeden Vortrag angeben: **20 Tipps für jeden Vortrag**

- dynamisch aufstehen
- Standort einnehmen
- schwungvoller Beginn
- keine Kritikpunkte
- Entschuldigungen vergessen
- kurze Sätze
- langsam sprechen
- Sicherheit ausstrahlen
- Extreme vermeiden
- Fremdwörter ersetzen
- Füll- und Modewörter streichen
- Privatgefechte unterlassen
- Rednerpult nicht einsetzen, da es als Barriere wirkt
- dosierter Einsatz von Gestik und Mimik
- Redezeit beachten
- klare Aussagen
- gezielter Einsatz von Folien
- überlegte Verteilung von Unterlagen
- Störungen vermeiden
- mitreißender Schluss.

Beispiel:
Ein Teilnehmer der Veranstaltung »Von den Besten profitieren« erhält ein DIN-A4-Blatt mit einer Zeichnung und geht damit hinter eine Stellwand. Von dort beschreibt er den übrigen Teilnehmern, was er auf dem Blatt sieht – mit der Aufforderung, das Bild nachzuzeichnen. Es entstehen 44 unterschiedliche Zeichnungen, von denen keine mit dem Original übereinstimmt.

Kommunikations- Aus diesem Beispiel lässt sich ableiten, wann Kommunikation
hemmnisse nicht funktioniert:

- wenn kein Blickkontakt stattfindet
- wenn keine Fragetechnik eingesetzt wird
- und wenn es keine visuelle Unterstützung gibt.

Wie Sie Sicherheit gewinnen

Souveränität Eine gute Vorbereitung und ein mitreißender Beginn sind schon
ausstrahlen die halbe Miete. Doch in jeder Redesituation kommt es zu unvorhergesehenen Ereignissen. Da ist es gut, über Rückhalt in Form ausgeprägter Selbstsicherheit zu verfügen. Selbstverständlich hilft dabei fachliches Wissen, aber das alleine genügt nicht. Der Redner darf weder eine Büßerhaltung einnehmen noch zu souverän agieren. Das eine zeugt von mangelnder Kompetenz, das andere weckt Aggression. Der Mittelweg ist richtig.

Wer einen Vortrag vor einer Gruppe von einem Bekannten mit einer Video-Kamera aufnehmen lässt, kann seine eigene Haltung gut überprüfen – und anschließend verbessern.

Sieben Regeln für mehr Sicherheit

Regel 1: Blickkontakt halten
Wer stets das Publikum im Blick hat, behält die Kontrolle.

Regel 2: Standort einnehmen und Blick in die Runde werfen
Der beste Standort ist direkt vor der Gruppe.

Regel 3: Aufrecht stehen
Die Zuhörer schließen automatisch von der Körperhaltung auf die innere Haltung. Nur wenn der Redner aufrecht steht, nehmen sie ihm ab, dass er voll und ganz zu den Inhalten seiner Rede steht.

Körperhaltung muss innere Haltung zeigen

Regel 4: Positive, angemessene Mimik
Die Mimik ist eine gutes Mittel, um eine positive Stimmung zu erzeugen. Übertreibungen sind jedoch zu vermeiden.

Regel 5: Lautstärke halten und Modulation
Fatal ist eine zu leise und monotone Stimme, die das Publikum einschläfert. Wer dagegen auch in der letzten Reihe gut zu verstehen ist und seine Stimme moduliert, erzeugt Aufmerksamkeit.

Regel 6: Hände hängen lassen oder positive Gesten
Zu Beginn, also bei der Begrüßung, hängen die Arme und Hände seitlich am Körper herab. Anschließend sollten die Hände vor allem in der positiven Zone – oberhalb der Gürtellinie – bewegt werden (neutrale Zone: Gürtellinie, negative Zone: unterhalb der Gürtellinie).

Regel 7: Beginn und Schluss auswendig lernen
Weil diese beiden Teile so wichtig sind, müssen sie besonders überzeugend vermittelt werden. Wer einen starken Beginn und ein starkes Finale parat hat, gewinnt enorm an Sicherheit.

Wichtig: gelungener Beginn und erfolgreicher Abschluss

Wer die sieben Regeln zur Sicherheit berücksichtigt, strahlt in jeder Situation Souveränität aus. Seine Zuhörer oder Gesprächspartner nehmen ihn ernst – er ist präsent und hält sein Publikum in jeder Minute in gespannter Aufmerksamkeit.

Der Weg zur Meisterschaft der Sprache

Das wichtigste Element jeder Rede ist die Sprache. Ob jemand einen Fachvortrag hält oder eine Dienstleistung an den Mann bringen will, ob er mit seiner Frau diskutiert oder im Bewerbungsgespräch Erfolg haben möchte: Gewisse Regeln für den

Einsatz der sprachlichen Mittel haben allgemeine Gültigkeit. Dabei geht es um Rhetorik, Dialektik und Kinesik – alles Fremdwörter, wie sie der gute Redner nicht verwendet. Weil sie aber in der Literatur immer wieder vorkommen, sollte man sie kennen.

Definitionen: Rhetorik, Kinesik, Dialektik

Rhetorik ist die Kunst zu reden (Redegewandtheit). Eine weitere (mit weiteren Fremdwörtern gespickte) »Definition«: Rhetorik ist in erster Linie Psycholinguistik. Sie umfasst die Sparten Semantik, Phonetik, Kinesik und Psychologie. Erkenntnisse der Kommunikations- und Informationswissenschaft, der Lernpsychologie und der Soziokybernetik spielen dabei eine Rolle (Negativbeispiel).

Kinesik ist die Lehre von der Körpersprache (Gestik, Mimik).

Dialektik ist die Kunst zu überzeugen. Sie setzt sich zusammen aus Rhetorik, Logik, Psychologie und Körpersprache.

Erweitern und verkleinern Sie Ihren Wortschatz!

Um Zuhörer dauerhaft zu fesseln, leistet ein breiter Wortschatz gute Dienste. Er hilft dabei, auf Floskeln zu verzichten, und erzeugt dauerhaft Spannung. Der gesamte Wortschatz der deutschen Sprache ist jedoch sehr viel größer als die Menge an Wörtern, die wir im Laufe eines Jahres benutzen.

Die Wortschatz-Pyramide

Der Umfang des Wortschatzes

Gesamter Wortschatz: ca. 500 000 Wörter
Das ist der Totalbestand der Wörter einer Sprache, also die Gesamtheit aller – auch der zusammengesetzten – Wörter, die wir sprachlich anwenden könnten (Lexikon der deutschen Sprache, 10 Bände).

Allgemeiner passiver Wortschatz: 121 000 Wörter
Das ist der Wortschatz, mit dem wir theoretisch alle Informationen der Umwelt verstehen könnten (Duden Rechtschreibung, 1. Band).

Persönlicher passiver Wortschatz: bis 50 000 Wörter
Dieser umfasst die Wörter, die wir einmal gehört haben – gleichgültig, ob wir sie verwenden oder nicht.

Persönlicher aktiver Wortschatz: 2000 bis 4000 Wörter
Das sind die Wörter, die wir im Laufe eines Jahres beim Sprechen verwenden. Jedes Wort zählt nur einmal. Der Zahl der Wörter, die wir beim Schreiben verwenden, ist größer (bis etwa 12000).

Die Wortschatz-Pyramide zeigt das enorme Potenzial für eine Erweiterung unseres aktiven Wortschatzes. Dabei hilft es, möglichst viele Synonyme für ein bestimmtes Wort zu suchen.

Beispiel:
Allein für das Wort »arbeiten« gibt es zahlreiche mögliche Formulierungen, unter anderem:
- *tätig sein*
- *etwas tun*
- *schaffen*
- *werkeln*
- *beschäftigt sein*
- *einen Beruf ausüben*
- *eine Stellung haben*
- *etwas betreiben*
- *erwerbstätig sein*
- *seines Amtes walten*

Synonyme verwenden

Minuswörter eliminieren

Kreativität ist gut, und ein großer Wortschatz vermeidet Langeweile. Es gibt jedoch eine Reihe von Wörtern und Wendungen, die nicht benutzt werden sollten, weil sie zum Beispiel Aggressivität erzeugen oder nichts aussagen. Ich nenne sie *»Minuswörter«* oder *»Minus-Formulierungen«*. Dazu gehören:
- »Warum«; Antwort: »Darum«.
  Ersatzformulierung: »Aus welchen Gründen ...«
- »Lassen Sie uns konkret werden«. Bisher wurde also nur unverbindliches »Wischiwaschi« geredet. Ersatzformulierung: »Ich möchte Folgendes ...«

Beispiele für Minus-Formulierungen

- »Aber«
  Ersatzwörter sind »jedoch«, »nur«, »obwohl« und »allerdings«.
- »Einwand«; Ersatzwort: »Frage«
- »Es kommt darauf an«
  Diese Formulierung ist ein Gesprächskiller. Streichen Sie sie aus Ihrem Wortschatz.
- »Darum geht es nicht«
  Es kommt automatisch die Frage: »Worum geht es dann?« Bitte nicht verwenden!
- –»Ja, gut ...«
  Dieser Einstieg meint genau das Gegenteil, streichen!

Fragetechniken richtig einsetzen

Durch Fragen führen
Wer fragt, der führt, und wer führt, der gewinnt. Nicht umsonst sind Frage-Berufe – der Arzt, der Pfarrer, der Jurist, der Hochschulprofessor – in der vorderen Gruppe der angesehensten Berufe zu finden.

Es gibt unterschiedliche Fragearten, die sich jeweils für verschiedene Gesprächssituationen besonders eignen. Grundsätzlich unterscheidet man zwei Arten von Fragen:

- *Die offene Frage*
  Das Fragewort steht am Anfang. Es kann nicht mit »Ja« oder »Nein« geantwortet werden. Die Antwort ist ein vollständiger Satz, sofern der Gesprächspartner höflich ist.
  Beispiele: »Wo gehen wir heute Abend hin?«, »Wie gefällt Ihnen die Veranstaltung?«

- *Die geschlossene Frage*
  Das Tätigkeitswort (Verb oder Hilfsverb) steht am Beginn. Die Antwort kann nur aus einem Wort bestehen: »Ja«, »Nein«, »Vielleicht«.
  Beispiele: »Wollen wir heute Abend ausgehen?«, »Gefällt Ihnen die Veranstaltung?«

In vielen Gesprächen ist die offene Frage wichtiger als die geschlossene – mit drei Ausnahmen: am Ende eines Verkaufsgesprächs, gegenüber dem Vielredner und gegenüber dem absolut Unentschlossenen.

»Frage nur vernünftig, und du hörst nur Vernünftiges.«
Euripides (480 bis 406 v. Chr.)

**Eine Behauptung führt zu Widerspruch;
eine geschickte Frage ist der Beginn der
Zusammenarbeit.**

Neben dieser grundsätzlichen Einteilung in offene und geschlossene Fragen unterscheidet man zehn Fragearten:

10 Fragearten

1. Informationsfrage
Eine Frage, die zur Einholung von Informationen dient. Sie beginnt mit Wörtern wie »wann«, »wo«, »wer« oder »wie viel«. Beispiele:
- »Wie ist Ihr Unternehmen strukturiert?«
- »Wann treffen wir uns?«

2. Alternativfrage
Sie lässt dem Gesprächspartner die Wahl zwischen zwei positiven Möglichkeiten. Beispiele:
- »Soll ich Sie am Donnerstag Vormittag oder am Freitag um 9:30 Uhr besuchen?«
  Handelsvertreter lassen oft die Auswahl zwischen einem konkreten und einem weniger konkreten Termin. Sie signalisieren damit, Zeit für den Kunden, aber auch wichtige andere Termine zu haben.
- »Wünschen Sie Eis oder Fruchtsalat als Dessert?«
  Auf diese Frage werden wesentlich mehr Menschen etwas bestellen, als wenn der Ober gefragt hätte »Wünschen Sie ein Dessert?«

3. Suggestivfrage
Damit versucht der Fragende, den Gesprächspartner in seinem Sinne zu beeinflussen. Sie enthält Wörter wie »doch«, »wohl«, »auch« oder »sicherlich«. Beispiele:

- »Sie sind doch auch der Meinung, dass ...«
- »Meinen Sie nicht auch, dass ...«

4. Ja-Fragen-Straße

Suggestive Wirkung von Ja-Fragen

Der Fragende will ein »Ja« als Antwort erreichen. Die zielgerichtete Aneinanderreihung mehrerer Ja-Fragen ergibt die Ja-Fragen-Straße, an deren Ende eine suggestive Feststellung angehängt wird. Die Ja-Fragen-Straße wird am Ende eines Gesprächs eingesetzt. Beispiel:

»Gehen Sie gerne essen?
Gehen Sie gerne tanzen?
Sind Sie abends gerne in netter Gesellschaft?
Unterhalten Sie sich gerne über spannende Themen?
Dann sind Sie sicher damit einverstanden, dass wir heute Abend zusammen ausgehen.«

5. Rhetorische Frage

Diese bedarf keiner Antwort, sondern wird vom Fragenden gleich selbst beantwortet und häufig bei Vorträgen eingesetzt. Beispiel:

»Wer von Ihnen kennt nicht unser Unternehmen?
Unser Unternehmen ist führend in ...«

6. Gegenfrage

Sie reagiert auf eine Frage des Gegenübers und bringt Hintergrundinformationen (siehe unten: Die Kaiserin der Dialektik). Typische Formulierungen sind etwa »Wie meinen Sie das?« oder »Wie darf ich Ihre Frage verstehen?« Beispiel:

Kunde: »Warum sind Ihre Produkte so teuer?«,
Gegenfrage: »Womit vergleichen Sie diese?«

7. Motivierungsfrage

Diese Frage regt den Gesprächspartner an, aus sich herauszugehen, sich zu öffnen. Der Fragende erzielt damit eine besonders positive Stimmung. Beispiele:

- »Was kann ich tun, um so erfolgreich zu werden wie Sie?«
- »Wie haben Sie es geschafft, so erfolgreich zu werden?«

8. Provozierende Frage
Sie ist eine negative Form der motivierenden Frage, mit der der Gesprächspartner angegriffen und herausgefordert wird. Diese Frageart ist sehr gefährlich! Beispiele:
- »Was macht der Wettbewerber alles besser als Sie?«
- »Gab es das Jackett nicht in Ihrer Größe?«

9. Kontrollfrage
Diese dient zur laufenden Kontrolle (Gesprächsbarometer), ob die Übereinstimmung zwischen Fragendem und Gesprächspartner nicht gestört ist. Beispiele:
- »Haben Sie hierzu noch Fragen?«
- »Stimmen Sie bis zu diesem Punkt mit mir überein?«

10. Fangfrage
Die Fangfrage ist eine Methode, um etwas zu erfahren, was der Befragte bei einer direkten Frage nicht sagen würde. Beispiele:
- »Haben Sie mich nicht gestern auf der Autobahn nach Aschaffenburg überholt?« (Fragender will herausbekommen, ob der Befragte in Frankfurt beim Wettbewerb war, und wählt einen Ort davor.)
- »Wann haben Sie Abitur gemacht?« (Fragender will das Alter des Angesprochenen erfahren.)

Manche dieser Fragetechniken mögen ein wenig unfair erscheinen – insbesondere die Fangfrage. Doch ich bin überzeugt, dass man manchmal jemanden zu seinem Glück zwingen muss, denn sonst macht es ein anderer. Allerdings darf das nicht zur Manipulation führen, sondern vielmehr zur Motivation des Gegenübers. Den Unterschied macht folgende Definition deutlich:

Manipulation ist die Beeinflussung des anderen zum eigenen Vorteil.
Motivation ist die Beeinflussung des anderen zum beidseitigen Vorteil.

Legen Sie nach einer Frage immer eine Pause ein, damit der Gesprächspartner antworten kann.

Die Gegenfrage: die Kaiserin der Dialektik

Umgang mit unfairer Dialektik

Nicht selten wird man als Redner oder Gesprächspartner mit unfairer Dialektik konfrontiert. Da gibt es zum Beispiel den Zuhörer, der mit Lehrbuchwissen arbeitet und einem dies in geballter Form präsentiert. Das ist an sich schon unfair und wird noch schlimmer, wenn er absichtlich falsch zitiert und anschließend fragt »Ist Ihnen nichts aufgefallen?«. Um den Draht zum Publikum nicht abreißen zu lassen, ist es wichtig, auf diesen »Wissenschaftler« – wie auch auf alle anderen Methoden unfairer Verhandlungsführung – fair zu reagieren. Es hilft nichts, mit gleicher Münze zurückzuzahlen.

Ein probates Mittel der Reaktion ist es, den Fehler bei sich selbst zu suchen. Damit nimmt man dem Gegenüber den Wind aus den Segeln, statt Aggressionen zu schüren. Sehr gut einsetzen lässt sich auch die Gegenfrage, oft als Kaiserin der Dialektik bezeichnet. Sie fordert das Gegenüber zur Erläuterung und Präzisierung auf.

Beispiel:
Ein Seminarteilnehmer ist unzufrieden und will seine Wut am Redner auslassen. Er sagt: »Herr Meier, Sie haben doch mal ein Seminar in Bielefeld gehalten. Das ist ziemlich schief gelaufen, oder?« Meier reagiert mit der Gegenfrage: »Das trifft mich jetzt sehr. Wann war denn dieses Seminar?« Gab es gar kein Seminar in Bielefeld, ist der Teilnehmer als Lügner enttarnt. Ansonsten kann Meier fragen: »Was ist denn da schief gelaufen?« Dann muss der Teilnehmer sich detaillierter äußern, was Meier die Möglichkeit zur rationalen Auseinandersetzung gibt.

Wie in diesem Beispiel sind Gegenfragen in vielen Situationen ein nahezu unschlagbares Mittel der Kommunikation:

Die sieben Vorteile von Gegenfragen

7 Vorteile von Gegenfragen

1. *Zeitgewinn*
   Das Gegenüber muss antworten, der Redner gewinnt Zeit zum Nachdenken.

2. *Führung*
   Der Grundsatz »Wer fragt, führt« gilt auch in der Form: »Wer rückfragt, führt«.

3. *Sicherheit*
   Indem der Redner eine Frage stellt, bringt er seine Gefühle unter Kontrolle. Er gewinnt an Sicherheit.

4. *Irritation*
   Das Gegenüber rechnet in der Regel nicht mit einer Gegenfrage. Die Folge ist Irritation.

5. *Versicherung*
   Oft ist eine Bemerkung, die der Redner als Angriff auffasst, gar nicht so gemeint. Wenn er rückfragt, erhält er wertvolle Hintergrundinformationen.

6. *Versachlichung*
   Der unfair Fragende ist an einer Antwort nicht interessiert. Er will dem Angesprochenen erst einmal erzählen, was er alles falsch gemacht hat. Durch eine Gegenfrage kann der Redner die Situation versachlichen.

7. *Humor*
   Viele Gegenfragen erzeugen Heiterkeit und entspannen so die Situation.

Die sechs Methoden der Gegenfrage

Methode 1: Doppeldeutigkeit
   Beispiel: Die Gegenfrage »Wie bitte?« kann bedeuten, dass der Partner akustisch nicht verstanden wurde. Sie kann aber auch mit »Was denken Sie sich dabei?« übersetzt werden.

Methode 2: Positive Akzeptanz
   Das Gegenüber wird damit aufgefordert, einen Angriff zu präzisieren. Beispiel: »Ihr Seminar ist so langweilig«, Gegenfrage: »Was, meinen Sie, kann ich besser machen?«

6 Methoden der Gegenfrage

Methode 3: Frage zurückgeben
Dabei wird dem Gegenüber genau dieselbe Frage – anders formuliert – gestellt. Beispiel: »Wann haben Sie Ihr Alkoholproblem realisiert?«, Gegenfrage: »Wie lange haben Sie dazu gebraucht?«

Methode 4: Frage umdrehen
Das bedeutet das Stellen einer Frage im Gegensinn. Beispiel: »Warum sind Sie so modisch angezogen?«, Gegenfrage: »Warum sind Sie so ein Modemuffel?«

Methode 5: Ablenkung
Der Angesprochene lenkt auf einen eigentlich unwesentlichen Aspekt. Beispiel: »Warum trinken Sie so viel Alkohol?«, Gegenfrage: »Meinen Sie harten oder weichen?«

Methode 6: Definition
Der unfaire Gesprächspartner greift Sie an und fragt: »Warum sind Sie so inkompetent?«, Gegenfrage: »Was verstehen Sie unter ›inkompetent‹?«

Einwänden richtig begegnen

Keine Abwehrhaltung! Einen Vortrag mit anschließender Diskussion ohne Einwände gibt es kaum, und auch in jedem argumentativen Gespräch (zum Beispiel im Verkaufsgespräch) muss sich der Argumentierende mit Einwänden des Gesprächspartners auseinander setzen. Wie sieht eine angemessene Reaktion aus? Prinzipiell dürfen Sie keine Abwehrhaltung einnehmen und nicht von oben herab argumentieren, also aus der Position desjenigen, der mehr weiß. Vielmehr sollten Sie Aufnahmebereitschaft zeigen, immer davon ausgehen, dass der andere zu 50 Prozent Recht hat, und aktiv zuhören. Für die verbale Entgegnung gibt es zwölf Methoden, die Erfolg versprechen und sich in nahezu jeder Situation anwenden lassen:

Methoden der Einwandbegegnung

1. Rückfrage-Methode
Der Redner gibt den Einwand als Frage zurück, um weitere Informationen zu erhalten. Das ist die bekannteste und einfachste Methode, um Zeit zu gewinnen und zu signalisieren, dass der Einwand ernst genommen wird. Beispielsweise Verkäufer mit langjähriger Berufserfahrung benutzen Rückfragen viel zu selten, weil sie jeden Einwand schon kennen und daher zur Beantwortung nur noch »Schubladen aufziehen«, was beim Gegenüber meist nicht unbemerkt bleibt und nicht gut ankommt.

2. Ja-aber-Methode
Das ist die Standard-Methode, um Einwänden zu begegnen. Ersetzen Sie das »Ja« durch eine andere Formulierung wie etwa »Ich kann das verstehen« und das Wort »aber« durch »allerdings«, »jedoch«, »obwohl« oder »nur«.

3. Nachteil-Vorteil-Methode
Bei dieser Variante der Ja-aber-Methode geben Sie bei gerechtfertigten, also nicht zu leugnenden Einwänden Nachteile zu. Quasi in einem Atemzug stellen Sie jedoch die Vorteile und für Sie positiven Eigenschaften (zum Beispiel Ihres Produktes) besonders heraus.

4. Vorwegnahme-Methode
Das ist eine interessante Methode, um Einwänden zuvorzukommen. Sie formulieren den Einwand – den Sie erwarten – schon im Rahmen des Gesprächs, bevor ihn Ihr Gegenüber aussprechen kann.

5. Eisbrecher-Methode
Sie wollen das eiserne Schweigen Ihres Gesprächspartners brechen, um seine Einwände rechtzeitig zu erfahren? Dann provozieren Sie ihn und locken ihn so aus der Reserve! (Achtung: Diese Methode ist sehr gefährlich. Sie kann leicht zum Abbruch des Gesprächs führen.)

6. Rhetorische Frage
Sie wiederholen den Einwand in Frageform. Geschickt ist es, den Einwand umzuformulieren und den anderen gleichzeitig zu motivieren.

7. Divisions- oder Multiplikationsmethode

Diese Methode eignet sich besonders bei Verkaufsgesprächen. Der Preis wird zum Beispiel durch die Anzahl (etwa der zum Paket gehörenden Leistungen) dividiert und erscheint dadurch plötzlich viel geringer.

8. Umkehrungs-Methode

Diese auch als Bumerang-Methode bezeichnete Art der Entgegnung hat das Ziel, den erwähnten Nachteil in einen Vorteil für den Gesprächspartner umzuwandeln. Er ist damit gefordert zu erläutern, warum er einen Nachteil erkannt hat.

9. Öffnungs-Methode

Diese positive Variante der Eisbrecher-Methode hilft Ihnen, Einwände rechtzeitig zu erfahren und zu erkennen.

10. Rückstell-Methode

Dabei beantworten Sie den Einwand nicht sofort, sondern verschieben die Entgegnung auf einen späteren Zeitpunkt. Wenn Sie besondere »Wirkung« erzielen möchten, so notieren Sie sich den Einwand.

11. Ablenk-Methode

Wenn Sie zu dem Einwand nicht Stellung nehmen wollen (oder dies nicht können), so bringen Sie einen neuen Gesichtspunkt in die Diskussion.

12. Offenbarungs-Methode

Wenn der Gesprächspartner immer neue Einwände findet, so bleibt nur der Ausweg der geforderten Offenbarung. Die Methode beginnt mit Formulierungen wie »Unter welchen Umständen ...?« oder »Was muss ich tun, damit ...?«.

Jedem Einwand lässt sich auf zwölf Arten begegnen – sowohl im Beruf wie im Privatleben.

Beispiele:

Ein Kunde ist mit dem Angebot des Verkäufers grundsätzlich zufrieden, lehnt aber den Kauf mit dem typischen Argument »Ihr Produkt ist zu teuer« ab. Wie kann der Verkäufer reagieren?

- *Rückfrage* (1):
  »Wie meinen Sie das?«
- *Ja-aber* (2):
  »Das ist sicher eine beträchtliche Summe, jedoch erhalten Sie dafür eine außergewöhnliche Leistung.«
- *Nachteil- / Vorteil* (3):
  »Der Preis ist höher, doch zeichnen unsere Produkte sich durch die Verbindung mit vielen Service-Leistungen aus.«
- *Vorwegnahme* (4):
  »Möglicherweise halten Sie unsere Preise für relativ hoch, doch dafür kann sich unser Preis-Leistungs-Verhältnis wirklich sehen lassen.«
- *Eisbrecher* (5):
  »Können Sie mal von etwas anderem schweigen?« oder »Jetzt sind Sie aber sprachlos.« (Gefährlich!)
- *Rhetorische Frage* (6):
  »Eine gute Frage, die Frage nach dem Preis-Leistungs-Verhältnis...« oder »Eine sehr berechtigte Frage: die Frage nach Aufwand und Ertrag.«
- *Division oder Multiplikation* (7):
  »Mit weniger als einer Mark pro Tag können Sie ein dickes Paket an Service-Leistungen erwerben.«
- *Umkehrung* (8):
  »Gerade weil wir so hohe Preise haben, sind Sie bei uns im Vorteil. Sie gewinnen deshalb einen ganz anderen Kundenkreis.«
- *Öffnung* (9):
  »Welche Möglichkeiten sehen Sie, die Investition im Rahmen Ihres Budgets zu realisieren?«
- *Rückstellung* (10):
  »Eine berechtigte Bemerkung. Lassen Sie uns diese im Rahmen der Leistungsbeschreibung erörtern.«
- *Ablenkung* (11):
  »Schauen wir uns doch mal im Detail die Werte an, die Sie für Ihre Investition erhalten.«
- *Offenbarung* (12):
  »Unter welchen Umständen sehen Sie eine Möglichkeit, dass wir uns einigen?«

Kritik mit Ich-Botschaften beantworten

Auf direkte negative Kritik des anderen – zum Beispiel: »Ich lerne nur wenig in Ihrem Seminar« – sollte der Redner nicht mit Gegenkritik reagieren (»Das liegt doch an Ihnen!«). Besser ist es, Ich-Botschaften zu senden, also das eigene Verletzt-Sein deutlich zu zeigen.

Tipp:
Üben Sie Kritik immer mit Ich-Botschaften. Sagen Sie als Seminarleiter zum Beispiel: »Ich bin sehr enttäuscht, dass Sie in dem Seminar so wenig gelernt haben« statt »Warum haben Sie in dem Seminar so wenig gelernt?« (Du-Botschaft) Vorteil: Sie machen es dem Gegenüber schwer, sich zurückzuziehen. Senden Sie dagegen nur Du-Botschaften, löst das automatisch eine Abwehrreaktion aus.

> **Jedes Zeichen von Schwäche ist ein Zeichen von Stärke. Senden Sie daher mehr Ich-Botschaften, wenn Sie sich verletzt fühlen.**

Nicht zu ehrlich sein!

Ganz allgemein gilt: Nicht zu ehrlich sein, aber auch nicht lügen! Das trifft auf die Behandlung von Einwänden zu, aber auch auf die Reaktion auf Fehler, die man selbst bemerkt und nicht einfach übergehen kann.

Beispiel:

Umgang mit Fehlern

Bei einem Fortsetzungsseminar stellte ich fest, dass ich dieselben Unterlagen dabei hatte wie beim ersten Mal. Sofort beauftragte ich einen Mitarbeiter, die aktuellen Unterlagen vom 50 Kilometer entfernten Büro zu besorgen. Den Teilnehmern sagte ich: »Zur Auffrischung und Erinnerung habe ich Ihnen die Unterlagen vom letzten Seminar nochmals mitgebracht.« Es wäre falsch gewesen, als Einleitung ehrlich das Missgeschick mit den Worten »Ich habe meine Unterlagen vergessen« einzugestehen. Die Teilnehmer hätten mit Sicherheit auf eine schlechte Organisation geschlossen und vom gesamten Seminar wenig Professionalität erwartet.

Ein Fehler oder Missgeschick lässt sich sogar in einen Vorteil ummünzen. Es kommt nur auf die richtige Kommunikation an.

Beispiel:
Einem Seminarleiter wurde kurz vor dem Seminar die Videoanlage gestohlen. Statt dies den Teilnehmern zu beichten, begann er die Veranstaltung so: »Meine Damen und Herren, lassen Sie uns heute mal ganz anders beginnen. Wir setzen anders als sonst keine Videoanlage ein. Damit möchte ich Ihnen die Scheu vor der Gruppe nehmen.« Die Teilnehmer reagierten darauf äußerst positiv, denn offensichtlich spulte der Dozent nicht immer dasselbe Programm ab, sondern war zu Experimenten bereit. Im nächsten Seminar wurde dann wieder die Videoanlage gleich zu Beginn eingesetzt.

Tipp:
Beginnen Sie ein Gespräch oder einen Vortrag nie mit einer Entschuldigung. Lassen Sie vielmehr Dinge weg, die für Sie unvorteilhaft sind – ohne deshalb die Unwahrheit zu sagen.

> **Wem etwas Negatives passiert – beruflich oder privat – , der sollte möglichst selten darauf aufmerksam machen. Etwas nicht zu sagen ist noch keine Lüge.**

LITERATUR

Ruhleder, Rolf H.: *So verkaufen Sie richtig – und setzen Ihre Preise durch.* Bad Wörrishofen, 1993
Ders.: *Der kompetente Manager.* Zürich 1996 (Hrg.)
Ders.: *Verkaufstraining intensiv.* 7. erw. Aufl., Renningen 1998
Ders.: *Verkaufen von A bis Z.* Offenbach 1998
Ders.: *Vortragen und Präsentieren.* 4. Aufl., Würzburg 2000
Ders.: *Einfach besser verkaufen.* 2. Aufl., Landsberg 2001
Ders.: *Rhetorik – Kinesik – Dialektik.* 14. Aufl., Bonn 2000
Ders.: *Die 10 Schritte zum Verkaufserfolg.* 5. Aufl., Renningen 2000

Hermann Scherer, Betriebswirt mit Studienschwerpunkt Marketing und Verkaufsförderung, ist kein Theoretiker. Direkt nach dem Studium baute er zwei Handelsunternehmen auf, die sich unter den Top 100 des Handels platzierten. Er leitet die Unternehmensgruppe Unternehmen Erfolg® – Scherer Consulting Group, ein Netzwerk von zurzeit 40 Experten, Spezialisten und Trainern aus verschiedenen Branchen, die wachstumsorientierten Unternehmen aus dem mitteleuropäischen Raum umfassende Service-, Beratungs-, Trainings- und Coachingleistungen bieten. Kunden sind unter anderem Agip, Bayer, Bertelsmann, DHL, BMW, Compaq, die Lufthansa SG, MAN, Novartis, die Deutsche Telekom AG, Schüco und Siemens. Hermann Scherer ist Veranstalter der Trainingsreihe »Von den Besten profitieren®«, aus der heraus dieses Buch entstand.

Hermann Scherer
Die Sprache des Erfolgs

**Sie bekommen nicht, was Sie verdienen,
sondern das, was Sie verhandeln**

Persönlicher Erfolg und Unternehmenserfolg hängen neben Ihrer Fachkompetenz, Ihren Ideen, Produkten und Dienstleistungen ganz entscheidend davon ab, ob Sie andere überzeugen und begeistern können. Leistung ist wie ein Konsumprodukt. Sie muss nicht nur erbracht, sondern auch professionell vermarktet werden.

> **Qualität allein reicht in Zukunft nicht mehr aus,
> um im Wettbewerb um Karriere oder Kundengunst
> die Nase vorn zu haben.**

Die meisten Menschen denken, Verhandlungen würden nur in der Geschäftswelt oder in Zusammenhang mit größeren Anschaffungen – wie beispielsweise dem Kauf eines Hauses oder Autos – geführt. Dabei verhandeln wir immer. Denn unter Verhandlung verstehen wir jede Art von Kommunikation, bei der wir versuchen, einen anderen zur Zustimmung, Billigung oder Handlung zu bewegen. Tatsache ist, dass Sie wahrscheinlich mehr Energien für alltägliche Verhandlungen aufwenden, als Ihnen bewusst ist. Ich meine damit die Verhandlungen, die etwa so beginnen: »Papa, kann ich heute Abend dein Auto haben?« oder »Liebling, schaltest du bitte um zur Tagesschau?« oder »Wohin fahren wir denn dieses Jahr in Urlaub? Ich wollte ja schon immer einmal ...«.

Menschen verhandeln immer

Die folgenden Tipps gelten also sowohl für das Millionengeschäft, das Sie möglicherweise nur einmal im Leben abschließen, als auch für die eben beschriebenen alltäglichen Verhandlungen. Befreien Sie sich von der Vorstellung, dass Sie immer das bekommen, was Sie verdienen. Sie bekommen das, was Sie verhandeln, und nicht das, was Ihnen Ihrer Meinung nach zusteht. Es bedarf hierzu mehr, als auf das Gewünschte zu warten, und es bedarf mehr, als nur zu fragen.

Wer nicht verhandelt, handelt sich was ein.

Das zentrale Grundsystem jeder Verhandlung lässt sich am besten anhand zweier kurzer Situationsbeschreibungen erläutern:

Beispiele für Verhandlungssituationen

1. Angenommen, Sie planen den Kauf eines neuen Autos und möchten daher Ihren alten Wagen verkaufen. Der Wert Ihres Fahrzeugs liegt laut Schwacke-Liste bei circa 25 000 DM. Zu welchem Preis werden Sie Ihr Auto nun in der Gebrauchtwagenrubrik der Zeitung anbieten? Richtig, Sie werden etwas mehr verlangen – zum Beispiel 27 500 DM. Nehmen wir weiterhin an, Ihr erster Gesprächspartner ist sofort bereit, den gewünschten Preis zu bezahlen. Sie erhalten also – ohne jede Verhandlung – den gewünschten Betrag auf den Tisch gelegt. Wie wird Ihre Reaktion auf dieses Gespräch sein? Richtig, neben der Freude über den problemlosen Verkauf stehen sicher auch Überlegungen wie »Hätte ich wohl mehr bekommen können?« oder »Mal wieder falsch kalkuliert« im Raum.

2. Wie sieht es umgekehrt aus? Nehmen wir an, Ihr Gesprächspartner sieht den Preis und denkt: »27 500 DM, das ist der typische Zeitungspreis, das Auto ist wahrscheinlich 25 000 DM wert – wenn überhaupt. Ich biete jetzt zunächst 22 500 DM.« Sie wiederum sind froh, das Auto überhaupt verkaufen zu können, und gehen zähneknirschend – aber ohne Gegenangebot – auf das Angebot ein. Welche Gedanken wird sich der Käufer machen, wenn er nun mit dem Auto nach Hause fährt? Wird er sich freuen? Einerseits sicherlich, andererseits wird er ganz besonders auf Unstimmigkeiten achten und einen Gedanken ganz sicher nicht los werden: »Wo ist der Haken?«

Die eben beschriebenen Situationen zeigen: Wenn Sie nicht verhandeln, baut sich bei Ihrem Gegenüber keine Entscheidungssicherheit auf. Sicherheit und Freude über den Erfolg verspüren beide Gesprächspartner nur, wenn eine Verhandlung stattgefunden hat.

Übrigens gehen wir in unserem Kulturkreis immer davon aus, dass die Mitte zwischen zwei Verhandlungsangeboten gerecht ist. Insofern hat der Käufer gerade im zweiten Beispiel clever gehandelt. Denn bei der ursprünglichen Ausgangslage gehen die Verhandlungspartner immer die gleichen Schritte aufeinander zu. Zum Beispiel: Der Verkäufer sagt statt der zunächst geforderten 27 500 DM nun 26 500 DM. Der Kunde steigert sein Angebot von 22 500 DM auf 23 500 DM. Im Endeffekt treffen sich die beiden bei 25 000 DM.

Denken Sie also daran, die Mitte wird gerne als gerecht angesehen, und damit ist es entscheidend, dass Sie eine optimale Ausgangsposition einnehmen und bereit sind, über einen geforderten Betrag oder einen geäußerten Wunsch zu verhandeln.

Die Mitte gilt als gerecht

Verhandeln Sie immer, egal auf welcher Seite Sie stehen, um auf beiden Seiten Entscheidungssicherheit und ein gutes Gefühl aufzubauen.

Die Felsquellwasserstrategie

»Aus reinem Felsquellwasser gebraut!« – Mit diesem Slogan wirbt eine Brauerei für ihr Bier und erreicht so einen höheren Absatz, obwohl bekannt ist, dass mehrere Brauereien in Deutschland ihr Bier aus reinem Felsquellwasser brauen. Diese Tatsache erklärt bereits den Kern der »Felsquellwasserstrategie«: Sie müssen oftmals gar nicht besser sein als Ihr Mitbewerber, Sie müssen Ihre Stärke nur besser kommunizieren. Warum? Nehmen wir einmal an, Sie müssen von zwei Alternativen eine aussuchen. Zum Beispiel ein Produkt, das Sie gerne kaufen wollen, eine Idee, die Sie gerne realisieren wollen, Mitarbeitervorschläge, die Sie gerne in die Tat umsetzen möchten, Bewerber, die Sie einstellen wollen.

**Beispiel:
Leistungs-
kommunikation**

Die Grafik zeigt zwei in Preis beziehungsweise Realisierungsaufwand gleiche Ideen beziehungsweise Angebote (Angebot im Sinne eines Anbietens). An der Höhe der Säule sehen Sie, dass A ein weitaus höheres Leistungsspektrum bietet als B. Objektiv betrachtet müssten Sie also auf die Frage »Wo würden Sie kaufen beziehungsweise wofür würden Sie sich entscheiden?« in jedem Fall mit A antworten. Gleiches gilt, wenn wir in der Grafik die von Ihrem Auftraggeber beziehungsweise Partner erwartete Leistung durch einen Strich kennzeichnen. Auch jetzt hat A immer noch das objektiv bessere Angebot und Sie würden sich für A entscheiden. Tatsache ist aber, dass B sein Leistungsspektrum, sprich die Vorteile seines Angebotes, weitaus besser kommuniziert (schraffierte Fläche). Das verändert die Situation vollkommen. Denn Sie werden natürlich bei dem Anbieter kaufen beziehungsweise sich für die Idee entscheiden, die Ihnen – subjektiv gesehen – am deutlichsten, sprich positivsten vermittelt wird.

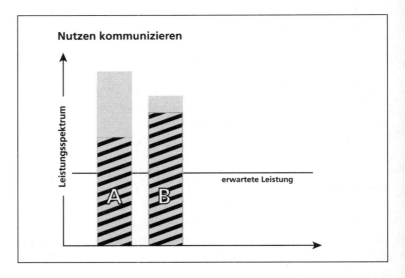

**Wichtig:
Nutzen
kommunizieren**

Wir kaufen also da (oder entscheiden uns für die Person oder Idee), wo der Nutzen subjektiv besser kommuniziert wird. Und nicht dort, wo der Nutzen objektiv besser ist. Nicht das Unternehmen, der Partner, die Idee, das Produkt oder die Dienstleistung, die besser sind als die Mitbewerber, bekommen den Zuschlag, sondern die, die den Nutzen besser kommunizieren. Denn Qualität findet im Kundenkopf statt.

Das ist genau der Grund, warum Verkauf sich heute im Verdrängungswettbewerb so geändert hat. Natürlich ist die tatsächliche, objektive Qualität wichtig – wichtiger denn je. Qualität ist unsere Eintrittskarte in den Markt oder in das Gespräch, jedoch reicht diese allein nicht mehr aus. Qualität muss unbedingt kommuniziert werden.

Wie erreichen Sie das? Versetzen Sie sich in die Lage des Gegenübers. Überlegen Sie, welche Ängste Ihr Gesprächspartner haben könnte oder welche Argumente ihm fehlen. Helfen Sie Ihren Partnern, die richtige Entscheidung zu fällen. Bauen Sie Sicherheit durch die richtigen Argumente auf. So bestärken Sie den Kunden oder Gesprächspartner in seiner Entscheidungssicherheit und Entscheidungsfreude.

Sich in den Gesprächspartner hineinversetzen

Sorgen Sie dafür, dass Sie Ihre Stärken kommunizieren, unabhängig davon, ob andere diese auch haben oder nicht.

Das Prinzip der nachgeschobenen Forderung

Wann immer wir eine Entscheidung treffen beziehungsweise getroffen haben, stellt sich in unserem Kopf die Frage: »War das gut oder war das schlecht?« Logischerweise halten wir die meisten Entscheidungen, die wir treffen – zumindest zum Zeitpunkt der Entscheidung – für gut oder mindestens für bestmöglich. Sonst würden wir diese Entscheidungen ja nicht treffen. Nachdem wir die Entscheidung getroffen haben, beginnt zudem ein weiterer Bestärkungsvorgang: Wir rechtfertigen die Entscheidung vor uns selbst. »Die Entscheidung war gut, weil ...« oder »Diese Sache hat einfach ihren Sinn, weil ...«

Dieser als »Entscheidungsrechtfertigung« beschriebene Ablauf lässt sich mit einer Befragung auf einer Pferderennbahn belegen: Kurz vor der Kasse beschrieben viele Wettende ihre Stimmung als nervös und unsicher. Nach der Entscheidung schlug diese Unsicherheit in vielen Fällen in Optimismus und Überzeugung um. Einige Wettende rechtfertigten ihre eigene Entscheidung sogar so stark vor sich selbst, dass sie vor

Beispiel Pferderennbahn

Kassenschluss ihren Wetteinsatz auf den bereits abgegebenen Tipp noch weiter erhöhen.

Entscheidungs-rechtfertigung
Diese »*Entscheidungsrechtfertigung*« wird in vielen Verhandlungssituationen ausgenutzt, indem bestimmte Argumente nicht nur richtig formuliert, sondern vor allem auch zum richtigen Zeitpunkt genannt werden. Für bestimmte Punkte gilt, dass sie erst nach Verhandlungsende – sprich nach Einsetzen der Entscheidungsrechtfertigung – »nachgeschoben« werden sollten. Sie warten also auf den Augenblick der Einigung und schieben eine weitere Forderung nach. Dann hat Ihr Gegenüber seine Entscheidung vor sich selbst gerechtfertigt, möchte diese ungern revidieren und die ganze Verhandlung wieder aufrollen. Deshalb wird Ihr Gegenüber mit großer Wahrscheinlichkeit Zugeständnisse machen, um genau das zu verhindern. Das System der nachgeschobenen Forderung nennt man deshalb auch »Prinzip des Nagens«.

Beispiel Autokauf
Besonders gut kann man das Prinzip der nachgeschobenen Forderung beim Autokauf beobachten: Sie verkaufen gerade Ihr Auto, und der Kunde will unterschreiben, schaut auf und sagt: »Das schließt doch einen vollen Tank ein?« Beim Neuwagen sind es oft Fußmatten, die »nachgefordert« werden.

Beispiel Urlaubsfinanzierung
Vor allem Kinder sind Profis in diesem Vorgehen: Angenommen, Ihr Sohn will, dass Sie seine Urlaubsreise finanzieren. Kaum genehmigt, kommt die Frage nach dem Urlaubstaschengeld und darauf die Frage nach neuen Koffern oder Ähnlichem auf. Hätte er alle Wünsche auf einmal genannt, so hätte er sie wahrscheinlich nicht erfüllt bekommen.

Beispiel Bewerbungsgespräche
Ein weiteres klassisches Beispiel sind Bewerbungsgespräche: Nehmen wir an, Sie beginnen ganz am Anfang des Gesprächs, eine Forderung nach Umzugskostenunterstützung zu stellen. Ihre Chancen verschlechtern sich sofort, weil jeder denkt, es käme Ihnen nur auf das Geld an. Setzen Sie die Forderung ans Ende der erfolgreichen Verhandlung, können Sie an Ihrem zukünftigen Arbeitgeber »nagen«. Dieser wird sich überlegen, ob Sie diese zusätzliche Investition wert sind, er erneut mit Ihnen verhandeln oder den Arbeitsvertrag gar platzen lassen will.

Überlegen Sie in der Vorbereitung einer Verhandlung nicht nur, welche Argumente Sie einsetzen, sondern auch, wann Sie diese einsetzen, um optimalen Verhandlungserfolg zu erzielen.

Alternativen schaffen

Wenn Sie etwas Teures verkaufen wollen, stellen Sie etwas noch Teureres dazu. Wenn Sie viel verkaufen wollen, stellen Sie noch mehr dazu. Wenn Sie eine große Idee realisieren wollen, stellen Sie eine noch größere Idee dazu. Warum? Natürlich sollten wir unserem Gegenüber die Entscheidung aufgrund zu vieler Alternativen nicht erschweren. Jedoch beeinflussen die Auswahlmöglichkeiten die Wahl des Gegenübers.

Beispiel:
Ein Weinhändler fragte mich einmal, was er machen solle: Er bot zwei Sorten Chablis an. Einen für 13 DM pro Flasche und einen für 22 DM pro Flasche. Der Wein für 13 DM hatte einen Umsatzanteil bei Chablis von 80 Prozent. Der teurere Wein zu 22 DM hatte lediglich einen Umsatzanteil von 20 Prozent. Dieses Verhältnis hätte der Händler gerne geändert und den für ihn wirtschaftlicheren Wein für 22 DM häufiger verkauft. Alle Bemühungen und Gespräche mit den Kunden hatten bisher wenig geholfen. Die meisten sagten: »Man muss nicht gleich den teuersten Wein kaufen.« Ich veranlasste, dass ein weiterer Chablis ins Sortiment kam. Ein Chablis »Grand Cru« für 69 DM. Nun war die Reaktion der Kunden eine ganz andere. Viele kamen und sagten: »Einen Chablis für 69 DM? Das ist ja viel zu teuer, den kaufen wir nicht. Aber den ganz billigen für 13 DM, den müssen wir auch nicht haben. Wir nehmen den Chablis für 22 DM.« Die neue Umsatzverteilung lag nun bei 20 Prozent für den 13-DM-Wein, 79 Prozent für den 22-DM-Wein und 1 Prozent für den »Grand Cru«.

Dieses Beispiel steht stellvertretend für sehr viele Situationen. Es verhält sich so bei vielen Mengenangaben, bei Vorschlägen, Forderungen und Ideen. Wenn Sie zum Beispiel eine großartige Idee verwirklichen wollen, stellen Sie eine noch größere Idee dazu.

Eine Bandbreite offerieren

Dadurch geben Sie selbst größere Bandbreiten vor und lenken die Entscheidung.

Dieses Prinzip könnte auch heißen: »*Fordern Sie mehr, als Sie erwarten!*« Besonders wirkungsvoll erweist sich das Prinzip bei Forderungen oder Ideen mit ultimativem Charakter. Geben Sie Ihrem Gegenüber eine größere Zahl an Forderungen an, so steigen Ihre Chancen, das zu bekommen, was Sie erwarten. Vor allem auch, weil Ihr Gegenüber durch eine neue Verhandlung sein Gesicht wahren kann.

Beispiel Golfkrieg
Besonders gut zu sehen war das während des Golf-Krieges: George Bush forderte Saddam Hussein auf, drei Dinge zu tun.

1. *Er sollte Kuwait verlassen.*
2. *Er sollte die legale Regierung in Kuwait wieder einsetzen.*
3. *Er sollte seine Zerstörungen wieder gutmachen.*

Das Problem dabei war, dass diese Forderungen das Mindeste waren, was George Bush von Saddam Hussein erwartete. So kam es zur Sackgasse und damit zum Krieg. Ich wage zu vermuten: Wenn Bush neben den drei Punkten noch zwei weitere genannt hätte, wäre es Hussein möglich gewesen, darüber zu verhandeln und dementsprechend mit einer Teillösung sein Gesicht zu wahren.

Erhöhen Sie die Auswahlmöglichkeiten in Bezug auf Wert, Menge oder Größe nach oben, um Entscheidungen sinnvoll zu lenken.

Strategie der Visualisierung und Division

Argumente zergliedern
Oftmals hängen Entscheidungen davon ab, wie sehr unser Gegenüber davon überzeugt ist und wie wertvoll oder kostenintensiv das Vorgehen für den jeweiligen Partner ist. Um komplexe Zusammenhänge nachvollziehbar und verständlich zu machen, ist es notwendig, diese durch mehrere Faktoren (das Aufteilen von Summen, die Zergliederung von Argumenten) in Einzel-

segmente zu zerlegen. Das ist für den Lern- und Verständnisprozess des Zuhörers entscheidend. Ohne eine sinnvolle Aufgliederung einzelner Argumentationsbestandteile beziehungsweise Preissegmente können Ihre Zuhörer nicht folgen – insbesondere bei Preisgesprächen.

Beispiel:
Für eine Kommission ging es einmal darum aufzuzeigen, warum günstiger Sekt von minderer Qualität ist und nicht schmecken kann. Mit banalen Hinweisen wie: »Der ist doch viel zu billig, um schmecken zu können« hatte die Qualitätskommission keinen Erfolg. Unser Unternehmen wurde um Rat gefragt. Wir bedienten uns der Division und visualisierten das Ganze nach einer Fragereihenfolge: Der Sekt soll zu einem Verkaufspreis von 3,99 DM verkauft werden. Wie viel DM Mehrwertsteuer sind darin enthalten, wenn wir den Steuersatz von 16 Prozent zugrunde legen? Die Mehrwertsteuer liegt bei: 0,55 DM. Es verbleiben: 3,44 DM. Wie hoch sind schätzungsweise die Kosten und der Gewinn für den Händler? Grob 8 Prozent, also circa 0,28 DM. Es verbleiben jetzt: 3,16 DM. Und wie hoch sind die gleichen Kosten für den Großhändler? Noch einmal 8 Prozent, also circa 0,25 DM. Jetzt liegen wir bei 2,91 DM.

So stellten wir weitere nachvollziehbare Fragen über: Logistik, Korken, Korkenhalterung, Stanniolfolie, Verpackung, Etikett, Flasche, Werbekosten, Lohnkosten des Herstellers, Gebäude und Fixkosten des Herstellers und vieles mehr. Mit jeder Frage wurde der Restwert, der den Einkaufspreis des Grundweins beschreiben sollte, immer kleiner. Irgendwann lagen wir mit dieser Rechnung bei 2,04 DM. Nun stellten wir die Frage, ob denn jemand wüsste, wie hoch die Sektsteuer in Deutschland pro Flasche sei. Es kam heraus, dass die pro Flasche Sekt erhobene Steuer – unabhängig vom Verkaufspreis – bei 2 DM liegt. Also war der Grundwein in unserem Beispiel nur noch 4 Pfennig »wert«. Die Kommissionsteilnehmer waren nun sehr einfach von der geringen Qualität zu überzeugen.

Einen Preis logisch verkleinern

> **Stellen Sie nicht nur Behauptungen auf, sondern teilen Sie diese in nachvollziehbaren Schritten mit – am besten schriftlich notiert. So werden Ihre Berechnungen oder Argumente schneller verstanden und akzeptiert.**

Das Schlüsseldienst-Prinzip

Es ist wie beim Ei des Kolumbus. Oftmals haben wir in Gesprächen phantastische Ideen, und kaum sind diese ausgesprochen, reagieren die Ansprechpartner mit Aussagen wie: »Na, da wären wir ja auch selbst drauf gekommen«. Gerade wenn Ihre (Dienst-)Leistungen nicht immer »zum Anfassen« sind, dann besagt dieses Prinzip – das auch gerne das »Prinzip der kurzen Freude« genannt wird – Folgendes: Der Wert einer Dienstleistung lässt mit dem Zeitpunkt der Erbringung im Kundenkopf nach.

Das klingt für Sie unvorstellbar?

Beispiel:
Stellen Sie sich vor, Sie kommen von einer Veranstaltung nach Hause und merken, dass Sie beim Verlassen des Hauses einfach die Tür hinter sich zugezogen haben und der Schlüssel im Haus ist. Es gibt keine Möglichkeit für Sie, ins Haus zu kommen. Also rufen Sie den Schlüsseldienst an. Dieser kündigt sein Kommen und eine damit verbundene Rechnung in Höhe von 300 DM an. Was bleibt Ihnen übrig? Sie stimmen der Sache zu. Nun trifft der Schlüsseldienst ein, öffnet mit einem Dietrich innerhalb von einer Minute die Tür und kassiert 300 DM. Sie stehen fassungslos vor der Tür und beziffern den Stundenlohn Ihres »Retters« auf 18 000 DM. Das sind Situationen, in denen es – aus Sicht des Schlüsseldienstes – wichtig ist, den Wert der Leistung vorher festzulegen. Denn wenn Sie erst in der Wohnung stehen, ist der Wert der Dienstleistung für Sie bereits viel geringer.

Werte kommunizieren

Denken Sie also bitte bei allen Lösungsvorschlägen daran, die entscheidenden Werte vorher klar zu kommunizieren, um die Wertschätzung des Gegenübers zu erfragen und aufzuzeigen. Dies kann durch Fragen geschehen, wie:

- Was ist Ihnen eine Lösung des Problems wert?
- Wie wichtig ist Ihnen eine Idee dazu?
- Welche Bedeutung messen Sie dieser Situation bei?

Böse Zungen nennen dieses Schlüsseldienst-Prinzip auch Call-Girl-Prinzip. Sie wissen ja, der Wert einer Dienstleistung lässt mit dem Zeitpunkt der Erbringung nach.

Sorgen Sie dafür, dass Ihren Ideen und Leistungen vorher der nötige Wert und der entsprechende Respekt zugeordnet werden.

Der Zeigarnik-Effekt

Der Zeigarnik-Effekt ist eine von der Psychologin Bluma Zeigarnik entdeckte und beschriebene Erscheinung. Grundlegende Aussage der Psychologin ist, dass unerledigte Handlungen besser erinnert werden als erledigte und außerdem eine verstärkte Tendenz hinterlassen, sich immer wieder damit auseinander zu setzen.

Was für einen Vorgang beschreibt dieses Prinzip genau? Fast jeder Mensch hat verschiedene Dinge, die unerledigt sind. Da ist zum Beispiel die Steuererklärung, die wir schon längst machen wollten; da ist der Fahrradreifen, den wir schon seit Wochen aufpumpen wollten; da ist das Gespräch, das wir fortführen wollten, und, und, und ... Bluma Zeigarnik hat herausgefunden, dass unser Gehirn wie ein riesiges Schubladensystem funktioniert. Immer, wenn wir eine Sache beginnen und nicht zu Ende führen oder nicht zu Ende führen können, dann bleibt diese Schublade offen, und wir stolpern darüber. Je mehr Schubladen wir geöffnet haben, umso weniger können wir uns auf unsere momentane Tätigkeit konzentrieren.

Unerledigtes bleibt im Gedächtnis

Das ist im Übrigen der Grund, warum erfolgreiche Menschen immer ganz wenige »Schubladen« offen haben. So können sie sich ganz auf ihren Erfolg konzentrieren. Ich vergleiche das gerne mit Wasserhähnen in einem Einfamilienhaus. Wenn wir alle Wasserhähne aufdrehen, dann ist der Druck plötzlich geringer, und es kann aus jedem einzelnen Hahn nicht mehr so viel Wasser fließen.

Der oben beschriebene Zeigarnik-Effekt greift natürlich nicht nur in Bezug auf Tätigkeiten. Auch in einer Gesprächssituation kann der Verweis auf ein zweites Problem unsere Konzentration enorm ablenken. Dies wird von vielen Gesprächspartnern, oft-

Andere durch »offene Schubladen« lenken

mals unbewusst – vielfach aber auch bewusst –, eingesetzt, um uns entweder zu verwirren oder zu lenken.

Dies kann mit folgenden Worten passieren:

- »Guten Tag, Herr Müller, heute habe ich Ihnen etwas ganz Besonderes mitgebracht, das ich Ihnen im Laufe des Gesprächs noch zeigen werde.«
- »Am Ende unseres Gesprächs habe ich noch eine ganz besondere Überraschung für Sie.«
- »Konnten Sie den Punkt 17/5a auch wirklich ganz genau umsetzen?«
- »Ich weiß nicht genau, was es ist, ich habe jedoch das Gefühl, Sie haben da noch etwas vergessen.«

Fernsehprogrammchefs sind Meister des Zeigarnik-Effekts: Immer wenn der Mörder sich gerade mit dem Messer an sein Opfer angeschlichen hat, werden Werbespots gesendet. Unsere Aufmerksamkeit bleibt bei der noch nicht vollbrachten Tat – »der offenen Schublade«. Wir konzentrieren uns so darauf, dass wir gar nicht auf die Idee kommen, umzuschalten. Die Gestaltung des Programms verleitet uns mit dem Zeigarnik-Effekt dazu, auf demselben Kanal zu bleiben.

Negativbeispiel Oftmals wirkt der Zeigarnik-Effekt zu unseren Ungunsten. Ich habe schon viele Telefongespräche erlebt wie dieses: »Guten Tag, Herr Müller, mein Name ist Meier, haben Sie unseren Prospekt über die Leistungen unseres Hauses erhalten?« »Ja, habe ich erhalten.« »Und was sagen Sie dazu?« »Ich habe ihn leider noch nicht gelesen.« »Oh, das ist schade. Wann soll ich denn wieder anrufen?«

Hier stellt der Verkäufer die Bedeutung des Prospektes so in den Vordergrund, dass sowohl er selbst als auch der Kunde unbewusst annehmen, ohne Prospekt könne nicht weitergeredet werden, weil eben noch eine wichtige »Schublade offen ist«. Stattdessen hätte der Verkäufer ja auch ohne Unterlagen weiter agieren und das Verkaufsgespräch ohne Prospekt führen können, statt das Ganze zu vertagen.

Lassen Sie sich selbst von Ihrer eigenen Konzentration auf noch nicht abgehakte Themen (»offene Schubladen«) nicht ablenken und nutzen Sie die Nennung noch nicht geklärter Bereiche, um andere Gesprächspartner neugierig zu machen, also über »offene Schubladen stolpern zu lassen«.

Das Prinzip der höheren Instanz

Viele Menschen halten sich, damit ein einmal gesteckter Rahmen eingehalten oder ein Budget nicht überschritten wird, eine höhere Instanz im Hintergrund »zur Verfügung«. Diese kommt häufig in Budgetverhandlungen und all jenen Entscheidungsbereichen zum Einsatz, in denen man schlecht »Nein« sagen kann. Die höhere Instanz (am besten eine virtuelle oder juristische Person, mit der der Gesprächspartner nicht so leicht selbst sprechen kann) wird an dieser Stelle vorgeschoben, um keine Entscheidung treffen zu müssen. Beispielhafte Aussagen sind:

Entscheidungen mittels »höherer Instanz« blockieren

- »Ich muss das noch vom Vorstand bewilligen lassen.«
- »Da frage ich zuerst die Mitglieder des Zentralausschusses.«

In meiner Tätigkeit als Geschäftsführer eines Unternehmens antwortete ich oft: »Ich muss das von unserem Werbeausschuss noch absegnen lassen.« Ich war selbst verwundert, wie wenige meiner Gesprächspartner danach gefragt haben, was für ein Ausschuss das genau ist oder wann dieser wieder zusammenkommt.

In vielen Situationen treiben Gesprächspartner dieses Prinzip auf die Spitze: So kann ein Einkäufer zum Beispiel mit einer Aussage wie »Okay, die Sache – denke ich – geht klar, ich muss das nur noch von meinem Vorstand bewilligen lassen« den Verkäufer vertrösten und dann am nächsten Tag einräumen, dass die Chefetage ihm einen Strich durch die Rechnung gemacht hat. Oft wird sogar das Prinzip der höheren Instanz noch mit dem Prinzip der nachgeschobenen Forderung kombiniert, indem der Einkäufer nachschiebt: »Es würde nur gehen, wenn Sie die Konditionen nochmals senken.«

Gegenstrategie Eine Gegenstrategie könnte ungefähr so formuliert werden: »Wenn das Angebot nach Ansicht gefällt, gäbe es dann noch einen Grund, der Sie am Kauf hindern würde?« oder: »Damit wir uns nicht missverstehen, wenn dieses Angebot all Ihren Wünschen entspricht, gäbe es irgendeinen Grund, warum Sie mir nicht heute noch Ihre Entscheidung mitteilen können?«.

Gegenstrategie zur Gegenstrategie Doch es gibt auch eine Gegenstrategie zur Gegenstrategie: »Tut mir Leid, da müssen Sie sich schon nach unserer (Firmen- oder Entscheidungs-)Philosophie richten.« Und selbstverständlich gibt es auch eine Gegenstrategie zur Gegenstrategie zur Gegenstrategie: »Ich bin sicher, dass man Ihrer Entscheidung folgen wird« oder »Sie werden sich für meine Offerte doch einsetzen, nicht wahr?«. Oder Sie beschränken den Einwand auf einen ganz bestimmten Grund: »Dann lassen Sie uns doch die Verträge fertig machen, und wenn die Qualität nicht dem entspricht, was Sie erwarten, dann haben Sie natürlich das Recht, das Angebot nicht anzunehmen.«

Legen Sie sich bei Bedarf eine höhere Instanz zurecht und durchschauen Sie umgekehrt gleichzeitig den Vorwand einer höheren Instanz bei anderen, indem Sie genau hinterfragen.

Das Prinzip des »Ball-Zurückgebens«

Dem Gesprächspartner ein Problem überlassen Mit dieser Vorgehensweise wird sichergestellt, dass Verhandlungen nicht schon im Kern zum Scheitern verurteilt sind. Tatsache ist, dass wir durch das Eingehen auf ein an uns herangetragenes Problem signalisieren, dass es unser Problem ist. Seien Sie nicht gewillt, die Probleme anderer Leute anzunehmen. Sie haben genug eigene Probleme. Wir werden also jedes Problem auf seine Gültigkeit für uns selbst prüfen und seine Richtigkeit bewerten. Dann können wir das Problem gegebenenfalls zurückgeben und unsere Konzentration auf das eigentliche Grundproblem lenken.

Das klingt in der Theorie sehr problematisch – einige Beispiele verdeutlichen jedoch, wie einfach und zweckmäßig dieses Prinzip ist.

Beispiele:
Oftmals werden von Kunden oder Verhandlungspartnern Einschränkungen gemacht, indem etwa ein potenzieller Kunde zu einem Immobilienmakler sagt, dass er lediglich 600 000 DM zahlen kann. Meistens wird diese Vorgabe oder dieses Problem angenommen, statt den Ball wieder zurückzuspielen und zu sagen: »Klar, das lässt sich machen. Wenn wir ein Haus finden, das Ihren Vorstellungen entspricht und in das Ihre Kinder am liebsten sofort ihre Freunde einladen wollen, das jedoch 650 000 DM kostet – sollen wir es Ihnen dann überhaupt zeigen?« In den meisten Fällen wird dies funktionieren und der Kunde dem zustimmen. Oder: Ihr Vorgesetzter sagt, er brauche Ideen für ein neues Konzept, das jedoch nicht mehr als 200 Arbeitsstunden bis zur Realisierung benötigt. Anstatt dies anzunehmen, können Sie nun fragen: »Angenommen, wir finden eine Idee, die wirklich enorm sinnvoll und für die Fragestellung genau die richtige ist, jedoch 250 Arbeitsstunden benötigt. Sollen wir diese dann überhaupt anbieten?«

> **Nehmen Sie nicht alle Probleme an, die an Sie herangetragen werden, sondern spielen Sie den Ball wieder zurück. So haben Sie die Möglichkeit, mit weniger Aufwand mehr zu erreichen.**

Was schlagen Sie vor?

Haben Sie in einer Verhandlung schon einmal die Frage »Was schlagen Sie vor?« verwendet? Nein? Dann sollten Sie es unbedingt tun. Was man damit alles erreichen kann, habe ich vor einiger Zeit selbst erlebt:

Beispiel:
In einem Herrenbekleidungshaus fand ich eine Hose, die in Form, Farbe usw. genau meinen Vorstellungen entsprach. Auf dem Weg zu meinem Verkäufer stellte ich fest, dass der Knopf der Gesäßtasche lose war – er hing sozusagen an einem seidenen Faden. Da meine Mutter Schneiderin

Das Gegenüber ein Problem lösen lassen

ist und einen Knopf in zwei Minuten wieder annäht, wollte ich zuerst um einen Nachlass in Höhe von 5 DM bitten. Plötzlich fiel mir ein: Wer nach 5 DM fragt, der wird maximal 5 DM bekommen. Also änderte ich meine Strategie und stellte, nachdem ich den losen Hosenknopf gezeigt hatte, eine Frage, die mir schon viele Erfolge gebracht hat: »Was schlagen Sie vor?« Zu meinem Erstaunen sagte der Verkäufer: »Wäre es Ihnen recht, wenn wir Ihnen dafür einen Rabatt in Höhe von 30 DM gewähren würden?« Ich war verblüfft und motiviert, diese Frage ein weiteres Mal am Ende des Verkaufsgesprächs zu stellen. Wir hatten alle Teile für mich zusammengesucht und ich sagte zum Verkäufer: »Ich kann mir gut vorstellen, all die schönen Sachen, die wir in so kurzer Zeit ausgesucht haben (Nutzen mit einbauen!), zu kaufen. Auf der anderen Seite würde das meinen Geldbeutel stark belasten, deshalb ist nun meine Frage, ob eine Art ›Bonbon‹ denkbar wäre (und blickte dabei auf einen sehr schönen Edelregenschirm). Was schlagen Sie vor?« Zu meiner Verblüffung fragte mich der Verkäufer nun, ob ich mit einem Regenschirm, einem Kleidersack und 300 DM Rabatt einverstanden wäre. Es war unglaublich. Ich wäre mit einem Regenschirm schon mehr als zufrieden gewesen. Im Gegenteil, ich hätte sogar ohne ein »Bonbon« gekauft. Der Verkäufer hatte versäumt, eine wichtige Gegenfrage zu stellen: »Was schlagen Sie denn vor?«

Dieser Satz wirkt in den meisten Situationen, ganz unabhängig davon, ob Sie Kunde oder Verkäufer sind. Der Hintergrund: Verkäufer haben in den meisten Situationen die für den Kunden sinnvollere Lösung im Kopf (das liegt wohl auch am schlechten Gewissen der Verkäufer). Umgekehrt haben die meisten Kunden einen für den Verkäufer besseren Lösungsvorschlag im Sinn. Also, egal auf welcher Seite Sie stehen und worüber Sie verhandeln, nutzen Sie die Möglichkeit, diese Frage zu stellen.

Sinnvolle Einschränkungen Es ist übrigens sinnvoll, den Satz einschränkend zu formulieren, zum Beispiel: »Was schlagen Sie – ganz realistisch betrachtet – vor?« Oder: »Was schlagen Sie – unter Berücksichtigung, dass dies bereits Sonderpreise sind – vor?«

Bitte verwenden Sie in Verhandlungen so oft wie möglich die Frage: »Was schlagen Sie vor?«

Die Macht des Schweigens ...

... oder lassen Sie Pausen nicht sausen. Immer, wenn Sie Fragen formuliert, Behauptungen aufgestellt oder Fakten in den Raum geworfen haben und wirklich auf eine Antwort warten, dann lassen Sie Ihrem Gegenüber genügend Zeit – warten Sie. Und Achtung: Wer wartet, tut nichts!

Wer – gerade bei harten Verhandlungen – das Schweigen bricht, der hat oftmals verloren. Nutzen Sie die Macht der Pause, selbst wenn diese unangenehm wird. Sie können sich das nicht vorstellen?

Schweigen ist Macht

Beispiel:
In einer zähen Verhandlung, die ich zusammen mit einem Kollegen führte, wurde mit einer Lieferantin das richtige Produkt gefunden, die Menge bestimmt, und alle weiteren Vorgehensweisen wurden genau besprochen. Anschließend kam meine Lieblingsfrage an die Lieferantin: »Wenn wir an eine Art kleines Bonbon im Sinne einer Reduktion für diesen Basisauftrag denken, dann lautet meine Frage an Sie: Was schlagen Sie vor?« Wie fast immer begann die Dame nachzudenken, runzelte die Stirn, und ich spürte, wie Sie dabei war, die Konditionen durchzurechnen. Ich wusste, das wird etwas. Die Pause dauerte sehr lange, und ich wurde immer nervöser, was ich mir allerdings nicht anmerken ließ. Als das Schweigen immer länger dauerte, wusste ich, wer jetzt zuerst etwas sagt, der hat verloren, und ich schwor mir: »Du sagst kein Wort.« Da sagte mein Kollege den verhängnisvollen Satz: »War ja bloß eine Frage.« Die Lieferantin schmunzelte und sagte: »Na, dann ist ja alles in Ordnung« und machte den Auftrag fertig. Wir verließen das Unternehmen ohne zusätzlichen Rabatt.

Mit der Macht des Schweigens können Sie Denkmomente ausnutzen, um Macht aufzubauen und damit Entscheidungssicherheit oder Entscheidungsunsicherheit bis zur Zustimmung zu produzieren. Für viele Verkäufer ist die oben beschriebene Begebenheit ein gutes Beispiel (Aha-Erlebnis) dafür, warum so viele Verhandlungen in der Vergangenheit nicht zum gewünschten Ergebnis führten.

Nutzen Sie die Macht des Schweigens – selbst wenn es manchmal geradezu schmerzhaft ist.

Neue Spielregeln auf dem Markt
Es gelten neue Spielregeln um die Poleposition im Leben oder im Markt. Sie positionieren sich als Sympathieträger oder Top-Unternehmen. Als Mensch oder Marke, der/die andere begeistert. Rücken Sie mit der Get-more-Methode an die Spitze: Denn Sie bekommen nicht, was Sie verdienen, sondern das, was Sie verhandeln.

G eheim-Tipp
  Brand-Name: Nutzen Sie Ihren Namen als Geheimtipp.
E xpertenstatus
  Schaffen Sie sich ein positives Vorurteil.
T alk about
  Idea-Selling: So sammeln Sie Pluspunkte.

M arketing
  Verkaufen Sie sich zum besten Preis.
O ver the Top
  Verlangen Sie mehr, als Sie erwarten.
R elationship
  Bauen Sie Ihr Netzwerk auf, das Sie nach oben trägt.
E conomy zahlen – Business fliegen

Sie bekommen nicht, was Sie verdienen, sondern das, was Sie verhandeln.

LITERATUR

Detroy, Erich-Norbert: *Sich durchsetzen in Preisgesprächen und -verhandlungen.* 12. Auflage, Landsberg 1999

Dawson, Roger: Hörbuch: *Die Geheimnisse des erfolgreichen Verhandelns.* Nightingale-Conant Corporation, 1989
Vertrieb in Deutschland: Bornhorst GmbH, 69198 Schriesheim

Prof. Dr. Lothar J. Seiwert
ist »Deutschlands tonangebender Zeitmanagement-Experte« (Focus 1/2000). Seine Coaching- und Consultingfirma SEIWERT-INSTITUT GMBH in Heidelberg hat sich auf die Themen Time-Management und Life-Leadership® spezialisiert. Im In- und Ausland wurde seine Arbeit mehrfach prämiert. So erhielt er 1997 den Deutschen Trainingspreis und 1999 als erster deutscher Trainer den internationalen Trainingspreis »Excellence in Practice« der American Society of Training and Development (ASTD). Seiwert hat zahlreiche Bücher zum Thema Zeit- und Selbstmanagement geschrieben. Sein Buch »Wenn Du es eilig hast, gehe langsam« steht seit Erscheinen auf den Bestsellerlisten. Prof. Seiwert hält regelmäßig öffentliche und firmeninterne Seminare, an denen bereits über 100 000 Führungskräfte teilgenommen haben.
Info@seiwert.de
www.seiwert.de

Lothar J. Seiwert
Life-Leadership®

Wenn du es eilig hast, gehe langsam

»Nur wer lernt, Nein zu sagen, bekommt sein Zeitmanagement in den Griff.«

Ihre persönliche Lebenslinie

Die Zeit ist eine flüchtige Größe. Sie eilt uns allen davon. Wie oft ist es Ihnen schon so ergangen, dass Sie eine Woche lang von Termin zu Termin gehetzt sind und sich am Ende gefragt haben: »Wo ist nur die Zeit geblieben?« Vor allem aber: »Warum habe ich mich schon wieder nicht um die ›wirklich wichtigen‹ Dinge kümmern können?« Diese Verzweiflung muss ein Ende haben. Dabei hilft Ihnen folgende Übung:

Die Zeit ist flüchtig

Übung:

Nehmen Sie sich einen Zollstock (am besten einen, den Sie entbehren können) und brechen Sie hinter dem vierten Glied (nach 82 cm) die restlichen Teile einfach ab. Legen Sie nun Ihren Daumen auf die Zahl, die Ihrem jetzigen Lebensalter entspricht.
Betrachten Sie die Zahlen *links* von Ihrem Daumen. Sie entsprechen der Vergangenheit, die hinter Ihnen liegt. Ob freud- oder leidvoll – das spielt keine Rolle mehr, denn das Rad der Zeit können Sie nicht zurückdrehen.

Viel wichtiger ist die Lebenslinie *rechts* von der Zahl, bei der Sie gerade sind. Wie groß ist die Entfernung zu Ihrem statistischen Verfallsdatum? Wie viel Zeitkapital haben Sie ungefähr noch zur Verfügung? Was können und was wollen Sie in Ihrer restlichen Lebenszeit noch erreichen?

Sie haben Ihre Lebenszeit – im wahrsten Sinne des Wortes – in Ihrer Hand, wenn Sie den Vorsatz fassen:

Heute beginnt der erste Tag vom Rest meines Lebens,
den ich mit einem neuen Zeitbewusstsein beginnen will.

Dieses Kapitel will dazu eine Anleitung geben.

Das Prinzip »Loslassen« oder: »Simplify your life!«

Ständiger Zeitdruck

Wie oft haben Sie das schon erlebt? Es ist Sonntagnachmittag, Sie sind mit Ihrer Familie bei einem Ausflug im Grünen, die Sonne scheint, die Stimmung ist gut ... nur Ihre nicht. Als Berufstätiger graut Ihnen schon vor dem Gedanken an die kommende Arbeitswoche. Der Terminkalender ist randvoll, die kurzfristigen Erledigungen sind noch gar nicht aufgeführt, und fürs Private ist kein Platz. Spüren auch Sie ständig den Zeitdruck? Dann geht es Ihnen so ähnlich wie Manfred Müller.

Beispiel:
Die Woche beginnt für den 42-jährigen Ingenieur einer großen Baufirma so richtig stressig. Montag früh steht gleich ein anstrengendes Meeting mit den Projektmitarbeitern an, in der Mittagspause erwartet Müller einen wichtigen Kunden zu einem Geschäftsessen, und dann heißt es die ganze Woche ranklotzen, denn am Freitagmorgen steht schon der Chef auf der Matte. Dann müssen die Pläne für das neue Projekt stehen. Aber herrje, wie soll er das bloß alles schaffen? Am Dienstagabend, da ist Stadtratssitzung, davor tagt der Bauausschuss, dessen Mitglied Müller ist. Mittwochabend ist auch bereits verplant, da trainiert Müller die Altherrenauswahl (da muss Müller erscheinen, schließlich kandidiert er für den Vereinsvorsitz). Na ja, da bleibt wohl nur der Donnerstag mit einer kleinen Nachtschicht am Reißbrett. Denn tagsüber ist Betriebsversamm-

lung, und er als Personalrat ... Den Computerclub streicht Müller auch diese Woche vorsorglich wieder aus seinem Terminkalender, und was um Himmels willen wird jemals aus seiner ersehnten Parteikarriere, wenn er sich nie bei den Ortsversammlungen blicken lässt? Sohn und Ehefrau muss er auch dieses Mal bis zum Wochenende vertrösten, wobei – war noch was? Ja, genau: Am Samstag ist ja das Treffen der Anwohner-Interessengemeinschaft, wegen des Straßenfestes im Sommer. Manfred Müller, der Neue in der Straße, hatte es einst angeregt, um sich bei der Nachbarschaft beliebt zu machen. Sogar den Grill will er eigens beisteuern. Bliebe für die liebe Familie der Sonntag, aber da ist seine Frau ja schon mit dem Kegelklub unterwegs. Und der Sohn? Der muss für die Matheklausur pauken.

Haben Sie mitgezählt? Wie viele Rollen, nennen wir Sie »Lebenshüte«, füllt Manfred Müller aus?

1. Beruf / Karriere: Ingenieur, Projektleiter, Betriebsrat, Stadtrat, Ausschussmitglied, Parteimitglied
2. Privat: Familienvater, Ehemann, Mitglied in zwei Vereinen, Fußballtrainer, aktiver Nachbar.

Zu viele »Lebenshüte« rauben Zeit

Ja, richtig: Es sind sage und schreibe *zwölf Lebenshüte*, und genau hier liegt der Hund begraben. Die wirklichen Zeitprobleme im Leben entstehen, weil wir zu viele Rollen ausfüllen wollen. Nun könnte die Lösung darin bestehen, die verfügbare Zeit noch besser zu nutzen: Pausen zu verkürzen, menschliche Kontakte auf das Nötigste zu beschränken, das Haustier abzuschaffen – aber Sie werden schnell merken: Ein glücklicher, vor allem aber ein *leistungsfähigerer* und *erfolgreicherer* Mensch werden Sie damit nicht.

Es geht weniger darum, die Dinge richtig zu machen (= effizient), als vielmehr darum, die richtigen Dinge zu machen (= effektiv).

Die Kunst besteht darin, sich in seinen Rollen zu *beschränken*, sich auf das *Wesentliche* zu konzentrieren, sein Leben zu vereinfachen, um es besser in den Griff zu bekommen. »Wenn du loslässt«, sagt ein altes chinesisches Sprichwort, »dann hast du zwei Hände frei.« Es gilt, die wenigen wirklich wichtigen Aufgaben

Die Kunst der Selbstbeschränkung

kraftvoll mit beiden Händen anzupacken statt viele Sachen nur halbherzig.

Das Prinzip der Balance

Nicht nur die Vielzahl der Rollen, die wir uns auferlegen oder uns auferlegen lassen, macht uns zu schaffen. Stress, Leistungsabbau und Unzufriedenheit haben oft ihren Ursprung darin, dass in unserem Leben offensichtlich etwas aus dem *Gleichgewicht* geraten ist. Rechnen Sie einmal nach, wie viel Zeit Ihr Beruf in Anspruch nimmt. Es sind oft 60 Prozent und mehr, die wir in unseren Büros, auf dem Weg dorthin oder zurück verbringen. Aber kaum ein Mensch wird am Ende seines Lebens an seinem Sterbebett seufzen: »Ach hätte ich doch *noch mehr* Zeit für meine Arbeit verwendet.«

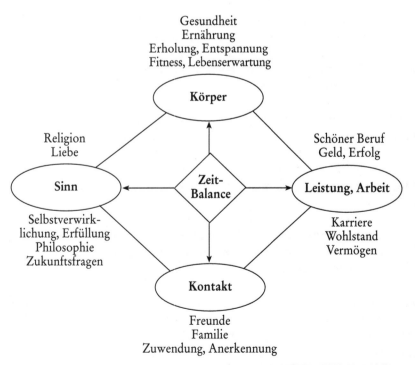

© SEIWERT-INSTITUT, Heidelberg

Die einseitige chronische Überbetonung des Berufslebens führt zwangsläufig zu Problemen im privaten Bereich und in der persönlichen Entwicklung. Der Wissenschaftler Nossrat Peseschkian hat ein Kräfteparallelogramm aus vier Lebensbereichen konstruiert, die es in Balance zu halten gilt.

Die einzelnen Lebensbereiche stehen in gegenseitiger Abhängigkeit zueinander. Durch eine Überbeanspruchung im Beruf etwa werden die persönliche Wellness und Gesundheit ebenso wie private Kontakte oder Beziehungen vernachlässigt. Ohne Stütze durch klare Wertvorstellungen und Sinnorientierung werden auf Dauer auch die persönliche Motivation und Fähigkeit zur Leistung absinken.

Überbetonung des Berufslebens

Ganzheitliches Zeitmanagement: Life-Leadership

Es gibt kein Zeitproblem, sondern nur ein Prioritätenproblem. Doch was ist es, das *wirklich Wichtige* im Leben? Viele Menschen können das nicht mit Bestimmtheit sagen. Sie haben noch nicht einmal eine *klare Vision*, kein distinktes berufliches und persönliches Leitbild. Wie sollen sie aber sonst in der Lage sein, ihrem Leben Sinn und Richtung zu geben?

Das Prioritätenproblem

Am Anfang eines ganzheitlichen Zeitmanagements, das alle Lebensbereiche umfasst, steht die Formulierung einer Vision.

Auf dem Weg zur vollen *Zeitsouveränität* sind insgesamt sieben Stufen zu beschreiten. Im Folgenden werden die einzelnen Bestandteile dieses Erfolgsprogramms näher erläutert und mit Hilfe einiger Übungen vertieft.

Die sieben Stufen zur Zeitsouveränität im Überblick

Effektives Zeitmanagement bedeutet Lebensmanagement oder *Life-Leadership*. Nur wer gelernt hat, mit seiner Zeit ökonomisch und sinnvoll umzugehen, bekommt sein Leben in den Griff.

7 Stufen zur Zeitsouveränität

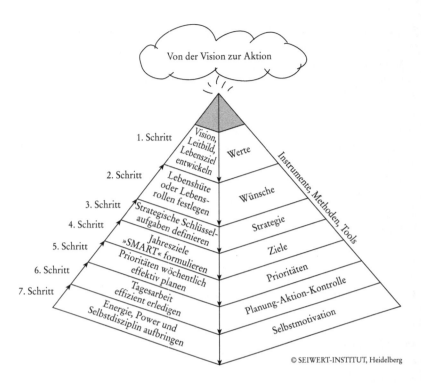

Im ersten Schritt entwickeln Sie Ihre *Lebensvision*, Ihr berufliches und persönliches Leitbild, und formulieren in einem ersten Entwurf Ihre Lebensziele.

Ohne Ziel mäandert Ihr Leben richtungs- und sinnlos dahin.

Im zweiten Schritt definieren Sie die *Lebenshüte oder -rollen*, mit denen Sie täglich durchs Leben gehen. Diese Instrumente helfen Ihnen, die langfristige Vision im Alltag konkret zu fixieren. Und mit Leben und Inhalt zu füllen.

Die nun folgenden drei Schritte dienen der Konzentration auf das Wesentliche:

Zunächst einmal geht es darum, eine Strategie zu entwickeln. *In Schritt Nummer drei* formulieren Sie *Schlüsselaufgaben* (Assignments), die Sie am schnellsten weiterbringen. *Im vierten Schritt* formulieren Sie *konkrete Ziele* für Ihre berufliche und persönliche Zukunft, am besten im Rahmen eines *Jahreszielplans*. Die *wöchentliche Prioritätenplanung* beginnt *im fünften Schritt*. Während die Tagesarbeit von dringlichen Erledigungen dominiert wird, liegt der Fokus der Wochenplanung auf der Wichtigkeit von beruflichen und persönlichen Zielen.

Nach so viel Planung folgt die Umsetzung in die alltägliche Praxis. *Im sechsten Schritt* geht es darum, die *Tagesarbeit* effektiver zu gestalten und so in den Griff zu bekommen. *Der siebte und letzte Schritt* richtet sich ganz an Sie persönlich: Nur wenn es Ihnen gelingt, *Energie, Power* und die notwendige *Selbstdisziplin* aufzubringen, wird Ihnen am Ende Erfolg beschert sein.

Die sieben Stufen mit praktischen Tipps, Beispielen und Übungen:

1. Eine Vision entwickeln

Am Anfang eines ganzheitlichen Zeitmanagements steht die Entwicklung einer Vision. Eine Vision ist keine abstrakte Utopie. Sie ist etwas sinnlich Erfahrbares, das sich in konkreten Wünschen manifestiert. Mit Hilfe einer *Visualisierungsübung* können wir unser Inneres befragen – unseren »Wunschtraum« von einer idealen Zukunft aus dem Unterbewusstsein zutage befördern:

Übung:
Lehnen Sie sich zunächst entspannt zurück, schließen Sie die Augen und stellen Sie sich einfach vor, wie Sie in die Zukunft gebeamt werden. Denken Sie einfach genau fünf Jahre weiter: Welches Datum schreiben wir heute in fünf Jahren?
Was wird sich heute in fünf Jahren, in Hinblick auf die vier Bereiche Beruf/Karriere, Familie/Freunde, Wissen/Lebenserfahrung und Selbstverwirklichung alles verändert haben?

→ Welcher beruflichen Tätigkeit werden Sie nachgehen? Wie wird Ihr Arbeitsumfeld aussehen? Mit welchen Leistungen werden Sie Ihren Lebensunterhalt verdienen? Welchen Qualitätsstandards werden Sie genügen müssen?

→ Wie werden dann Ihre familiäre Situation und Ihre privaten Beziehungen aussehen? Welche Menschen und welche Bezugspersonen werden für Sie wichtig sein? Wer wird womöglich nicht mehr dabei sein?
→ Welche neuen Erfahrungen werden Sie gemacht haben? Was werden Sie an Wissen hinzugewonnen, wie viel Neues erlernt haben, z. B. eine Fremdsprache, eine Sportart, ein Hobby?
→ Worin liegen Ihre Lebensprioritäten, welches Lebensmotto gilt für Sie? Gibt es Anzeichen eines Leitbildes, Lebenszieles oder einer Lebensvision?

Nehmen Sie nun ein Blatt Papier und unterteilen Sie es in vier Quadranten, für jeden Lebensbereich einen:

Jetzt malen Sie sich – buchstäblich – für jeden Bereich ein denkbares Szenario aus. Visualisieren Sie Ihre Träume und Zukunftsvorstellungen, denn Ihre Vision können Sie nur in sich selbst finden oder aus Ihrem Inneren heraus entwickeln!

2. Lebensrollen und Lebenshüte festlegen

Das Problem mit dem Aufhalsen zu vieler Lebenshüte haben wir bereits besprochen. Unsere Schwierigkeiten mit der Zeit resultieren in erster Linie aus der Tatsache, dass wir auf zu vielen Hochzeiten tanzen. Die Devise lautet stattdessen: »Weniger ist mehr!« Folgende Übung könnte dabei helfen, diesen Leitsatz auf Ihre Lebensrollen anzuwenden.

Übung:

1. Schreiben Sie alle Ihre Lebenshüte in ein Kästchenraster, wie es hier abgebildet ist.

2. Bewerten Sie jeden dieser Lebenshüte mit jeweils einem Smiley: angenehm, gleichgültig, unangenehm:
   ☺   ☺   ☹
   Überlegen Sie genau, welchen dieser Lebenshüte Sie loslassen könnten.

3. Reduzieren Sie die Anzahl Ihrer Lebenshüte auf maximal sieben. Nur die konsequente Konzentration auf das Wesentliche bei den beruflichen wie bei den privaten Lebenshüten garantiert Erfüllung, Ausgewogenheit und Lebenserfolg.

4. Schreiben Sie ein kleines Leitbild für zunächst einen Ihrer Lebenshüte. Mit dieser Methode gelingt es, das visionäre Leitbild zu konkretisieren und für den Alltag verfügbar zu machen.

Nun sind Sie in der Lage, einen Entwurf unseres Leitbildes, ein so genanntes »Mission Statement« zu verfassen. Das »Drehbuch« Ihres Lebens enthält idealerweise Aussagen zu den vier wichtigen »Ls« in Ihrem Leben: *Live (Leben), Love (Liebe), Learn (Lernen), Legacy (Vermächtnis für die Nachwelt)*. Hier noch einige Hinweise:

→ Formulieren Sie das Leitbild *real*, das heißt ganz konkret und bereits so, wie die Zukunft sein wird, wenn Sie das Erwünschte erreicht haben. Benutzen Sie nicht den Konjunktiv. Schreiben Sie also nicht, wie es denn eventuell sein könnte, wenn Sie es ein bisschen versucht hätten. Ihr Unterbewusstsein denkt einfach und ohne Umwege, in klaren Bildern und nicht in fiktiven Annahmen. Sind Ihre geistigen

und mentalen Vorstellungen hingegen auf abstrakte Eventualitäten ausgerichtet, programmieren Sie Ihr gesamtes Denken und Handeln nur darauf, wie es zwar sein könnte, aber doch nicht sein wird.
→ Wenn Sie vor einem leeren Blatt sitzen und nicht wissen, wie Sie anfangen sollen, beginnen Sie mit folgenden drei Worten: »*Ich bin ein/e …*«
→ *Einfach anfangen,* das heißt:
  - Keine großartige Prüfungsarbeit absolvieren, sondern nach der KISS-Formel verfahren: Keep it sweet and simple.
  - Einfach anfangen bedeutet: Sofort loslegen!

Zwei Beispiele für gelungene »Mission Statements«

**Mission Statement 1:
Persönliches Leitbild/Lebensvision eines Versandhandelsunternehmers**

»Ich bin ein Mensch mit eigenen Gedanken, Gefühlen, Wünschen und starken und weniger starken Charaktereigenschafen, die mir meine Lebensziele vorgeben.

Im familiären Bereich bin ich die treibende Kraft – zusammen mit meiner Partnerin, um meinen Kindern ein Vorbild zu sein, um ihnen mit Liebe den rechten Weg in einer sozial harten und doch lebenswerten Gesellschaft zu zeigen. Ich bin in jeder Lebenslage, ob Höhe oder Tiefe, zur Stelle, um unvermeidliche Berg- und Talfahrten gemeinsam zu meistern. Auch in der Erziehung ist ein frühzeitiges Erkennen von Schwierigkeiten unumgänglich, um die Kinder in eine gute Ausbildung zu bringen und um ihnen währenddessen den finanziellen Rahmen zu ermöglichen.

Für meine Partnerin bin ich stets zur Stelle und erkenne Stimmungen und deren Ursachen, ohne erst durch Dritte darauf aufmerksam gemacht zu werden.

Dies alles wirkt sich positiv auf meine berufliche Tätigkeit aus, in der ich mit Begeisterung ans Schaffen gehe, Motivation auf meine Mitarbeiter übertrage, um so das erwartete »Feedback« – den Erfolg für mich und meine Mitarbeiter – zu erhalten. Durch diesen Erfolg, der sich ausschließlich durch meine Mitarbeiter erreichen lässt, schaffe ich ein zufriedenes soziales Umfeld für mein Versandhaus, meine Angestellten und natürlich auch für mich selbst. Ich erhalte dadurch Anerkennung, Lob und die wohl unverzichtbare Zufriedenheit, die mich zu weiteren Innovationen und Aktivitäten führt.

Die Verschmelzung und Koordination von Beruflichem und Privatem wird zu einer der schönsten Angelegenheiten, durch die die beruflichen und privaten Ziele von alleine zustande kommen.«

**Mission Statement 2:
Persönliches Leitbild/Lebensvision eines Unternehmensberaters**

»Ich habe mit meiner Frau eine glückliche Beziehung, die auf Liebe, Vertrauen und gegenseitigem Respekt aufgebaut ist. Unsere Kinder empfinden ihre Eltern als Beschützer und Helfer, aber auch als Freunde und Spielgefährten.

Gemeinsam mit meiner Frau betreibe ich eine gut gehende Unternehmensberatung, in der wir eine klare Rollenverteilung haben; während ich die kaufmännische Beratung meiner Partner betreue, schult meine Frau in Tagesseminaren in den Bereichen Mitarbeiterführung und Motivation.

Unsere Kunden kommen gerne zu uns, da sie uns vertrauen und das Gefühl haben, dass wir kompetent sind.

In unserem Freundeskreis sind wir regelmäßig in einer kleinen Gruppe von Leuten eingebunden, die wie wir ein Interesse an echten Beziehungen und nicht nur an oberflächlichen Bekanntschaften haben.

Durch dieses Zusammenspiel von beruflichen und privaten Gemeinsamkeiten führe ich ein harmonisches, unabhängiges Leben, das mich erfüllt.«

3. Strategische Schlüsselaufgaben für alle Lebensbereiche definieren

Bevor Sie mit der konkreten Zielsetzung und der operativen Planung beginnen, empfiehlt es sich zunächst, auf der strategischen Ebene über Ihre Zeit und Ihre Prioritäten nachzudenken. Denn Zeit stellt den größten Engpass dar, den wir in unserem Leben haben.

Strategie umfasst die Lehre vom richtigen Einsatz der eigenen Kräfte und Mittel. Die wichtigste Voraussetzung dafür ist die Konzentration der Kräfte. Nur so können Sie die gewünschten Erfolge auf effektivstem Wege erzielen.

Wer sich hingegen verzettelt, erreicht nur Durchschnittliches. Man kann nur auf wenigen Gebieten hervorragende Resultate erzielen. Es kommt darauf an, seine Aktivitäten auf Wesentliches und Weniges zu fokussieren.

Wichtig: Sich auf Wesentliches und Weniges konzentrieren

Vor dem Hintergrund der Lebenshüte, die Sie vorhin identifiziert haben, fragen Sie sich, wie Sie die größte Wirkung erzielen können und worauf Sie sich in den nächsten ein bis drei Jahren vornehmlich konzentrieren sollten. Diese Aktivitäten nennen wir *Kern- oder Schlüsselaufgaben (Assignments)*. Schlüsselaufgaben konkretisieren, was für die nächste überschaubare Zeitperiode die absolute Priorität haben muss. Sie helfen uns, die im Rahmen der Lebenshüte formulierten Leitbilder in greifbare Handlungsfelder zu überführen.

Die Formulierung von Kernaufgaben für Ihre Lebenshüte und -rollen sollte in keiner Weise zu einer Trennung von Beruf und Privatleben oder zu einer ausschließlichen Orientierung am Beruf führen. Beide Bereiche müssen integriert und ausbalanciert werden. Stellen Sie sich bei der Formulierung der Schlüsselaufgaben die Fragen:

Formulieren Sie Schlüsselaufgaben!

– Was will und muss ich in der nächsten Zeit beruflich wie privat tun, um erfolgreich zu sein?
– Was ist aus heutiger Sicht die wichtigste Aufgabe?
– Was würde mir am schnellsten helfen, meinem Leitbild näher zu kommen?
– Worauf will ich mich in den nächsten 12 bis 36 Monaten konzentrieren?

Mit Hilfe eines solchen Formulars können Sie Ihre Schlüsselaufgaben für den jeweiligen *Lebensbereich (Körper, Leistung, Kontakt, Sinn)* beziehungsweise den jeweiligen Lebenshut (nicht mehr als sieben) schriftlich ausformulieren. Ein Beispiel finden Sie auf der nächsten Seite.

4. Jahresziele für alle Bereiche schriftlich fixieren

Legen Sie Etappenziele fest!

Hier geht es sowohl um qualitative wie quantitative Ziele als auch um konkret terminierte Maßnahmen. Kurz: Sie legen Ihre Etappenziele für das kommende Jahr fest. Dabei hat es sich bewährt, zu überprüfen, ob kurzfristig formulierte Ziele zwei Kriterien genügen:

Meine Schlüsselaufgaben

Zeit-Balance

- Körper:
  - Stressmanagement-/Entspannungsmethoden erlernen
  - Gewicht durch Ernährung + Bewegung reduzieren
- Leistung:
  - Führungsqualifikation u. Rhetorik verbessern
  - Verhandlungssicheres Englisch beherrschen
- Kontakt:
  - Golf-Freundschaften reaktivieren und pflegen
  - Supervisionsgruppe „Telefon-Seelsorge" betreuen
- Sinn:
  - Die zweite Lebenshälfte bewusst gestalten
  - Meditation erlernen und praktizieren

Lebenshut: drilbox - Geschäftsführer
Aktivitäten:
- Firma für den Börsengang fitmachen
- Schlanke Organisationsstruktur einführen

Lebenshut: tempus - Geschäftsführer
Aktivitäten:
tempus mit seiner Philosophie zur No. 1 auf dem deutschen Zeitplanbuchmarkt machen

Lebenshut: AGP - Bundesvorsitzender
Aktivitäten:
- Den Verein in die Gewinnzone führen
- Geeigneten Nachfolger finden und einarbeiten

Lebenshut: Ehemann
Aktivitäten:
Elfi an einer neuen Stufe der Entfaltung ihrer Gaben helfen

Lebenshut: Vater
Aktivitäten:
Friedbert eine optimale Ausbildung ermöglichen

Lebenshut: Hobbykoch
Aktivitäten:
Ayurvedische Küche im Ursprungsland erfahren und erlernen

Lebenshut: OASE - Gemeindeleitung
Aktivitäten:
Gemeinde-Mitarbeiter schulen und entwickeln

© tempus und SEIWERT-INSTITUT, Heidelberg. Formular ①. Best.Nr. BF 90

Ziele müssen messbar sein: Das Erreichen eines Ziels muss überprüfbar sein.
Ziele müssen machbar sein: Ein Ziel sollte zwar hoch gesteckt, aber erreichbar sein.

Für die *persönliche Jahreszielplanung* empfiehlt es sich, als Ausgangspunkt die vier Lebensbereiche Körper, Leistung, Kontakt, Sinn sowie das Konzept der Lebenshüte beziehungsweise -rollen zu verwenden (vgl. Muster auf der nächsten Seite).

Planen Sie alle Lebensbereiche!

– Was wollen Sie im Bereich *Körper* für Ihre Gesundheit, für Ihre Ernährung und Erholung tun?
– Was wollen Sie im Bereich *Leistung* für Ihr Weiterkommen tun?
– Was wollen Sie im Bereich *Kontakt* für Ihre Familie, Freunde, Beziehungen tun?
– Was wollen Sie im Bereich *Sinn* für Selbstverwirklichung und persönliches Wachstum tun?
– Was wollen Sie im Hinblick auf jeden einzelnen Lebenshüte konkret tun und verbessern?

Beispiel:
»*Ich will in diesem Jahr mehr Sport treiben*« ist noch lange kein richtiges Ziel. Besser, das heißt messbar und machbar formuliert, heißt es: »*Ich werde ab sofort jede Woche an mindestens vier Tagen 20 bis 30 Minuten Ausdauersport betreiben (Joggen, Radfahren, Schwimmen, Skilanglauf), 350 Kalorien verbrauchen und mein Körpergewicht unter 75 Kilogramm halten. Überschreite ich diese Gewichtsgrenze, führe ich sofort einen Obsttag oder eine andere Diät durch.*«

5. Prioritäten wöchentlich für alle Lebensbereiche terminlich blockieren

Begegnen Sie dem Diktat der Dringlichkeit!

Viele Menschen eifern wichtigen langfristigen Zielen, Wünschen oder Visionen zunächst relativ konsequent nach und möchten diese auch gerne erreichen. Auf der anderen Seite bleiben die großen persönlichen Leuchttürme doch auf der Strecke und verblassen im Laufe der Zeit. Stattdessen wird das Tagesgeschehen immer mehr von dringenden, aber relativ unwichtigen Dingen regiert.

Jahreszielplanung (JZP)

nach Lebensbereichen und Lebenshüten: SMARTe Ziele

SMART = Spezifisch – Meßbar – Aktionsorientiert – Realistisch – Terminierbar

Termin für alle Ziele: bis 31.12.99

Zieldefinition

S M A R T

◆ Zeit-Balance

- Körper: Gewicht (83 kg) um mind. 5 kg reduzieren
- Leistung: Englisch-Crashkurs (TOEFL) absolvieren
- Kontakt: Gemeinsame Golfturniere im Ausland spielen
- Sinn: Wochenseminar „Meditation" besuchen
- 3 Vorstands-Mitgliedschaften niederlegen

🔹 **Lebenshut:** drilbox - Geschäftsführer
Aktivitäten: Produktionskosten um 10% reduzieren

🔹 **Lebenshut:** tempus - Geschäftsführer
Aktivitäten:
- 25.000 Neukunden gewinnen
- Stornoquote < 5% halten

🔹 **Lebenshut:** AGP-Bundesvorsitzender
Aktivitäten:
- 50 neue Firmenmitglieder werben
- potentielle Nachfolger ansprechen

🔹 **Lebenshut:** Ehemann
Aktivitäten: gemeinsame Teilnahme an DiSG-Persönlichkeitstrainings

🔹 **Lebenshut:** Vater
Aktivitäten: Praktikumsplatz bei Franklin-Covey in Salt Lake City organisieren

🔹 **Lebenshut:** Hobbykoch
Aktivitäten:
- Ayurveda-Gesundheitskur
- Sri Lanka-Aufenthalt

🔹 **Lebenshut:** OASE - Gemeindeleitung
Aktivitäten: alle Mitarbeiter das „D.I.E.N.S.T."-Programm absolvieren lassen

© tempus® und SEIWERT-INSTITUT, Heidelberg. Formular ②, Best.Nr. BF 91

Die entscheidende Ursache für mangelnde Effektivität im persönlichen Zeit- und Lebensmanagement liegt im täglichen *Diktat der Dringlichkeit*. Darunter leidet die konsequente Konzentration auf die eigenen Ziele.

Den Zusammenhang zwischen Wichtigkeit und Dringlichkeit verdeutlicht nachfolgende Matrix. Sie hat sich als praktikable Entscheidungshilfe für eine schnelle Prioritätensetzung bestens bewährt. Die Einteilung wird dem ehemaligen US-Präsidenten Dwight D. Eisenhower zugeschrieben:

Wichtigkeit haben Ziele, Ergebnisse, Zukunft, Werte, Personen, Erfolg und auch Geld, das auf dem Spiel steht. Dringlichkeit hingegen steht für Zeit, Termindruck, Stress, Soforterledigung, Unterbrechungen und Krisen.

Beide Kriterien beeinflussen die Prioritätensetzung gleichermaßen. Unterscheidet man jeweils zwischen niedriger und hoher Wichtigkeit beziehungsweise Dringlichkeit, kommt man zu folgender *Prioritätenmatrix* mit vier Quadranten:

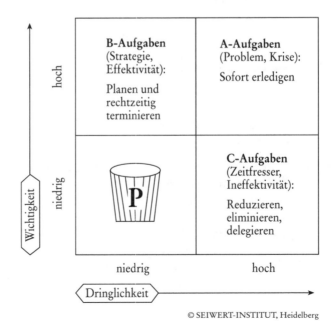

© SEIWERT-INSTITUT, Heidelberg

Setzen Sie Schwerpunkte!

Sie gewinnen *Balance* und Zeit für das Wesentliche, wenn Sie jede Woche für jeden Lebenshut einen konkreten Schwerpunkt setzen, zum Beispiel ein bis zwei Aktivitäten im Hinblick auf eine Schlüsselaufgabe definieren. Diese Aktivitäten oder To-dos sollten Sie in den nächsten sieben Tagen umsetzen.

Mit der *wöchentlichen Prioritätenplanung* gelingt Ihnen der Spagat zwischen Vision und Aktion. Entscheidend dabei ist, dass Sie für die wichtigsten Aktivitäten zunächst Zeitfenster oder Termine mit sich selbst vergeben.

Stephen R. Covey, der amerikanische Papst des Zeitmanagements, spricht hier vom *Kieselprinzip*. Im ersten Schritt werden die großen Steine für die wichtigsten Prioritäten in einem Krug untergebracht. Der Krug sollte aber nur so voll gemacht werden, dass noch Platz bleibt für die weniger wichtigen Dinge wie Kies, Sand oder Wasser.

Das Kieselprinzip

Eine nach dem Kieselprinzip ausgerichtete Wochenplanung mit Prioritäten und Zeitfenstern für das wirklich Wichtige stellt den Schlüssel für eine ausgewogene Zeit- und *Lebensbalance* dar. Haben Sie das Wichtige nicht nur irgendwo im Hinterkopf, sondern auch schriftlich fixiert, fällt es Ihnen auch leichter, »Nein« zu Dringendem, aber Unwichtigem und »Ja« zu den Dingen zu sagen, die Sie Ihren Lebenszielen näher bringen.

Die Unwägbarkeiten des Alltags bringen es nämlich mit sich, dass andernfalls immer schnell irgendetwas anderes dazwischen kommt – und schon füllt sich die Woche, der Terminkalender von ganz allein. Das Wesentliche bleibt zugunsten des Dringenden auf der Strecke. Blockieren Sie hingegen vorher die entsprechende Zeit für die Lebenshüte, dann finden Sie auch die Zeit, sich um Ihre Lebensziele zu kümmern.

Bleiben Sie flexibel!

Sie können Ihre Woche auch so planen und organisieren, dass Sie jedem Lebenshut einen bestimmten Wochentag zuordnen. Auf jeden Fall müssen Sie im Tagesgeschehen flexibel bleiben Es geht darum, Ergebnisse und Erfolge zu erzielen, und nicht darum, sklavisch einen Plan einzuhalten.

Bei der praktischen Umsetzung hat sich der Wochenkompass bewährt. Mit diesem Formular lässt sich die wöchentliche Prioritätenplanung für die einzelnen Lebenshüte auf einem schmalen Heftstreifen in einer gelochten Klarsichthülle zwischen die herkömmliche Tages- und Wochenpläne Ihres Organizers einfügen.

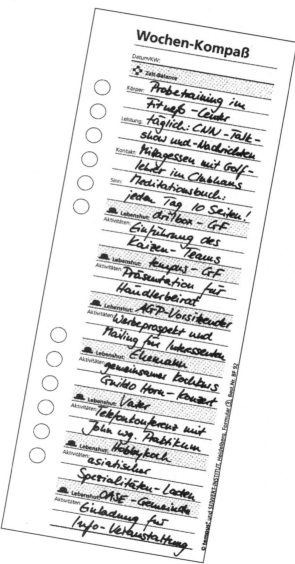

6. Tagesarbeit effizient nach Prioritäten erledigen

Je besser Sie Ihren Tag einteilen, desto besser können Sie ihn für Ihre eigenen Zielvorstellungen nutzen. Die sieben Grundregeln zur Tagesplanung lauten:

1. *Prinzip der Schriftlichkeit.*
   Alle Aktivitäten, Aufgaben und Termine sofort im Zeitplanbuch notieren. Nur so behalten Sie stets den Überblick und können sich auf das Wesentliche konzentrieren.
2. *Planen Sie am Vorabend den neuen Arbeitstag.*
   Lassen Sie Ihr Unterbewusstsein für sich arbeiten und seine schöpferischen Kräfte über Nacht wirken.
3. *Zeitbedarf schätzen und Zeitlimits setzen.*
   Auch jedes Geldbudget muss kalkuliert sein. Bedenken Sie: Zeit ist noch wertvoller als Geld. Eine ungenaue Schätzung ist besser als gar keine Schätzung.
4. *Nicht den ganzen Tag verplanen (50:50-Regel)!*
   Ein realistischer Tagesplan sollte nur das enthalten, was Sie an einem Tag erledigen wollen und auch können. Weniger ist mehr! Lassen Sie noch eine Pufferzeit von etwa 40 bis 50 Prozent übrig. Die Erfahrung wird Ihnen zeigen, was in Ihrem Arbeitsalltag machbar und planbar ist und was nicht.
5. *Fassen Sie gleichartige Aktivitäten zu Arbeits- und Zeitblöcken zusammen und geben Sie Ihrem Tag eine grobe Struktur – bleiben Sie aber flexibel!*
6. *Fokussieren Sie Ihre Aktivitäten konsequent auf Prioritäten.*
   Fragen Sie immer wieder: Was ist wirklich wesentlich? Was bringt mich meinen Zielen näher? Was würde passieren, wenn ich loslassen würde und dieses To-do nicht tun würde?
7. *Beginnen, bewältigen und beenden Sie den Tag immer positiv!*
   Ihre innere Einstellung bestimmt Ihr Verhalten und das Ihrer Umwelt. Denken, handeln und leben Sie positiv. Haben Sie auch Spaß an Ihrem Erfolg.

7 Grundregeln zur Tagesplanung

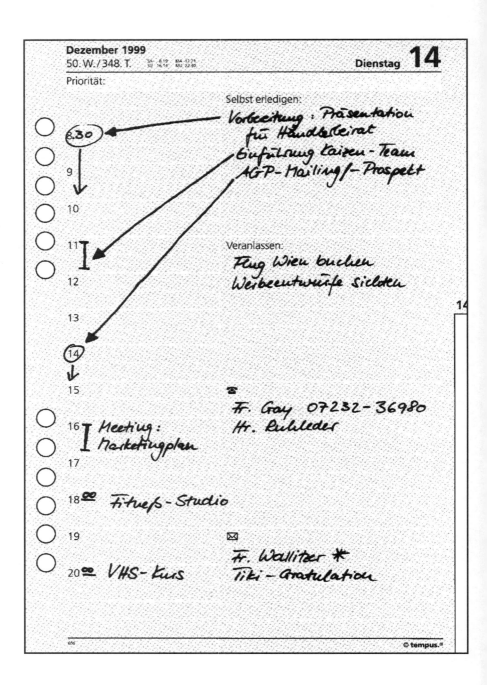

7. Energie, Power und Selbstdisziplin aufbringen

Energie und Selbstdisziplin sind die motivierende Basis für den täglichen Erfolg. Einer der besten Wege, mehr Zeit zu gewinnen, ist das Anzapfen der eigenen Selbstdisziplin. Dies gelingt zum Beispiel dadurch, dass man sich selbst für Erfolge belohnt, Spaß bei der Arbeit zulässt und den Körper durch Bewegung und gute Ernährung fit hält. Abends sollte schließlich der Tagesablauf noch einmal resümiert werden – so kann man auch aus den Fehlern und Erfolgen des Tages lernen. Am Ende einer Woche sollte eine persönliche Erfolgsbilanz stehen.

Machen Sie eine Erfolgsbilanz!

So könnte Ihre *Erfolgsbilanz* aussehen, wenn Sie die Ratschläge dieses Kapitels befolgt haben:

→ *Ich mache mir mein Leitbild und meine Lebenshüte bewusst.*
  • Positiv vor-denken und motivierende Ziele setzen
  • Schlüssel zum Erfolg = Balance in allen Lebenslagen
→ *Ich konzentriere mich auf meine Schlüsselaufgaben.*
  • Das Wesentliche tun, um erfolgreich zu sein
  • Beruf und Privatleben gehören zusammen (Balance)
→ *Ich plane meine Aktivitäten im Hinblick auf meine Ziele.*
  • Am Vorabend den neuen Tag – schriftlich – planen
  • Das Unterbewusstsein für sich arbeiten lassen
→ *Ich setze Prioritäten und tue die »richtigen« Dinge.*
  • Wichtiges zuerst anpacken – Unwichtiges lassen
  • Vorsicht vor der Tyrannei der Dringlichkeit!
→ *Ich erledige alle Aktivitäten diszipliniert und konsequent.*
  • Wenn nicht jetzt – wann dann? Keine Aufschieberitis!
  • Große, schwierige Dinge in kleine Schritte aufteilen /
→ *Ich schalte Störfaktoren und Zeitdiebe aus.*
  • Situativ Nein sagen und einfach loslassen können
  • Zeit für Unerwartetes und Spontanes einplanen
→ *Ich ziehe Bilanz und genieße meine Erfolge.*
  • Erledigtes und Erreichtes als Erfolge verbuchen
  • Sich selbst und andere gebührend belohnen.

LITERATUR
zum Weiterlesen, Weiterhören, Weiterspielen

Bücher

Ederer, Günter und Seiwert, Lothar J.: *Der Kunde ist König. Das 1 x 1 der Kundenorientierung. Das Strategie-Buch für kundenorientierte Unternehmen.* 3. Aufl. Offenbach: GABAL 2000

Seiwert, Lothar J.: *Das neue 1 x 1 des Zeitmanagement.* Der Euro-Bestseller. 23. Aufl. Offenbach: GABAL 2001 (Das klassische Lern- und Arbeitsbuch in Seminarform, 4-farbig; in 20 Sprachen übersetzt)

Seiwert, Lothar J.: *Mehr Zeit für das Wesentliche. Besseres Zeitmanagement mit der SEIWERT-Methode.* 19. Aufl. Landsberg am Lech: Moderne Industrie 2000 (»der Zeitmanagement-Klassiker«!)

Seiwert, Lothar J.: *Selbstmanagement. Persönlicher Erfolg, Zielbewußtsein, Zukunftsgestaltung.* 9. Aufl. Offenbach: GABAL 2000

Seiwert, Lothar J.: *Time & Life Management Decoder* (mit 4 Drehscheiben). Kirchzarten b. Freiburg: VAK-Verlag 2000 (beliebte »Parkscheibe« mit Test)

Seiwert, Lothar J.: *Wenn Du es eilig hast, gehe langsam. Das neue Zeitmanagement in einer beschleunigten Welt. Sieben Schritte zur Zeitsouveränität und Effektivität.* 7. Aufl. Frankfurt / New York: Campus 2001 (Aktueller Bestseller mit konkreten Hinweisen, wie Sie eine Lebensvision entwickeln, Ihre Lebensbereiche in Balance bringen und in das tägliche Tun umsetzen können; auch als Hörbuch erhältlich)

Seiwert, Lothar J. (Hrsg.): *DISG-Zeitmanagement-Profil »Time Mastery«.* Arbeitsheft mit Zeitmanagement-Test (Lesen und Rubbeln). 4. Aufl. Remchingen und Offenbach: DISG-Training und GABAL 2000

Seiwert, Lothar J. und Gay, Friedbert: *Das 1 x 1 der Persönlichkeit. Sich selbst und andere besser verstehen mit dem DISG–Persönlichkeits-Modell.* 7. Aufl. Offenbach: GABAL 2001 (Mit kleinem Persönlichkeitstest und praktischen Tipps zu Zeit- und Selbstmanagement, Partnerschaft, Kindererziehung)

Seiwert, Lothar J. und Kammerer, Doro: *Endlich Zeit für mich! Wie Frauen mit Zeitmanagement Arbeit und Privatleben unter einen Hut bringen.* 2. Aufl. Landsberg a. Lech: mvg 2000

Hörbücher

Seiwert, Lothar J.: *Mehr Zeit für das Wesentliche.* Erfolgs-Hörbuch. 4 Tonkassetten (Gesamt-Spielzeit ca. 380 Minuten). Konstanz und Kreuzlingen (CH): Rusch-Verlag 1998 (www.rusch.ch)

Seiwert, Lothar J.: *Wenn Du es eilig hast, gehe langsam.* Audiobook. 4 Tonkassetten (Gesamt-Spielzeit ca. 380 Min.) Frankfurt / New York: Campus 2000

Seiwert, Lothar J. und Gay, Friedbert: *Das 1 x 1 der Persönlichkeit.* Audioprogramm. 4 Tonkassetten (ges. ca. 260 Min.), Offenbach: GABAL 2000

Software

MindManager. *»Die offizielle Mind Mapping-Software«*, empfohlen von Tony Buzan und L. J. Seiwert. Alzenau: Mindjet GmbH. (www.mindmanager.de)

Think-Spiel

Seiwert, Lothar J. und Kramer, Wolfgang: *CHRONOS.* Zeitmanagement-Spiel mit Trainingsbuch (in einer Box). Ravensburg: Ravensburger (Think-Spiele) 1999 (www-think-online.de)

Video-Kassette

Seiwert, Lothar J.: *Mehr Zeit für das Wesentliche.* Trainings-Video (Dauer 70 Min.) mit Begleitheft und Trainingsplan. 6. Aufl. Landsberg am Lech: Moderne Industrie 1998 (Zu bez. über SEIWERT-INSTITUT)

Informations- und Beratungsdienste

ORG: *Der persönliche Organisations-Berater.* Das Beratungs-Programm zu allen relevanten Fragen der Büro-Organisation, des Zeit-Managements und des Selbst-Managements. Loseblatt-Zeitschrift. Bonn: VNR Verlag für die deutsche Wirtschaft, 2000 ff. (www.org-online.de)

Simplify Your Life. Einfacher und glücklicher leben. Monatlicher persönlicher Beratungsdienst. Bonn: VNR Verlag für die deutsche Wirtschaft, 1999 ff. (www.simplify.de)

Smart Working. Gelassenheit durch gute Organisation. Monatlicher persönlicher Organisationsbrief. Bonn: VNR Verlag für die deutsche Wirtschaft, 2000 ff. (www.smart-working.de)

Lothar J. Seiwert-Coaching-Brief. *Professioneller & souveräner arbeiten und leben.* Monatlicher Beratungs- und Trainingsbrief. München: Aktuell Verlag im Olzog Verlag, 2000 ff. (www.coaching-briefe.de) (Einen eigenen Coach, der Sie persönlich Schritt für Schritt voranbringt, können sich nur wenige leisten. Mit den Coaching-Briefen können Sie es auch!)

Weitere Werke der Autoren

Asgodom, Sabine
– : *Eigenlob stimmt.* Düsseldorf 1998
– : *Erfolg ist sexy.* München 1999
– : *Gelassen ganz nach oben!* München 1999 (Audio-Vortrag)
– : *Reden ist Gold.* Düsseldorf 1998

Bornhäußer, Andreas
– : *Jetzt reicht's – ein außer(ordentlich) irdischer Roman übers Erziehen, Führen und Motivieren.* Landsberg 1993
– : *Präsentainment – Die hohe Kunst des Verkaufens.* Bergheim 1996

Detroy, Erich-Norbert
– : *Sich durchsetzen in Preisgesprächen und -verhandlungen.* 12. Auflage, Landsberg 1999
– : *Mit Begeisterung verkaufen.* 5. Auflage, Landsberg 1999
– : *Die 199 besten Checklisten und Kontrollpunkte für den Verkaufsleiter.* 2. Auflage, Landsberg
– : *Das große Handbuch für den Verkaufsleiter.* 2. Auflage, Landsberg
– : *Engpass Preis?* 2. Auflage, Wien 1999
– : *Die Power der Neukunden-Gewinnung.* 2. Auflage, Landsberg 2000

Darüber hinaus erschien ein 6-teiliges Ton-Kassetten-Selbsttrainings-Programm mit dem Titel »*Der Schlüssel zum Verkaufserfolg*«. Zürich

Fink, Klaus-J.
– : *Bei Anruf Termin.* Wiesbaden 1999
– : *Empfehlungsmarketing – Königsweg der Neukundengewinnung.* Wiesbaden 2000

Außerdem hat Klaus-J. Fink Audio-Programme und Schulungsvideos zu diesen beiden Themen herausgegeben.

Geffroy, Edgar K.
– : *Clienting – Kundenerfolg auf Abruf jenseits des Egoismus.* Landsberg 1996
– : *Abschied vom Verkaufen.* Frankfurt und New York 1997
– : *Das einzige, was immer noch stört, ist der Kunde.* Landsberg 1999
– : *Ich will nach oben.* Landsberg 2000

Lermer, Stephan
–: *Runter von der Couch, rüber zum Coach.* Bonn 1991
–: *Schlüsselqualifikation »Partnerschaftsfähigkeit«.* In: Der Spiegel 9/1998
–: *Dein Freund, der Chef. Soft skills: Gute Manager führen mit Persönlichkeit.* In: Süddeutsche Zeitung vom 26.11.1998
–: *Trainercoaching: Und wer coacht den Trainer?* Trainer-Kontakt-Brief 6/1999
–: *Ihr Lebenserfolg von A – Z.* In: Die Kunst, Erfolg zu haben. Augsburg 2000
–: *Die Vision des Erfolges – Mehr Gewinn mit Sinn bei weniger Stress* (Audio-CD). München 2001
– / Meiser, Hans Ch.: *Gemeinsam bin ich besser – Win-win-Strategien für Partnerschaft und Beruf.* Frankfurt am Main 1994

Löhr, Jörg
– / Pramann, Ulrich: *So haben Sie Erfolg.* München 1999
– / Pramann, Ulrich: *So haben Sie Erfolg.* (Audioprogramm) Augsburg 1999
– / Pramann, Ulrich: *Einfach mehr vom Leben.* München 2000
– / Pramann, Ulrich / Spitzbart, Michael: *Mehr Energie fürs Leben.* München 2000

Mühlisch, Sabine
– : *Mit dem Körper sprechen.* Wiesbaden 1997
– : *Körpersprache und Management.* in: Weidner, Jens / Koller, Yolanda (Hrsg.): *Mit Biß zum Erfolg.* Mönchengladbach 1999

Ruhleder, Rolf H.
– (Hrsg.): *Der kompetente Manager.* Zürich 1996
– : *Die 10 Schritte zum Verkaufserfolg.* 5. Aufl., Renningen 2000

– : *Einfach besser verkaufen.* 2. Aufl., Landsberg 2001
– (Hrsg.): *Methoden: Arbeitstechniken – Rhetorik – Streßbewältigung.* 5. Aufl., Würzburg 1990
– : *Rhetorik von A bis Z – die Fibel.* Bonn 1989
– : *Rhetorik – Kinesik – Dialektik.* 14. Aufl., Bonn 2000
– : *Ruhleders Sprüche und Zitate.* 7. Aufl., Würzburg 2001
– : *So verkaufen Sie richtig – und setzen Ihre Preise durch.* Bad Wörrishofen 1993
– : *Verkaufen von A bis Z.* Offenbach 1998
– : *Verkaufstraining intensiv.* 7. erw. Aufl., Renningen 1998
– : *Vortragen und Präsentieren.* 4. Aufl., Würzburg 2000

Kassetten
– : *Ruhleder-Rede- und Überzeugungstraining.* (Hörbuch: 4 Tonkassetten), Konstanz und Kreuzlingen 1999
– : *Dialektik – Die Kunst zu überzeugen.* Renningen 1998
– : *Der Weg zum Verkaufserfolg.* Renningen 1998
– : *Der erfolgreiche Verkaufsabschluß.* Renningen 1998

Video
– *Rhetorik.* München 1996

Seiwert, Lothar J.
– / Ederer, Günter: *Der Kunde ist König. Das 1 x 1 der Kundenorientierung.* Das Strategie-Buch für kundenorientierte Unternehmen. 3. Aufl. Offenbach 2000
– : *Das neue 1 x 1 des Zeitmanagement.* Der Euro-Bestseller. 23. Aufl. Offenbach 2001
– : *Mehr Zeit für das Wesentliche.* Besseres Zeitmanagement mit der SEIWERT-Methode. 19. Aufl. Landsberg am Lech 2000
– : *Selbstmanagement.* Persönlicher Erfolg, Zielbewußtsein, Zukunftsgestaltung. 9. Aufl. Offenbach: 2000
– : *Time & Life Management Decoder* (mit 4 Drehscheiben). Kirchzarten b. Freiburg 2000.
– : *Wenn Du es eilig hast, gehe langsam.* Das neue Zeitmanagement in einer beschleunigten Welt. Sieben Schritte zur Zeitsouveränität und Effektivität. 7. Aufl. Frankfurt / New York 2001.
– (Hrsg.): *DISG-Zeitmanagement-Profil »Time Mastery«.* Arbeitsheft mit Zeitmanagement-Test. 4. Aufl. Remchingen / Offenbach 2000.
– / Gay, Friedbert: *Das 1 x 1 der Persönlichkeit.* Sich selbst und andere

besser verstehen mit dem DISG–Persönlichkeits-Modell. 7. Aufl. Offenbach 2001
– / Kammerer, Doro: *Endlich Zeit für mich!* Wie Frauen mit Zeitmanagement Arbeit und Privatleben unter einen Hut bringen. 2. Aufl. Landsberg a. Lech 2000.
– : *Mehr Zeit für das Wesentliche.* (Hörbuch. 4 Tonkassetten). Konstanz und Kreuzlingen (CH) 1998. (www.rusch.ch)
– : *Wenn Du es eilig hast, gehe langsam.* (Audiobook. 4 Tonkassetten) Frankfurt / New York 2000.
– / Gay, Friedbert: *Das 1 x 1 der Persönlichkeit.* (Audioprogramm. 4 Tonkassetten). Offenbach 2000.
– / Kramer, Wolfgang: *CHRONOS.* (Zeitmanagement-Spiel, Diskette mit Trainingsbuch in einer Box). Ravensburg (Think-Spiele) 1999. (www-think-online.de)
– : *Mehr Zeit für das Wesentliche.* (Video), 6. Aufl. Landsberg am Lech 1998

Informations- und Beratungsdienste
Lothar J. Seiwert-Coaching-Brief. *Professioneller & souveräner arbeiten und leben.* Monatlicher Beratungs- und Trainingsbrief. München 2000 ff. (www.coaching-briefe.de)

Stichwort- und Namensverzeichnis

Ablehnung 207
Ablehnung, Umgang mit 85
Ablenk-Methode 228
Abschlussfrage 89
Absprachen 66
Abwehrhaltung 226
After-Sales-Service 138, 139
Aggressivität 189
Akquise 83
Akquisetelefonat 91
Aktionsplan 170
Alleinstellung 76
Alter Hase 35
Alternativfrage 89, 39, 106, 221
Anerkennung 20, 158
Angebot 63
Angebots-Abmagerung 79
Angebotsumfelder 63
Anglizismen 43
Ängste 52, 162
Anspannung 166
Antipathie 91
Appell-Ebene 70
Aquin, Thomas von 72
Argumentation 69
Argumentationskraft 94, 103
Argumentationsphase 105
Auffassungsgabe 90

Auftreten 21, 23, 212
Augustinus 212
Aussehen 22
Außenwirkung 209
Ausstrahlung, positive 20
Auswahlmöglichkeiten 240
Authentizität 84
Autorität 49

Balance 256
Balance, innere 157
Becker, Boris 173
Bedarf 112
Begeisterung 173
Begrüßung 185
Belastbarkeit 201
Bennis, Warren 13
Bestandskunden 88
Betonung 43
Beweglichkeit, körperliche und geistige 199
Bewegungsabläufe 203
Bewegungsmuster 172
Bewusstseinszeitalter 147
Beziehungsebene 70, 132
Beziehungsmanagement 12
Billigprodukte 61
Bindungen 161

Bipolarität der Kommunikation 94
Blickkontakt 28, 213, 216
Blickwinkel 171, 172
Branden, Nathaniel 14, 17
Bumerangmethode 105

CAP 47
Charisma 13, 19, 20, 30
Chrysler 55
Coaching 14
Communities 122
Corporate Fashion 133

Demutshaltung 206
Dialekte 43
Dialektik 218, 224
Dialog 84
Diaprojektion 46
Disney, Walt 178
Disput, scholastischer 72
Divisionsmethode 228, 240
Dominanz 205
Dramaturgie 33
Dress-Code 22
Dringlichkeit 266, 268
Du-Botschaft 230

Effektivität 255
Effizienz 255
Egalo 35
Eggetsberger, Gerhard 30
Egoismus 93, 111, 149
Einfluss 20
Einflussnehmer 71
Einfühlungsvermögen 115
Einwand 68, 98
Einwandbehandlung 83, 88, 92, 97, 105, 226
Eisbrecher-Methode 227
Eisenhower, Dwight D. 268

Emotionen 127
Empathie 100
Empfänger 96
Empfehlungen 141
Endverbrauchermarkt 62
Energie, mentale 162
Energiezustand 199
Entertainment 34
Entgiftung 68
Entscheidungsrechtfertigung 238
Entscheidungssicherheit 235
Entscheidungsunsicherheit 134, 249
Entspannung 166
Entwicklung, kontinuierliche 31
Erfolg 11, 18, 21, 33, 42, 56, 62, 84, 114, 119, 165, 173, 178, 180, 212, 233, 262
Erfolgsbilanz 273
Erfolgserlebnisse 18
Erlebnisfaktor 140
Erlös 55
Etappenziele 264
Euripides 221

Fachkompetenz 233
Fairness 157
Fangfrage 223
Farbtyp 23
Feedback 25, 28, 262
Fehler 16, 230
Felsquellwasserstrategie 235
Firmenphilosophie 14
Fischer, Don 17
Flexibilität 109
Flipchart 45
Flow-Erlebnis 20
Ford, Henry 95, 174
Forderung, nachgeschobene 237
Formulierungen, positive 90
Fortschritt 111

Frage, geschlossene 220
Frage, offene 107, 220
Frage, provozierende 223
Frage, rhetorische 222, 227
Fragearten 221
Fragen, manipulative 39
Fragen, öffnende 39
Fragen, suggestive 39
Fragetechnik 40, 153, 212, 220
Fremdwörter 214, 215
Frustration 85, 158, 171
Führungskräfte 13
Füllwörter 215
Fusionen 118, 162
Fußstellung 198
Future-Skills 145, 148, 162

Gallup 12
Gang 193
Gauß'sche Normalverteilungskurve 61
Gefangenendilemma 151
Gefühlsfinger 209
Gegenfrage 68, 222, 224
Gehirn 90, 116, 172
Gehirnhälften 41
Genscher, Hans-Dietrich 173
Gesellschaftsfinger 209
Gesetz der Konsequenz 66
Gesetz der Kontinuität 66
Gesetz der Reziprozität 67
Gesprächseröffnung 83, 92, 98
Gesprächsführung 33
Gestaltungselemente der Präsentation 40
Gesten 185, 217
Gestik 192, 195, 214, 215
Gesundheit 156
Graf, Steffi 177
Grundqualitäten 13
Gruppe 162

Haltung 192, 212
Handlungsbereitschaft 200
Hartig, Matthias 21
Hierarchisierung 207
High-Potentials 117
Hochpreisprodukte 61
Holzheu, Harry 29
Human Resource 11
Human-Capital-Management 117
Human-First-Jahrhundert 109

Ich-Botschaft 230
Ich-Finger 208
Ich-Formulierungen 93
Ich-Standpunkt 94
Ich-Stärke 14
Identifikation mit dem eigenen Tun 34, 86
Image 22
Immunabwehr 177
Individualismus 149
Informationsfrage 221
Informationsgesellschaft 109, 147
Ingram, Martha 12
Innere Linie 20
Innovationsführer 130
Innovationszyklen 113
Internet 120, 147
Intuition 19, 112, 146
Isolationstechnik 75
IT-Branche 117
Itten, Johannes 23

Ja-aber-Methode 227
Ja-aber-Technik 89
Jackson, Michael 173
Ja-Fragen-Straße 222
Jahresziele 264
Jobmessen 117, 122
Jordan, Michael 168

Jung, C.G. 146

5 »Ks« 20
Kanal, auditiver 41
Kanal, visueller 41
Käufermacht 113
Käufermarkt 113
Kaufsignale 51
Kelly, Kevin 175
Kernkompetenz Mensch 114
Kieselprinzip 269
Killerbemerkungen 91
Kindheits-Ich 74
Kinesik 218
Kleidung 21
Klischee 21
Kombinationsangebot 65
Kombiprodukte 65
Komfortzone 165
Kommunikation 12, 89, 233
Kommunikation, effiziente 211
Kommunikation, unbewusste 188
Kommunikationsebene 188
Kommunikationshemmnisse 216
Kommunikationskompetenz 145
Kompetenzauslotung 92
Kompromisse 162
Konflikt 51
Kongruenz 20
Konsens 73
Kontakt 20
Kontakt zu den Zuhörern 37
Kontakt zum Kunden 88
Kontrollfrage 104, 223
Konventionen 190
Konzentration 20, 42
Konzept 20
Körper 20
Körperhaltung 171, 172, 204
Körperreflexion 196

Körpersprache 21, 22, 23, 26, 185, 189
Körpersprache, Entlarvung durch 190
Körpersprachensignale 189, 191, 206
Kreativität 31, 215, 219
Kreis, emotionaler 29
Kritiker, innerer 17
Kundenaufwertung 76, 78
Kundenbedürfnisse 112, 121
Kundenbeziehungen 59
Kundenerfolg 114
Kundenorientierung 12, 110
Kundenpotenzial 141
Kundenreaktionen 97
Kündigung, innere 11
Kurze Sätze 213

Lampenfieber 27
Lebensgesetz der Resonanz 171
Lebenshüte 255, 260, 270
Lebenslinie 253
Lebensrollen 260
Leistung 16, 20
Leistungsangebot 86
Leistungskommunikation 236
Lernniveau 66
Life-Leadership 253, 257
Lobformulierungen 103

Macht 20
Machtkämpfe 157
Manipulation 115, 223
Medien 43
Mehr-Preis-Staffelungen 73
Meier-Maletz 35
Menschenkenntnis 163
Mimik 192, 194, 214, 215, 217
Minderwertigkeitsgefühle 16
Minus-Formulierungen 219
Minuswörter 219

Mitarbeiterintegration 161
Mitdenken 28
Mitte, schwindende 61
Mobilität 147
Moderator 49
Modewörter 214
Modulation 217
Moments of Excellence 41
Morgenstern, Christian 179
Motivation 152, 179, 223
Motivierungsfrage 222
Mülleimerworte 90
Multiplikationsmethode 228
Muss-Kaufkriterien 134
Mut 20, 166

Nachlass 55
Nachlass, indirekter 58
Nachteil-Vorteil-Methode 227
Negativ-Botschaften 15
Negative Gedanken 203
Negative Überzeugungen 169
Negativworte 90, 154
Networking 140
Netzwerk 120, 150
Neuakquise 88
Neukontakte 88
Nonverbale Informationen 145
Nutzen 38, 102, 105, 115, 236
Nutzen-Antwort 73

Offenbarungs-Methode 228
Öffnungs-Methode 228
Optimismus 176
Ordnung 20
Ordnung, äußere 28
Ordnung, innere 28
Organisation, flexible 12
Overheadprojektor 47

Paarbindungsverhalten 201, 205
Partnerschaften 118, 119
Personalentwicklung 11
Persönlichkeit 23, 163, 170
Persönlichkeitsmerkmale 192
Petersilien-Preise 64
Phasen der Willensbildung 37, 38
Positive Rechtfertigung 135
Powertalking 155
Power-Team *175*
Präsentainment 33, 34, 48
Präsentation 33, 37, 40, 50
Präsentationspappen 45
Präsenz 33, 43, 205
Preis 55
Preisargument 70
Preisdrückerei 74
Preisführer 130
Preiskloß 56
Preis-Leistungs-Verhältnis 60
Preisnachlass 58
Preis-Partner 71
Preisverhandlung 57, 71
Preiszugeständnisse 77
Prinzip der höheren Instanz 245
Prinzip der Schriftlichkeit 271
Prinzip der Wahlfreiheit 36
Prinzip des »Ball-Zurückgebens« 246
Prioritäten 266
Prioritätenmatrix 268
Prioritätenplanung 259, 269
Prioritätenproblem 257
Produktumfeld 63
Profit 36
Profitus 35
Psychoimmunologie 177

Qualifikation des Ansprechpartners 96

Raab, Stefan 178
Rabatte 59
Raumverhalten, defensives 205
Raumverhalten, weibliches 205
Redeangst 27
Redezeit 212, 215
Redner, guter 25
72-Stunden-Regel 183
Reizüberflutung 147
Reklamationsmanagement 136
Respekt 22
Reviermarkierung 196
Rhetorik 24, 211, 218
Rhetorische Fragen 26
Riegel mit Verstärker 103
Rituale 68
Rollenverteilung 161
Rückfrage-Methode 227
Rückstell-Methode 228

Sachebene 70
Salami-Taktik 75
Sanford, Kathleen 13
Scheibenwischer-Blick 214
Schein-Abschied 79
Schlüsselaufgaben 258, 263, 264
Schlüsseldienst-Prinzip 242
Schlüsselqualifikationen 118
Schlüsseltechnik 101, 103
Schmuser 35
Schnäppchenmentalität 55
Schulz von Thun, Friedemann 70
Schumacher, Michael 173
Schutzbedürfnis 201
Schweigen 249
Sein-Zustand 200
Selbstbeschränkung 255
Selbstbestimmung 158
Selbstbewusstsein 16, 53
Selbstbild 197

Selbstdarstellung, positive 15, 154
Selbstdisziplin 177, 259
Selbsterhaltungstrieb 111
Selbsterkenntnis 152, 163
Selbstkontrolle 177
Selbstoffenbarungs-Ebene 70
Selbst-PR 23, 30
Selbstprogrammierung 85
Selbst-PR-Seminare 15
Selbstsabotage 25
Selbstsicherheit 41, 189, 213
Selbstverantwortung 178
Selbstwertfinger 209
Selbstwertgefühl 14, 19
Selbstzweifel 16
Sender 96
Service 125
Serviceleistungen 62
Servicestrategien 125, 129
Sicherheit 215
Sicherheitsraum 187
Sichtweise 202
Sie-Standpunkt 83, 88, 93, 94
Single-Mentalität 145, 149
Sitzhaltung 192, 193, 207
Soft Facts 114
Sokrates-Methode 89
Souveränität 216
Soziale Verantwortung 12
Spezialisierung 62
Sprache, bildhafte 33
Sprachrollen 43
Sprachverhalten 91
Sprechübungen 43
Standortanalyse *175*
Standpunkt 198
Stärkenprofil 17
Start-up-Company 117
Start-up-Firmen 111
Steere, Bill 18

Stimme 21, 22, 30
Stimme, innere 19
Stolz 18, 69
Strauß, Franz-Josef 74
Suggestive Eröffnungen 104
Suggestivfrage 221
Surpriservice 125, 128
Sympathie 94, 133
Sympathiebrücke 28, 29
Synonyme 219

Tagesplanung 271
Team 152, 175
Telefonakquise 83, 100
Telefonische Terminvereinbarung 84
Terminvereinbarung 92, 106
Territoriale Überschreitung 187
Territoriales Verhalten 196
Thron 207
Tisch-Charts 44
Tracy, Brian 179
Transaktionsanalyse 74
Typberatung 22

Überzeugungskraft 214
Überzeugungssprache 29
Umkehrungs-Methode 228
Umsatzrendite 55
Umsatzverteilung 62
Unterbewusstsein 116, 145, 182, 200
Unternehmenshierarchie 207
USPs, persönliche 17

Vektor 35
Veränderung 165
Veränderungsprozesse 167
Verantwortung 20
Verantwortungs-Abschieberitis 178
Verbraucher 61
Verhalten, aggressives 186

Verhaltensforschung 187
Verhandlungen 211, 233, 248
Verhandlungserfolg 239
Verhandlungsjudo 160
Verhandlungsprozess 159
Verhandlungssituationen 234
Verhandlungsstrategie 157
Verkauf 33, 57
Verkäufer, lösungsorientierter 35
Verkäufertypen 35
Verkaufsatmosphäre 63
Verkaufssprache 93
Verkaufsstil 64
Verkaufsstil-Quintett 35
Verkaufstermin 86
Vernetzung 121, 149
Video 46
Vision 19, 30, 259
Visualisierung 214, 240
Vorbilder 129, 148, 170
Vortrag 212
Vorwand 98
Vorwanddiagnose 92, 97
Vorwegnahme-Methode 227
Vorzimmerbarriere 92
VW 55

Wachstum 165
Wahrnehmungsfähigkeit 147
Weill, Sandy 17
Weiss-Koch, Renate 21
Wert steigern 60
Wert-Nutzen-Relation 73
Wertbewusstsein 61
Werte 115
Wertschätzung 12, 22, 121, 211
Wichtigkeit 268
Wilde, Oscar 60
Win-win-Image 154
Win-win-Positionen 154

Win-win-Strategie 145, 150, 152
Win-win-Verhandlung 156
Win-win-win-Situation 139
Win-win-Ziele 155
Wir-Gefühl 161
Wirkung 22
Wirkung einer Präsentation 42
Wirtschaftlichkeitsberechnungen 74
Wissensfinger 208
Wissensgesellschaft 109
Wortschatz 154, 218
Wortschatz-Pyramide 218

Zeigarnik-Effekt 243
Zeitdruck 254
Zeitmanagement 253, 257
Zeitplan 181

Zeitsouveränität 257
Ziele, berufliche 180
Ziele, freizeitorientierte 180
Ziele, ökologische 180
Ziele, qualitative 264
Ziele, quantitative 264
Ziele, soziale 180
Zielerreichung 181
Zielklarheit 179
Zuhören 153
Zuhörertypen 48
Zukunftskompetenz 163
Zusatzleistung 58
Zustimmung 50
Zustimmung, bedingte 72
Zustimmung, versteckte 51
Zustimmungsfrage 73

»*Spitzentrainer der deutschen Wirtschaft mit ihren Zukunftsthemen übersichtlich in einem Band, mit Fotos und Kurzporträts.*«

»*Auf dem Weg ins 21. Jahrhundert geben diejenigen den Ton an, die auf Kopfarbeit setzen und Kreativität und Wissen zu nutzen verstehen.*«

Zukunftsmanagement

Trainings-Perspektiven für das 21. Jahrhundert

gebunden, 272 Seiten,
s/w-Abbildungen und Grafiken
ISBN 3-930799-79-0

Walter Simon
Lust aufs Neue
Werkzeuge für das Innovationsmanagement
gebunden, 256 Seiten
Illustrationen und Grafiken
ISBN 3-89749-025-0